goldmann blitz

W0075435

Liebe Uschi, beste Freundin,

solltest Du auf die Idee kommen, in den nächsten sieben Tagen ratsuchend meine Nummer zu wählen – laß es, ich bin nämlich in Rom! Ja, mein Entschluß steht felsenfest: Ich werde mir diesen Mann ein für allemal aus dem Kopf schlagen.

Aber ich will Dich mit Deinen Problemen nicht allein lassen: In diesem Buch hier steht alles drin, was wir immer wissen wollten. Und das Beste ist: Die Frau hat Humor! Schon allein die Überschriften – treffend, total treffend! So was Lustiges und noch dazu Brauchbares habe ich seit langem nicht mehr gelesen. (Wo sich mir bei solchen »Ratgeber«-Büchern regelmäßig der Magen umdreht!) Die üblichen »Frau-zu-Frau«-Bücher nimmt sie gleich noch mit auf den Arm.

Du, ich muß Schluß machen, das Taxi hupt schon. Ich wünsche Dir eine wundervolle Woche, viel Spaß beim Lesen (und vor allem beim Praktizieren), halt die Ohrläppchen steif oder noch besser: beiß ihn in dieselben . . . bis ganz ganz bald

Deine Christine

Autorin

Cynthia Heimel ist in Amerika als streitbare feministische Autorin der Underground-Blätter »Village Voice« und »So Ho Weekly News« bekannt geworden. »Sex Tips for Girls« ist ihr erstes Buch, das sofort zum Klassiker wurde. Eine Parodie auf alle »Wie werde ich . . .«-Anleitungsbücher und gleichzeitig *das* Handbuch zum Überleben in diesen verwirrenden psycho-sexuellen Zeiten. Cynthia Heimel lebt mit ihrem Sohn in New York.

WICHTIGER HINWEIS

Liebe Leserin, dieses Buch wurde zu einer Zeit geschrieben, als die Immunschwäche AIDS noch kein Thema war. Bei einzelnen Tips (z. B. oraler Sex) besteht Ansteckungsgefahr! Wir raten daher **dringend,** ausschließlich **SAFER SEX** zu machen. Informationen darüber gibt es bei Ärzten, Krankenkassen oder der Deutschen AIDS-Hilfe e. V., Berliner Straße 31, 1000 Berlin 31 (nur schriftlich).

Sex Tips für Girls

Cynthia Heimel

GOLDMANN VERLAG

Aus dem Amerikanischen übertragen von Gabriele Becke
Redaktion: Laura Baumann
Die Originalausgabe erschien unter dem Titel »Sex Tips for Girls«
im Verlag Simon and Schuster, New York

Made in Germany · 11/87 · 1. Auflage
Genehmigte Taschenbuchausgabe
© der Originalausgabe 1983 by Cynthia Heimel
© der deutschen Ausgabe 1985 by Sympathie Verlag, Berlin
Umschlaggestaltung: Design Team München
Umschlagillustration: Mick McGinthy
Druck: Elsnerdruck, Berlin
Verlagsnummer: 21012
Lektorat: Christoph Göhler
Herstellung: Ludwig Weidenbeck
ISBN 3-442-21012-7

Dieses Buch ist

MARY PEACOCK, SARAH LONGACRE

und GINGER VARNEY

gewidmet

Danksagungen

Nahezu jeder, dem ich jemals begegnet bin, hat mir, direkt oder indirekt, bei diesem Buch geholfen. Aber bei einigen war die Hilfe so weitgehend, daß ich Namen nennen möchte:

Der Mensch, bei dem ich mich vor allem bedanken möchte, ist mein Sohn Brodie, ein Engel mit den zarten Tönen einer Klarinette und den Fäusten eines Catchers, der mir immer dann einen Hamburger organisierte, wenn ich ihn am dringendsten brauchte.

Ganz herzlichen Dank meiner Herausgeberin Patricia Soliman und meinem Agenten Ron Bernstein, ohne den das Buch nie fertig geworden wäre.

Ich bin meinen Freunden und Freundinnen ewig dankbar, die es sich gefallen ließen, daß ich ihnen im Gehirn herumbohrte:

Die Freundinnen: Nancy Cardozo, Lynne Geller, Leslye Noyes, Maggie Wood, Jennifer Thompson, Emily Prager, Annie Flanders, Chris Kapp, Marcia Resnick, Carol Troy, Pucci Meyer, Andrea Port, Carol Legget und Joyce Korn.

Die Freunde: Stephen Saban, Lewis Grossberger, Mark Jacobson, David Silver, Danny Goldberg, Robert Younger, John Prine, Big Boy Medlin, Rex Weiner, John Berendt, Mick Farren, Peter Wood und — ganz besonders — Michael Longacre.

Für besondere Unterstützungen möchte ich mich bedanken bei: Sarah Sender, Janice und Raul G'Acha, Phil und Mary Keenan, Diane Mitchell, Steven Adcock, Philip Kingsley, David a.k.a. Harry King, Ed Kosner und Walter Matthau.

Ganz liebevollen Dank meiner Familie, die einiges mit mir durchmachte: Barb, Joe, Jane, Arthur, Connie, Chris, Delsa, Tim, Paul, Steve. Meine Schwester Donna und Scott. Nanny. Mutti und Papi.

Inhalt

1.

Wer sind wir?

Wir Frauen leben in einer Zeit echter Herausforderung. Was sollen wir tun, was denken? Morgens liegen wir im Bett und suchen nach einem Grund aufzustehen. Frühstück oder nicht — schon kommen Entscheidungen auf uns zu.

Sollen wir Zeitung lesen? Ausnahmsweise ein Kleid tragen? Für den Frieden demonstrieren? Die Nacht durchtanzen? Nur noch vegetarisch essen? Einen reichen Mann suchen? Italienisch lernen? Vielleicht Diamanten schmuggeln?

Fragen überstürzen sich in unserem Kopf, Irrwege und Sackgassen überall. Wir wissen nicht mehr, wer wir sind, jedenfalls nicht mehr so genau, wie wir's früher mal wußten.

In den zwanziger Jahren tanzten wir Charleston, rauchten heimlich Zigaretten und trugen Bubikopf. Wir wurden von Schönlingen angehimmelt, die eine Nelke im Knopfloch trugen und Gin tranken.

In den Dreißigern waren wir angesichts der allgemeinen Notlage zwanghaft gutgelaunt. Wir versuchten zu vergessen, daß Papa aus dem Fenster sprang, als die Börsenkurse ins Bodenlose fielen und seine Villa versteigert wurde. Wir wurden Tipsen und redeten uns ein, glücklich zu sein.

In den Vierzigern waren wir gertenschlank und tapfer. Wir trugen Kostüme mit breiten Schulterpolstern, als wir unsere Liebsten in Uniform zum Abschied küßten. Tag für Tag gingen wir in die Fabrik und füllten Granaten mit Pulver. Abend für Abend schrieben wir Liebesbriefe in die weite Ferne.

In den Fünfzigern waren wir adrette junge Hausfrauen, die ihren Ehemännern im grauen Flanell ein herzhaftes Frühstück verpaßten und sie dann in den Konkurrenzkampf des Lebens schickten. Wir kauften das Neueste vom Neuen und trugen trägerlose Cocktailkleider, um Männes Boss am kalten Buffet wirksam beflirten zu können.

In den Sechzigern ließen wir die Haare wachsen, verliebten uns in Rockstars, rauchten Marihuana und übersahen es, wenn unser Freund mit jedem neuentdeckten weiblichen Wesen ins Bett ging. Wir waren unheimlich lässig! Wir schluckten die Pille oder stillten unsere Babies und trugen Miniröcke.

In den Siebzigern versuchten wir's mit der Selbstfindung. Wir haßten die Männer, beschlossen, allein zu leben und mit einer steilen Karriere Geld zu machen. Wir bildeten Frauengruppen und wurden Feministinnen. Kein Mann durfte uns Feuer für eine Zigarette geben, ohne mit einem Karateschlag rechnen zu müssen. Wir entschieden uns gegen Kinder und schafften uns eigene Freiräume.

Aber was nun? Wo geht's lang? Es gibt keine Vorbilder mehr, keine einigermaßen verbindlichen Verhaltensmuster.

Manche werden die Ursache für unsere derzeitige Verwirrung im angeblichen Zusammenbruch des Feminismus sehen. Der Feminismus ist noch lange nicht tot, doch es ist wahr, daß die Bewegung an Schwung verloren hat. Eine Zeitlang lief alles bestens, alle waren optimistisch und leidenschaftlich dabei, doch nun ist zweifellos Flaute. Die Frauen scheinen verängstigt und sind auf der Suche nach Wegweisern, da es ganz so aussieht, als hätten sich alle Vorkämpferinnen der feministischen Bewegung in ihre eigenen Höhlen zurückgezogen, aus denen sie nur in unregelmäßigen Abständen auftauchen, um die Zähne zu zeigen.

Alles sehr betrüblich, aber wir dürfen die Schuld nicht unseren ehemaligen Anführerinnen in die Schuhe schieben. Sie sind einfach müde. Sie haben sich jahrelang durchgebissen und sind es leid, als zickige Emanzen beschimpft zu werden. Wer kann ihnen verübeln, daß sie etwas lustlos geworden sind?

Jetzt liegt die Verantwortung bei uns. Wir müssen die Bürde der Menschheit auf uns nehmen und der Welt den richtigen Weg weisen. Wir müssen voller Schwung sein und die anderen mitreißen. Aber das ist leichter gesagt als getan.

Als erstes müssen wir mit klarem Kopf eine Bestandsaufnahme der gegenwärtigen Lage machen — und wenn nur für eine Sekunde. Das wird ein schauriger Moment, aber nur Mut!

In der Welt geht so ziemlich alles drüber und drunter. Leute, die's besser wissen müßten, benützen Wörter wie »Interface« oder »Netzwerk« in normalen Unterhaltungen. Männer, die eigentlich wie ganz normale Menschen aussehen, rennen in schlecht sitzenden Anzügen aus Polyester herum und verschmutzen die Flüsse. Frauen, die's besser wissen müßten, ziehen Slips aus Goldlamé an oder versuchen, Abtreibungskliniken schließen zu lassen. Niemand findet mehr einen anständigen Job, eine gute Zigarre oder einen Freund, der noch ganz bei Trost ist. Der meiste Rock'n Roll, der im Radio gesendet wird, stammt von Toten. Das Universum weitet sich aus. Zahm gewordene Filmstars toben sich im Weißen Haus aus.

Es gibt nur eine Möglichkeit, um die Welt wieder in Ordnung zu bringen! Ein verzweifeltes Unterfangen, aber vielleicht klappt's gerade deshalb: *Wir müssen alles Banale vermeiden! Und wir müssen alles ausprobieren, was frivol ist!*

Verwechsel beides ja nicht, sonst passieren schreckliche Dinge! Banalitäten stehlen dir deine Zeit und umnebeln deine Sinne, während Frivolitäten bedeutungsvoll und tiefgründig sind. Sie sind es wert, für sie zu leben und zu sterben. Man kann den Unterschied sehr leicht erkennen. Alle Banalitäten sind bedeutende Sachen, alle Frivolitäten sind lustvolle Handlungen.

Banalitäten:

Kochkunst
Steuerparadiese
Komitees
Lebensversicherungen
Enthaarungsmittel
Encoutergruppen
Heimcomputersysteme
MX-Missiles

3

Surrealismus
Nouvelle Cuisine
Internationale Politik
Seriöse Anzüge
Pfandbriefe
Designer-Sonnenbrillen

Frivolitäten:

Tanzen
Himbeeren essen
Kabrio fahren
Champagner trinken
Küssen
Witze erzählen
Tomaten pflanzen
Am Strand liegen
Ficken
Telefonieren
Singen
Kleider kaufen

Wenn wir unser Leben der Frivolität widmen, wird die Welt garantiert viel, viel reizvoller. Die Menschheit ist dann besser in der Lage, ihr wichtigstes Ziel zu erreichen, nämlich es sich gut gehen zu lassen. Es wird ein schwerer und anstrengender Kampf werden, aber wir müssen durchhalten, das Kommando übernehmen und kein dummes Zeug mehr dulden. Zum Teufel mit den Spießern — volle Fahrt voraus!

Hier sind einige Dinge, die wir tun müssen:

1. *Das Abenteuer suchen!* Wenn irgend möglich, müssen wir uns für das Unbekannte entscheiden. Wir brauchen es nicht so zu übertreiben, daß wir unser Betätigungsfeld in irgendeinen zerrütteten südamerikanischen Staat verlagern und unsere Dienste den Guerillas anbieten, die sich in den Bergen verschanzt haben, aber wir dürfen auf keinen Fall eine Reise nach Madagaskar ausschlagen, nur weil wir nicht die richtige Garderobe haben.

Man stelle sich bloß mal die peinliche Szene in fünfzig Jahren vor, wenn die lieben Enkel uns nach aufregenden Geschichten aus unserer Jugend bestürmen, und wir können ihnen nichts Besseres bieten als die Beschreibung, welch erhebender Moment es für uns gewesen sei, als Ehrengast Elizabeth Taylor auf einem Fest erschien, an dem wir teilnahmen.

Viel toller wäre es doch, wenn wir sagen könnten: »Natürlich war es spannend, sich mit Aligatorenkämpfen seine Brötchen zu verdienen, aber ich persönlich war viel lieber Nachtclubbesitzerin in Marokko. Allerdings mußte ich immer auf der Hut sein vor Rauschgiftschmugglern, die sich unter meinem Bett zu verstecken pflegten, ganz zu schweigen von jenem furchtbaren Moment, als mein Maschinengewehr aus Versehen losballerte, aber...«

2. *Mit der Angst kurzen Prozeß machen!*

Gott schützt Betrunkene, Kleinkinder und temperamentvolle Frauen, die auf alles gefaßt sind.

3. *Langeweile abschaffen!*

Wir müssen öde Jobs kündigen und schlafmützigen Männern den Laufpaß geben! Es wird bald wieder Ersatz da sein, denn die Natur verabscheut jedes Vakuum.

4. *Nonkonformistisches Verhalten entwickeln!*

Wenn wir nicht unheimlich aufpassen, können wir leicht zu Zombies werden und benutzen plötzlich liebend gern Intimsprays und ähnlichen Unfug. Das Verrückte daran ist, daß solch ein Verhalten als völlig normal gilt.

Eine Konformistin achtet auf alles, was die Leute sagen, und glaubt es auch noch. Wenn man einer solchen angepaßten Frau erzählt, daß die Welt nun doch eine flache Scheibe ist, wird sie wohl ein etwas erstauntes Gesicht machen, aber gleich darauf die Achseln zucken und sagen: »Wirklich? Na sowas!«

Dagegen haben Nonkonformistinnen kapiert, daß das Leben kurz ist und man soviel wie möglich ausprobieren sollte.

Christoph Columbus war ein vorbildlicher Nonkonformist. Er besaß die Fähigkeit, alles unvoreingenommen zu betrachten und kühn und waghalsig zu handeln. Er ließ sich von keinem herumschubsen und lachte nur, als törichte alte Schlafmützen ihn warnten, er würde bestimmt über den Rand der Erde abstürzen. Kopernikus war ein Nonkonformist, dito Leonardo da Vinci, Madame Curie, George Washington und Albert Einstein. Mit anderen Worten — immer die Besten von allen!

5. *Keine Machtpolitik, keine miesen Tricks!*

Eine Menge Blödsinn wird heute darüber verzapft, daß jeder die Nummer eins sein will, doch einige von uns treiben es in dieser Hinsicht auch tatsächlich zu weit. Sie finden es völlig okay, sich rücksichtslos zur Spitze durchzuboxen, ganz egal, wieviele schwächere Mitstreiterinnen sie bei diesem Aufstieg mit Füßen treten.

Eine solche Einstellung bringt uns letztlich gar nichts und ist schlecht für unsere Sache. Wilde Gerüchte über unsere Missetaten werden sich wie ein Buschfeuer in der Stadt ausbreiten, da die Leute nunmal liebend gern klatschen. Bevor wir wissen, wie uns geschieht, werden uns Bekannte auf der Straße schneiden, Portiers nicht mehr in Nachtclubs reinlassen, und selbst Laufburschen werden uns keines Blickes mehr würdigen.

6. *Alkohol und Tabletten nur, wenn's gar nicht anders geht!*

Zwar hat William Blake mal tatsächlich behauptet: »Die Straße der Ausschweifungen führt zum Palast der Weisheit«, aber zu seiner Zeit gab's ja auch noch keinen Engelsstaub.

Manchmal muß man notgedrungen eine Valium nehmen, wenn man die Morgenzeitung liest, oder eine Flasche Whisky leeren, wenn man allein ist und eine besonders sentimentale Melodie hört, die süße Erinnerungen weckt. Aber bitte keine Musterkollektion schwerer Tranquilizer, die besser geeignet für Elefanten oder Pferde wären, wenn du am nächsten Morgen wieder aufwachen willst. Kein wahlloses Schlucken unerprobter psychedelischer Drogen! Wenn du irgendein mieses LSD nimmst, wirst du vielleicht schon kurz darauf dein Leben unfreiwillig dem Grateful Dead weihen.

7. *Sex so wichtig nehmen, wie's ihm zukommt!*

Es gibt ja welche — ich nenne natürlich keine Namen —, die haben versucht, Sex unter die Banalitäten und nicht etwa unter die Frivolitäten einzureihen. Da haben wir z.B. die Entdecker des sogenannten G-Punktes oder Frauen, die in Piano-Bars gehen und sich Männer mit Kettchen um den Hals aufgabeln, die sie nicht mal leiden können. Oder solche, die glauben, Liebesromanzen seien überholt. Romanzen sind nicht überholt! Sex ist wichtig! Sex ist etwas Elementares! Sex macht Spaß!

8. *Die Männer gründlicher anschauen!*

Erinnern wir uns an die Sechziger Jahre, als zwischen Hippies und gesetzestreuen Bürgern eine scharfe Trennungslinie gezogen wurde. Damals haßte jeder, der lange Haare und Holzperlen trug, jeden mit kurzem Haar und seriöser Kleidung. So etwas ist heute undenkbar, da so mancher langhaarige Hippie Atom-U-Boote baut, und so mancher kurzhaarige Typ im Anzug als Sänger einer Rock-Band auftritt.

Während der feministischen Bewegung waren die Fronten auch ganz klar. Man konnte den Feind sehr leicht erkennen, denn es war der, der einen Pimmel hatte.

So kann man das heute nicht mehr sehen. Manche Männer sind inzwischen ganz okay. Wir dürfen sie sogar wieder gernhaben. Natürlich müssen wir ihnen immer noch auf die Finger klopfen, damit sie nicht übermütig werden, aber wir müssen sie nicht mehr gleich erschießen.

Wenn Du mehr über Sex, Männer und ein vergnügliches Leben wissen willst, lies den Rest dieses Buches.

Die große Männerkrise

Mein Tag:

11 Uhr 30   Wache auf. Realisiere, daß ich keinen festen Freund habe. Schlafe wieder ein.

12 Uhr 45   Wache auf. Realisiere, daß ich immer noch keinen Freund habe und eine Stärkung brauche. Schleppe mich in die Küche, mache Kaffee. Gehe im Geist alle Männer durch, die auch nur entfernt als Freund in Frage kämen.

13 Uhr 07   Greta ruft aus dem Büro an. War gestern abend auf einer Party und lernte duften Typen kennen. Zwanzig Jahre alt — zu jung. Hat außerdem schon Freundin, macht aber vielleicht bald mit ihr Schluß. Wir diskutieren über die Idee, einen Informationsdienst auf die Beine zu stellen, in dem der aktuelle Stand aller heterosexuellen Beziehungen in Manhattan veröffentlicht wird. Vermuten, daß die Frauen in der Nacht vor Erscheinen des Informationsbriefes draußen Schlange stehen, um sich das druckfrische Blatt zu sichern. Beschließen, daß Durchführbarkeit begrenzt ist — zuviel Lauferei, zu deprimierend.

Aber wir sind vom Thema abgeschweift. Zurück zum duften

8

Typen von letzter Nacht. Wir einigen uns, daß sie ihn anrufen soll. Eine Minute später einigen wir uns, daß sie ihn doch nicht anrufen soll, zum Teufel mit ihm, wer braucht den schon, der hat schließlich eine Freundin. Als nächstes einigen wir uns, daß sie einige Tage abwarten soll. Dann anrufen. Oder auch nicht. Ich lasse mich darüber aus, wie einsam ich bin. Sie läßt sich darüber aus, wie einsam sie ist. Wir kommen zu dem Schluß, daß wir hoffnungslos neurotisch sind. Oder zumindest auf den Vater fixiert.

14 Uhr 13   Rufe Amanda an. Klage darüber, einsam, deprimiert, sexuell ausgehungert zu sein. Amanda unterbricht mich, um amüsante Story über einen Knaben zu erzählen, der in sie verliebt ist und per Boten einen Verlobungsring schickte. Sie haßt ihn, hält ihn für einen egomanischen Schlappi. Gleich darauf fragt sie sich, ob sie etwa Angst vor Nähe habe. Dann frage ich mich, ob ich etwa Angst vor Nähe habe. Wir kommen überein, daß es bei uns beiden der Fall ist. Beschließen, uns in therapeutische Behandlung zu begeben, damit wir's endlich zu einem festen Freund bringen.

14 Uhr 58   Lege Hörer auf. Dusche, ziehe mich an, gehe zum Frühstücken. Im Café an der Ecke sehe ich duften Typen, werfe ihm verführerische Blicke zu. Er reagiert nicht, liest ein Buch mit dem Titel: *Macht! Wie erlangt man sie? Wie wendet man sie an?*

15 Uhr 16   Wieder zu Hause. Höre mir meinen Anrufbeantworter an. Fünf Anrufe. Drei Redakteure — wo zum Teufel bleibt das Manuskript? Völlig verstörte Stimme von Chris, vergnügte Stimme von Cleo.

15 Uhr 20   Rufe Redakteure an und lüge ihnen schamlos etwas vor. Rufe Chris an. Sie berichtet, daß ihr Ehemann — sie sind seit zehn Jahren verheiratet — eine Liebesaffäre hat, da sei sie ganz sicher. Beweise? Er verschwindet jeden Nachmittag und duscht jedesmal, wenn er nach Hause zurückkommt. Was stimmt mit mir nicht? fragt sie sich. Kommt zu dem Schluß, daß sie »Erfolgsangst« hat, wenn's um Beziehungen geht. Ich weise sie diskret auf die zehn Jahre hin, die ihre Ehe schon hält. Sie läßt sich nicht überzeugen, beschließt, zu einem Psychofritzen zu gehen.

16 Uhr 10   Rufe Cleo zurück. Sie ist ganz aus dem Häuschen, hat abends ein Rendezvous. Dufter Typ mit Job und überhaupt.

16 Uhr 38   Anruf von Robert, Geschäftsmann, Kosmetik. Ich

glaube, ich liebe ihn. Vielleicht aber nur deshalb, weil er 8 Autostunden weit weg ist? Komme zum Ergebnis, daß ich schwer gestört bin.

17 Uhr 45   Bekomme plötzlich Lust, was einzukaufen. Gehe in den nächsten Supermarkt, sehe zwei heiße Typen. Folge dem einen zur Tiefkühltruhe, wo der andere heiße Typ schon wartet. »Sollen wir heute abend dicke Bohnen essen?« fragt der erste Typ den zweiten. Der zweite Typ fängt zu schluchzen an. »Du weißt doch, wie ich dicke Bohnen hasse«, sagt er.

16 Uhr 04   Drei Anrufe auf dem Apparat. Mutter, Rita, Chris. Rufe Mutter zurück. Sie ist deprimiert, hat keinen festen Freund. »Alle Männer mögen immer nur jüngere Frauen«, sagt sie. »Du hast sicher hundert Verehrer.« Ich lache freudlos.

18 Uhr 52   Rufe Chris an. Ehemann hat Affäre, gibt alles zu.

19 Uhr 45   Lege auf. Lese Zeitschriftenartikel: *Wie findet man einen Herzensbrecher?* Mache mir Notizen.

20 Uhr 15   Rufe Rita zurück. Sie ist deprimiert, hat keinen Freund. Wir beschließen, später noch tanzen zu gehen.

20 Uhr 30   Anruf von Greta. Sie hat sich entschlossen, den netten Burschen von gestern anzurufen.

21 Uhr 23   Cleo. Ihr Rendezvous schon vorbei. Der Knabe bekam plötzlich panische Angst, kotzte und hyperventilierte, bis er schließlich zugab, daß er schon mit einer anderen zusammenlebt. Rannte aus der Wohnung. Cleo möchte sich von mir Valium pumpen. Habe aber keins mehr da.

21 Uhr 40   Anruf von Amanda. Hat beschlossen, sich mit dem egomanischen Schlappi nicht mehr zu treffen.

21 Uhr 50   Chris erscheint, in Tränen aufgelöst.

22 Uhr 01   Anruf von Greta. Sie hat duften Typen angerufen, aber er konnte sich nicht mehr an sie erinnern. Sie ist deprimiert, überlegt, ob sie zum Psychofritzen gehen soll.

22 Uhr 22   Mann von Chris taucht auf. Die beiden streiten. Ich ziehe mich ins Badezimmer zurück.

22 Uhr 35   Rita taucht auf, kommt zu mir ins Bad. Gräßliches Geräusch von splitterndem Glas im Wohnzimmer.

22 Uhr 58   Chris und Mann ziehen ab, nachdem sie sich geeinigt haben, zur Eheberatung zu gehen. Ich fege die Scherben zusammen.

23 Uhr 10   Anruf von Amanda. Hat beschlossen, egomanischer Schlappi sei immer noch besser als nichts.

23 Uhr 45   Rita und ich gehen in nahegelegene Musikkneipe.

0 Uhr 30   Sänger der Band widmet mir einen Song. Ich erwärme mich mehr und mehr für ihn.

3 Uhr 05   Rita, ziemlich blau, beschließt, Ex-Freund zu besuchen. Verschwindet in der Nacht.

4 Uhr 20   Komme zu Hause an, den Sänger im Schlepptau, den Manager der Band ebenfalls. Wir sitzen zu dritt im Wohnzimmer und blödeln. Frage mich, worauf das hinausläuft.

5 Uhr   Manager nimmt mich beiseite, will unter vier Augen mit mir reden. Sänger hat Ehefrau, die im Hotel auf ihn wartet, sagt er.

5 Uhr 02   Sänger und Manager wecken beim Aufbruch meine Hausbesitzerin.

6 Uhr   Schlafe ein. Habe einen Traum.

Traum

Benny schaute sich mißmutig im Schrankraum um. Alles war so, wie es sein sollte, aber ein bekanntes schmerzhaftes Ziehen in der Leistengegend hatte begonnen und wollte nicht aufhören. Wie lange denn noch? fragte er sich. Wie lange kann ein Mann aus Fleisch und Blut eine solche Scheiße aushalten? Frank kam pfeifend herein und ließ einen Basketball hüpfen. Benny hob den Kopf.

»He, Frank, weißt du vielleicht, ob wir demnächst wieder aus der Versenkung auftauchen? Ich werd' hier noch verrückt.«

»He, Benny, alter Junge. Wie ich immer sage, Geduld, alter Junge, Geduld!«

»He, Frank, wir sind schon so lange hier unten, daß die Weiber da oben mehr als bereit für uns sein müßten. Wenn's denen nur halb so mies geht wie mir, dann...«

»Heult Benny mal wieder den Weibern nach?« schrie Lars und wandte kurz dem riesigen Bildschirm den Rücken zu.

»Jetzt schau dir den bloß mal an«, meinte Benny voller Verachtung. »Da hockt er, frißt Erdnüsse, säuft Bier und schaut sich einen abgelaberten Videofilm an. Glücklich wie ein Schwein im Koben.«

»Haarscharf!« stimmte Lars zufrieden rülpsend zu.

»Also, ich hab's satt!« rief Benny und schlug mit der Faust auf den Eisenspind, der mit mehreren Fotos von Bo Derek geschmückt war. »Ich weiß ja, daß es richtig von uns war, im Untergrund zu verschwinden. Die Dämchen da oben waren durch das Gefasel über Emanzipation reichlich spinnig und hochnäsig geworden. Mir völlig klar, ehrlich! Ich weiß noch, wie Big John damals diese weitläufigen Höhlen unter der Stadt entdeckte und wir alle es für 'ne Superidee hielten, allmählich hier unterzutauchen, um die Weiber in die Knie zu zwingen. Aber Scheiße, Mann! Das ist doch schon Jahre her. Die müssen längst bereit für uns sein. Die müssen doch schon *tröpfeln*, Mann!«

»He, Junge«, sagte Frank besänftigend. »Glaubst du vielleicht, daß Big John, unser geschätzter Chef, nicht weiß, was er tut? Hat er's uns nicht nett und gemütlich gemacht? Haben wir nicht alles, was sich ein Mann nur wünschen kann? Mann o Mann, wir können uns vierundzwanzig Stunden am Tag Fußball, Tennis, Boxen und sogar Eishockey anschauen. Und zwar in Frieden! Wir haben jede Menge Erdnüsse und Bierfässer! Wir haben Spinde für unseren Kram und sogar After-Shave! Wir können uns stinkige Zigarren genehmigen! Wir haben Elvis Presley Platten! Was haben wir eigentlich nicht?«

»Muschis«, seufzte Benny.

»Ach, Benny-Junge!« sagte Lars und riß seine Blicke mühsam von der Mattscheibe los. »Versuch dich mal daran zu erinnern, wie's da oben war. Erinnere dich, wie wir nie landen konnten, wenn wir nicht so taten, als ob wir supersensible Schlappis wären. Wie wir lernen mußten, eine französische Fischsuppe zu kochen. Wie uns verboten wurde, Biene oder Puppe zu ihnen zu sagen! Wie wir sie wegen ihres *Geistes* lieben sollten! Wie sie uns einen aufs Kinn gaben, wenn ihnen unsere Zunge nicht raffiniert genug war ...«

»He, Jungs, wißt ihr, was ich gehört habe?« flötete Carl, der nach einem aufregenden Tischtennismatch gerade geduscht hatte. »Ich hab' gehört, daß sie schon anfangen, sich wegen uns gegenseitig die Augen auszukratzen. Mann, die Weiber drehen langsam durch. Ich hab' gehört, daß ständig neue Zeitungsartikel erscheinen: *Wo sind all die Männer?* oder *Eine harte Sache, einen guten Mann zu finden. Ursache und Gründe*.

»Eine gute Sache, einen harten Mann zu finden«, meinte Frank vielsagend grinsend.

Carl grinste zurück und schlug spielerisch mit dem Handtuch nach Frank. »Ich hab' sogar gehört, daß Paul — erinnert ihr euch an Paul, diesen fetten gräßlichen Kerl, der aus dem Mund stank und den wir letzte Woche auf Erkundigungstour nach oben schickten? — tja, ich hab' also gehört, daß ein Fotomodell, eine Schauspielerin und eine Schlammkämpferin sich um ihn geprügelt haben. Das Fotomodell soll Paul auf den Knien angefleht haben, zu ihr nach Hause zu kommen.«

»Ach du liebe Scheiße«, sagte Frank mit glasigen Augen. »Ein Fotomodell auf den Knien. Wahnsinn, Mann!«

»Ich hab' das Gefühl, hier unten zu einem von diesen komischen Albino-Krokodilen zu werden«, meinte Benny und stierte seine käsig bleichen Hände an.

»Big John sagt, wir müssen nur noch'n paar Monate durchhalten, Benny«, sagte Carl. »Dann sind die Weiber völlig unter Kontrolle.«

»Das stimmt nicht!« brüllte Benny. »Wir werden sie niemals dahin kriegen, wo wir sie haben wollen. Und mir ist das jetzt auch scheißegal. Ich nehme, was ich kriegen kann.« Unvermittelt spurtete Benny in Richtung Tageslicht los.

Sechs starke Männer waren nötig, um ihn mit Mühe zurückhalten zu können... Ich werde wach.

Wir dachten, wir hätten es geschafft. So ungefähr im Jahr 1971.

»Wir sind Frauen«, riefen wir damals. »Wir lassen uns nicht mehr so einfach von euch umlegen. Wir haben keine Lust, eure Socken aufzuheben! Wir sind von eurem Gequatsche über Fußball tödlich angeödet. Wir haben nur so getan, als ob es uns Spaß macht, zu Essen mit Geschäftsfreunden zu gehen. Wir wollen nicht mehr lieb und albern lächeln. Das gleiche gilt fürs Aufwischen, fürs Babywickeln und auch dafür, beschlafen zu werden, wenn wir gar nicht in Laune sind. Schluß mit dem Wimpern-Klimpern!«

Gut gebrüllt, Löwin, dachten wir. Das müßte die Kerle eigentlich zur Strecke bringen.

Und das tat es denn auch. Männer sind ja nicht dumm, jedenfalls nicht zu dumm, um zu kapieren, daß es mit der Bumserei aus wäre, wenn sie nicht superfix sensibel würden. Schließlich hatten wir es ja klar und deutlich formuliert: keine Gleichberechtigung — keine Muschi!

Die Männer reagierten anfangs richtig schlau. »Mea culpa«, sagten sie zu uns, während sie emsig den Küchenboden wischten oder Kartoffeln schälten. »Wir wissen, daß wir euch Unrecht getan haben, aber es war nicht böse gemeint. Jetzt wissen wir es besser. Wir werden euch genug Freiraum lassen. Wir wissen ja schließlich, wo das Problem liegt.«

Aber das Ganze lief gründlich schief. Die an etliche Jährchen Macht gewohnten Männer hatten die Rolle des reumütigen Sünders bald gründlich satt. Na ja, eine Zeitlang hat's ihnen sogar ein bißchen Spaß gemacht. Aber all dieser Abwasch! All dieser Verzicht auf berufliche Karriere! All dieses Vorspiel!

Was als unterschwelliges Grollen begann, wuchs sich zu einem ohrenbetäubenden Brüllen aus. »Verdammt nochmal!« schrien in schöner Einmütigkeit die Männer überall auf der Welt. »Wir machen bei dieser Scheiße nicht mehr mit!«

Es war ein vernichtender Schlag. Im einen Moment rannten die Männer herum und öffneten uns (meist eher nicht) die Türen, im nächsten waren sie plötzlich schwul, nicht mehr dicht oder einfach weg. Die große Männerkrise hatte begonnen.

Kein Sex, keine Gesundheit!

Wir scheinen wegen dieser Sache mit den Männern richtig auszuflippen.

Und das geschieht folgendermaßen: Du hast als Frau ganz normale Bedürfnisse und Wünsche. Du möchtest einen Mann um dich haben, möchtest von ihm umarmt, gestreichelt und nach einem langen harten Arbeitstag getröstet werden.

Doch leider ist kein passender Mann in Sicht. Du wirst langsam mutlos. Die Tage verstreichen und deine Bedürfnisse bleiben ungestillt. Du fängst an, Mülltonnen Tritte zu versetzen und dich mit unschuldigen Obstverkäufern herumzustreiten. Deine Bedürfnisse und Wünsche existieren immer weiter — unangenehm quälend unter der Oberfläche.

Quälende Bedürfnisse, die kein Ventil finden, bringen selbst die robusteste, gesündeste Frau auf morbide Gedanken. Sie grübelt zuviel. Sie raucht zu viele Zigaretten. Sie hadert mit ihrem Schicksal. Sie beginnt zu glauben, daß mit ihr etwas nicht stimmt.

Je schlimmer es mit ihrer Depression wird, desto überzeugter ist sie, daß tatsächlich etwas nicht mit ihr stimmt — und zwar ganz und gar nicht. Also ruft sie die Männer im weißen Kittel zu Hilfe.

»Wenn ich nur ein bißchen hübscher wäre«, sagt sie zu den Männern im weißen Kittel, »eine bessere Haut hätte und nicht ein wahrer Ausbund an psychoneurotischer, schizophrener, paranoischer, manischer Depressivität wäre, würde mich bestimmt jemand lieben.«

Falsch! Völlig falsch!

Einen Freund zu haben, ist kein Beweis für
a) Gesundheit
b) Begehrtheit

Häßliche Frauen haben Freunde, böse Frauen haben Freunde, hoffnungslos unsichere Frauen haben Freunde, dumme Frauen haben Freunde, Frauen mit abstoßenden Warzen haben Freunde.

Wir können einfach nicht alles haben, vor allem nicht gleichzeitig zwei Sachen, die sich gegenseitig ausschließen — so sehr ich auch sowohl das Verlangen nach einem Mann wie das nach Unabhängigkeit für berechtigt halte. Wir können nicht die unabhängigen Frauen sein, die wir ja sein wollen, wie uns der Feminismus zu erkennen half, uns aber weiterhin nach dem Maßstab messen, ob wir nun einen Mann oder keinen Mann in der Wohnung haben. Männer haben aufgehört,
a) Statussymbol,
b) unentbehrlich,
c) Ernährer zu sein.

(Besonders Ernährer! Ich kenne Frauen, die im Grunde sehr vernünftig sind, aber trotzdem nette Männer stehenlassen, nur weil diese netten Männer nicht so viel Geld verdienen wie sie. Das ist nicht fair!)

Der Zustand der männlichen Psyche

Durch das stark veränderte Rollenverständnis der Geschlechter herrscht ziemliche Verwirrung bei den Männern. Ihr Leben lang hat man ihnen beigebracht, auf eine bestimmte Weise zu handeln, und plötzlich erklärt man ihnen, sie sollen völlig anders handeln. Sie fühlen sich veräppelt, sind verärgert, voller Furcht.

»Männer«, sagt mein Freund David, der es ja wissen müßte, »haben keine Wahrnehmungsfähigkeiten, keine Intuition und keine Kontrolle. Folglich müssen sie zwangsläufig dauernd Fehler machen.«

Natürlich könnten Männer diese Eigenschaften erlangen, wenn sie's wollten. Aber sie wissen eben nicht, was sie wollen — mit einer Ausnahme! Sie wissen ganz genau, daß sie am liebsten davonlaufen wollen.

Und damit sitzen wir alle ganz schön in der Patsche. Die Männer ängstlich, die Frauen wütend. Die Frauen ängstlich, die Männer wütend. Wir haben keine Ahnung mehr, was wir zueinander sagen sollen, denn schon eine Unterhaltung übers Wetter kann gefährlich werden.

Er: »Schöner Tag, obwohl es im Westen ein bißchen wolkig aussieht.«

Sie: »Was soll das heißen? Willst du dich hier aufspielen, oder was ist? Gaubst du, daß ich diese Wolken nicht sehen kann? Dich brauche ich nun wirklich nicht, um sie mir zeigen zu lassen.«

Oder...

Sie: »Hoffentlich ist an diesem Wochenende gutes Wetter!«

Er: »Hör mal, falls du mir auf diese Weise irgendwelche Andeutungen machen möchtest, vergiß es. Ich habe schon Pläne fürs Wochenende und irgendeine Verpflichtung wäre wirklich das letzte, was mir jetzt noch fehlte.«

Lösung?

Wir müssen einfach abwarten, bis sich die ganze Aufregung wieder gelegt hat.

Schon jetzt gibt's schließlich einen kleinen Hoffnungsschimmer am Ende des Tunnels. Die stärksten, klügsten und mutigsten Männer besinnen sich eines Besseren. Sie lassen ihre Ängste hinter sich und geben offen zu, daß wir ja alle im selben Boot sitzen. Es erfordert Mut, um so zu handeln, und wir sollten sie darin unterstützen.

Wir müssen standhaft bleiben, aber auch zum Dialog mit den Männern bereit sein.

Es sei denn, wir werfen die Flinte ins Korn und werden wieder süße, unterwürfige Jasager-Mädchen...

Wie findet man jemanden, in den man sich verlieben kann?

Sei einfach du selbst!
Deine Mutter

Es existieren gewisse Zeitschriften, die man lieber nicht lesen sollte. Sie nennen sich Frauen-Zeitschriften, was ganz absurd ist, da ihre einzige *raison d'être* in der Versorgung und Verköstigung der Gattung Mann besteht. Wie macht man ihn im Bett glücklich, wie wählt man die richtigen Socken, wie findet man heraus, ob er seine Sekretärin bumst und wie bereitet man seine Einkommensteuererklärung vor? All das sind Themen von monumentaler Wichtigkeit, wenn man diesen Zeitschriften Glauben schenkt.

Ich gestehe, daß man selbst mich während einer aufreibenden Liebesgeschichte dabei ertappen konnte, wie ich zum Zeitungskiosk raste und bestimmte Artikel verschlang: *»Wie stellt man fest, ob er Ihre Brüste mag — ein führender Psychologe klärt auf!«*

18

Solch idiotisches Verhalten verdient Strafe, und die folgt dann auch auf dem Fuße.

Ich werde nie im Leben jenen Tag vergessen, als ich gerade den Artikel: »*Wie macht man einen Mann per Telefon geil? Eine berühmte Kurtisane klärt auf*« gelesen hatte und Rex in seinem Büro anrief. Rex, einen sehr männlichen Mann.

»Hallo, Liebling«, sagte ich, als er sich meldete. »Ich möchte deinen nackten Rücken mit hauchzarten Küssen bedecken.«

»Oh, hallo«, sagte er. »Hör mal, ich bin gerade in einer Besprechung. Kann ich dich zurück…«

»Ich sehne mich nach dir«, redete ich weiter, wie es der betreffende Artikel energisch gefordert hatte. »Ich verzehre mich. Ich will, daß du mich jetzt gleich nimmst, noch während wir sprechen.«

»Das soll wohl ein Witz sein, was? Hör schon auf mit diesem Schmus. Mein ganzes Büro sitzt voller Leute, und ich…«

»Der bloße Gedanke an dich weckt in mir süße, quälende Lust…«

»Nett, daß du angerufen hast, Paul. Grüß bitte deine Frau und deine Kinder von mir«, sagte Rex und legte auf.

Ich starrte enttäuscht den Telefonhörer an. Das war es nicht gerade, was hätte passieren sollen. Nach Ansicht der berühmten Kurtisane hätte Rex alles stehen und liegen lassen müssen und wäre mit Rosen und Champagner an mein Lustlager geeilt.

Cleo erzählte mir neulich, daß sie vier Jahre lang nicht gewagt hatte, sich im Beisein eines Mannes die Zähne zu putzen. Ein bestimmter Zeitschriftenartikel hatte sie nämlich darüber aufgeklärt, daß Männer es hassen, wenn eine Frau mit Wasser gurgelt.

Und Rita erinnert sich schaudernd daran, wie sie auf einer Cocktailparty einen Mann albern anlächelte und sagte: »Ich gebe dir die Olive von meinem Martini, wenn ich von dir Feuer bekomme.« Auch dies hatte ein Artikel heiß empfohlen.

Es ist nicht nur erniedrigend, die Ratschläge berühmter Kurtisanen und Psychologen zu befolgen — es klappt auch nicht. Die Männer sind nicht alle gleich, und Frauen sind auch nicht alle gleich. Warum hören wir dann auf jeden schwachsinnigen Rat, den uns irgend jemand gibt? Warum liest jemand dieses Buch? Warum schreibe ich es?

Weil wir so verdammt leicht zu beeinflussen sind. Wir versuchen immer wieder etwas Neues, um uns attraktiv zu machen, und ignorieren das zaghafte Stimmchen unserer angeblich so berühmten Intuition. Wir haben kein Selbstvertrauen. Ich kenne keine einzige Frau, die im Innersten wirklich glaubt, daß sie tolle Beine hat. Falls sie's aber immerhin für möglich hält, tolle Beine zu haben, dann ist sie garantiert davon überzeugt, mit einer schrillen Stimme und einem zu kurzen Hals geschlagen zu sein. Keine Frau über siebzehn ist mit ihrer Haut zufrieden, und keine Frau über dreißig kann ihre Oberarme mit Gleichmut betrachten.

Ihr könnt es selber testen. Sprecht eine beliebige Frau auf der Straße an: »Wissen Sie was, meine Liebe, Sie würden viel, viel besser aussehen, wenn Sie fünfzehn Pfund abnähmen. Und nun zu Ihrer Frisur. Glauben Sie wirklich, daß Ihnen ausgerechnet die gut steht? Haben Sie denn noch nie was von Gesichtsstruktur gehört? Aber im Grunde ist sowieso alles vergebliche Liebesmüh! Wenn ich solche Fesseln hätte wie Sie, würde ich mich nicht mal aus dem Haus wagen.«

Statt einer scharfen Erwiderung, was die richtige Reaktion wäre, werden sich neun von zehn Frauen entschuldigen, in Tränen ausbrechen und kreuzunglücklich davon laufen.

Wir sind alle widerwärtige Geschöpfe, und es ist ein Wunder, daß überhaupt jemand mal mit uns ins Bett gehen will. Aus diesem Grund sind wir wie Spürhunde hinter dem *Schlüssel* her, hinter jenem speziellen Wissen, das uns dazu befähigt, wie die *femme fatale* zu wirken, die wir so gerne wären. Wir kaufen Zeitschriften, die uns informieren, wie wir handeln und was wir denken sollen. Wir lesen Ratgeber-Kolumnen, die uns sagen, was zu tun ist. Wir gehen ins Kino und studieren Diane Keatons Manieriertheiten. Wir versuchen krampfhaft, uns eine interessante Persönlichkeit zuzulegen. Aber natürlich nicht zu interessant, denn wir wollen ja schließlich nicht einschüchtern und abschrecken.

Und trotzdem sind wir immer noch nicht gut genug. Miese Figuren sind wir. Farblose Langweiler. Klägliche Vogelscheuchen.

Es ist eine verdammt schlechte Angewohnheit, jemand anders sein zu wollen.

Wenn du nur lange genug versuchst, jemand anders zu sein, vergißt du glatt, wer du eigentlich bist. Du vergißt, daß du die bist, die Muscheln, Konzerte und Monty Python mag. Du bist dir nicht mehr sicher, ob du blau magst oder nicht. Wenn dich jemand fragt, ob du eine Tasse Kaffee haben möchtest, überlegst du hin und her. Deine Augenfarbe ist dir nicht mehr bekannt.

Die Ursache dieser schweren Störung liegt klar auf der Hand, wenn man sich nur die Mühe macht, darüber nachzudenken:

Falsche Erziehung

Als »Liebkind« ein kleines Mädchen war, lernte es eine wichtige Lektion: Man kann nicht kriegen, was man haben will, indem man einfach darum bittet. Als artiges Liebkind hielt man den Mund und war folglich bei allen gern gesehen.

»Tommi hat seinen Freund mit dem Hockeyschläger auf den Kopf gehauen, und du hast ihn nicht drei Monate auf dem Speicher eingesperrt«, beklagte sich Liebkind bei seiner Mammi.

»Aber Tommi ist ja auch ein Junge, Liebes«, erklärte Mammi. »Tommi darf so was tun, weil er später mal ein Mann wird, der stark und tapfer sein muß und anderen Männern mit dem Hockeyschläger auf den Kopf schlägt, wenn sie ihm seinen Fernseher stehlen wollen.«

»Und was werde ich tun, wenn *mir* jemand *meinen* Fernseher klauen will?« fragte Liebkind.

»Du wirst deinem Mann sagen, daß er ihm mit dem Hockeyschläger auf den Kopf hauen soll«, antwortete Mammi prompt.

Nehmt es der armen Mammi nicht übel. Es ist ihr Job, so etwas zu sagen, obwohl sie es im Grunde gar nicht will.

Spätestens in der Pubertät hat Liebkind es dann kapiert. All ihre Versuche, gradlinig zu handeln, stoßen auf taube Ohren, während sie sich mit Schlauheit und Schmeicheleien neue Schuhe, einen Radiowecker oder ein lavendelfarbenes Ballkleid ergattern kann. Es hat gelernt, ein erstklassiger Manipulierer zu werden, unser Liebkind. Es hat die wichtigen Leute aufmerksam studiert und sich zurechtgebastelt, wie man's anstellen muß, um von ihnen gemocht zu werden. Liebkind hat gelernt, so niedlich wie ein Kätzchen zu niesen und entzückend zu erröten, wenn es eine Autopanne hat und Hilfe braucht.

Irgendwann fühlt sich Mammi dann plötzlich verpflichtet, noch etwas ganz Wichtiges zu vermitteln.

»*Sei einfach du selbst*«, flüstert sie verstohlen Liebkind am Abend des ersten Rendezvous' mit ihrem Tanzstundenknaben zu. Liebkind ist nämlich so nervös, daß es in vier Minuten achtmal im Bad verschwindet und sich geistesabwesend den ganzen Nagellack abkratzt.

»Sei einfach du selbst, Liebkind«, flüstert Mammi noch einmal und versucht damit etwas ungemein Wichtiges zu sagen, aber es ist zu spät.

»Oh, Mammi«, wird Liebkind jammern. »Wie soll ich das machen? Wer bin ich denn?« Armes Liebkind hat keinen blassen Schimmer. Die wahre Natur liegt verschüttet unter zu vielem Lächeln, netten Nichtigkeiten, höflichem Gemurmel, albernem Gekicher.

Es ist eine wahre Schande!

Die Ironie des Schicksals ist, daß du die große Liebe erst dann findest, wenn du weißt, wer du eigentlich bist.

Sag nicht: »Das ist doch leicht, ich bin die mit der schiefen Nase und den dicken Beinen, die keinen Ton richtig singen kann«, denn das trifft auf uns alle zu, bis auf Tina Turner. Ihr müßt euer Ich schon etwas gründlicher erforschen!

Fangt unkompliziert an!

Stellt euch folgende Fragen:

Mag ich lieber die Côte d'Azur oder London?

Kaufe ich manchmal Kräutertees?

Käme ich je auf die Idee, mir eine Dauerwelle machen zu lassen?

Halte ich Picasso für einen phantastischen Künstler?

Nehme ich gelegentlich an Friedensdemonstrationen teil?

Mag ich Smaragdbroschen?

Gefällt mir Miles Davis besser als Mick Jagger?

Jogge ich?

Mogelt bitte nicht! Denkt nicht einfach: »Thomas liebt Miles Davis, ich liebe Thomas, also liebe ich auch Miles Davis.« Im Augenblick gehen uns Thomas Gedanken gar nichts an.

Wenn ihr euch der Aufgabe ernsthaft widmet, werdet ihr euch von Grund auf kennenlernen. Ihr werdet feststellen, ob ihr Jerry Lewis mehr schätzt als Woody Allen, ob ihr lieber fernseht als auf Berge klettert, ob ihr eine enge Beziehung wollt und vielleicht sogar Kinder.

Ihr solltet mit Vergnügen an die Fragerei rangehen, denn sonst klappt's nicht. Stellt euch vor, ihr seid eine geheimnisvolle Romangestalt, die es zu entdecken gilt.

Eure Persönlichkeit wird sich auf erstaunliche und vielversprechende Weise ändern. Da ihr nun endlich wißt, daß ihr mit Lammbraten mehr anfangen könnt als mit treibenden Inseln, werdet ihr euch plötzlich als verdammt faszinierende Wesen einschätzen. Euer Gang wird von frischer, jugendlicher Beschwingtheit sein. Eines Tages werdet ihr in einer Frauenzeitschrift blättern und euch fragen, was ihr je daran gefunden habt. Ihr werdet vielleicht folgenden Artikel entdecken: *Wie man seine geheimen Lüste weckt — ein bekannter Küchenchef klärt auf!* Ihr werdet verächtlich die Mundwinkel verziehen und die Zeitschrift beiseitelegen. Seine geheimen Lüste, daß ich nicht lache! Wen wollen die auf den Arm nehmen? Euch jedenfalls nicht mehr, das steht fest.

Schon bald wird die ganze Welt euer Neues Ich kennenlernen. Ihr laßt zu lang gebratene Steaks mit einer vernichtenden Bemerkung zurückgehen, falls irgend so ein hochmütiger Ober Sperenzchen macht und nicht gleich spurt. Der Verkäufer im Computerfachgeschäft wird es sich zweimal überlegen, ehe er euch übers Ohr zu hauen versucht.

Es ist sogar denkbar, daß ihr eurem Friseur eine Bürste an den Kopf werft, wenn er's wagt, aus euch eine drittklassige Ausgabe von Brooke Shields zu machen. Bisher hättet ihr nur vage gelächelt und ihm wortlos euer halbes Vermögen überreicht. (Bis ihr euch einem solchen Friseur gewachsen zeigt, wird es allerdings wohl noch ein Weilchen dauern...)

Ihr werdet übrigens auch rasch gewisse Veränderungen im Benehmen eurer Freunde feststellen. Manche werden positiv reagieren, andere irritiert.

»Was ist bloß in dich gefahren?« werden die Irritierten fragen. »Früher warst du so wunderbar anspruchslos und immer bereit, dir stundenlang unsere Probleme anzuhören. Jetzt willst du plötzlich nur noch mit dunkeläugigen Italienern bis zum Morgengrauen durchtanzen. Magst du uns denn nicht mehr?«

»Ich versuche nur zu lernen, mir ein schönes Leben zu machen, sonst nichts«, sagst du.

»Gib's lieber auf«, antworten sie garantiert. »Es deprimiert mich, wenn du ständig singend durch die Gegend läufst. Und wie bist du bitte auf die Schnapsidee gekommen, knatsch-gelbe hochhackige Pumps zu tragen?«

(Sowas passiert tatsächlich! Ich hatte mal eine liebe Freundin, nennen wir sie Susanne. Wenn Susanne und ich uns zum Mittagessen trafen, sagte sie jedesmal voller Mitgefühl: »Was ist los? Du siehst so deprimiert aus.«

Selbst wenn ich mich eigentlich pudelwohl gefühlt hatte, kam ich nun plötzlich auf die Idee, daß Susanne irgendeinen versteckten Kummer in mir entdeckt hatte und ich also unglücklich war, auch wenn ich's selbst nicht wußte. Stundenlang lauschte Susanne ohne Ermüdungserscheinungen meinen endlosen Klagen. Eines Tages rief ich sie an und erzählte ihr zur Abwechslung mal von all den herrlichen Erlebnissen, die ich gehabt hatte. Nach höchstens sieben Minuten machte Susanne mir Vorwürfe, daß ich ihr ihre kostbare Zeit stehle. Dabei kam mir dann in den Sinn, daß man mit Freunden wie ihr eigentlich gar keine Mütter mehr bräuchte.)

Verbannt all diese angeblichen Freunde rigoros aus eurem Leben, denn ihr braucht soviel positive Verstärkung, wie ihr nur kriegen könnt. Ihr braucht Freunde, die euch für fabelhaft halten, für Engel in Menschengestalt und für so erfrischend wie eine Frühlingsbrise.

Wenn dieses neue Ich zu knospen beginnt, werdet ihr zu eurer geheimen Belustigung feststellen, daß ihr ja gar nicht so verzweifelt auf der Suche nach einem Mann zum Verlieben seid, wie ihr gedacht hattet. Ihr werdet und wollt keine leere Hülle mehr sein, die nur darauf wartet, daß jemand kommt, sie füllt und sie dadurch erst vollkommen macht. Ihr werdet nicht mehr abhängig sein.

Abhängigkeit hat es so an sich, daß sie den Durchschnittsmann verprellt, und da hat er auch ganz recht damit. Ein abhängiger Mensch ist ein schwieriger Mensch, ein manipulierender und egozentrischer Mensch. Wir alle haben schon abhängige Männer kennengelernt und rasch einen weiten Bogen um sie gemacht. Normalerweise merkt ein abhängiges Mädchen es gar nicht, daß der Mann neben ihr vielleicht selbst einige Probleme hat und folglich alles sehr persönlich nimmt. Hier eine typische Unterhaltung:

Abhängiges Mädchen: »Wann kommst du heute abend?«

Mann: »Gerade deshalb rufe ich an. Ich muß morgen einen wichtigen Plan einreichen und bin unheimlich nervös. Deshalb halte ich's für besser, zu Hause zu bleiben und zu arbeiten. Wie wär's mit morgen?«

Abh.M.: »Ach, mein Gott, ich hatte mich schon sooo darauf gefreut. Ich weiß gar nicht, was ich sagen soll.«

Mann: »Sag doch einfach, okay, Peter, morgen paßt mir ausgezeichnet.«

Abh.M.: »Vielleicht kann ich zu dir rüberkommen, dir was kochen und deinen Nacken massieren, damit du nicht so verspannt bist.«

Mann: »Lieber nicht. Ich bin heute unausstehlich und mache dir bestimmt die Hölle heiß.«

Abh.M.: »Hast du mich denn nicht gern in deiner Nähe?«

Mann: »Du liebe Güte, auch das noch!«

Abh.M.: »Jetzt ist mir alles klar. Du bekommst heute abend Besuch von einem anderen Mädchen und willst es mir bloß nicht sagen.«

Mann: »Allmählich regst du mich aber wirklich auf. Haben wir etwa nicht die letzten drei Nächte zusammen verbracht?«

Abh.M.: »Aha! Damit willst du wohl andeuten, daß du zuviel Zeit mit mir verbringst. Du willst unsere Beziehung einschränken, du brauchst deine Freiheit...«

Mann: »Hilf Himmel! Warum habe ich plötzlich das fatale Gefühl, ich befinde mich mitten in einem Joan-Crawford-Film?«

Kein Mensch möchte sich in einem Joan-Crawford-Film befinden. Joan-Crawford-Filme sind gestopft voll mit tränenfeuchten Kissen, gebrochenen Versprechen und Null Spaß. Da befindet man sich noch lieber in einer Neil-Simon-Komödie, denn da kriegt man wenigstens ein paar schlagfertige Antworten.

Aber ich schweife schon wieder ab.

Nun kommt das Schlimmste an abhängigen Menschen! Sie (oder er) überläßt die ganze Macht ihrem (oder seinem) Liebesobjekt — und das ohne einen Laut des Protests. Es mag ja stimmen, daß jeder Mensch die Macht liebt, aber kaum einer kriegt sie gern auf einem silbernen Tablett serviert. Wo bleibt da die Würze?

Und noch etwas: Es heißt doch immer, niemand wird euch lieben, wenn ihr euch nicht selbst liebt. Geistliche behaupten so etwas jedenfalls ständig. Nun, es stimmt leider nicht. Das ist totaler Blödsinn. Selbst wenn du dich verabscheust, kannst du immer noch ein paar Trottel auftreiben, die jedes einzelne Haar deines unwürdigen Hauptes lieben.

Aber du wirst sie dafür hassen. Wenn du dich für ein widerwärtiges Wesen hältst, wird nur *der* Mann der Richtige für dich sein, der dich dementsprechend schlecht behandelt.

Und nun kommen wir zu einer weiteren persönlichen Anekdote. Kurz nachdem ich mit einem sadistischen Scheusal namens Brian gebrochen hatte (er machte sich ein Vergnügen daraus, die Slips anderer Frauen in seinem Badezimmer und Zigaretten mit Lippenstiftspuren — nicht meine Farbe — im Aschenbecher herumliegen zu lassen), war mein Selbstbewußtsein völlig zerschmettert. Da lernte ich Jake kennen.

Jake war ein großer, stämmiger Engel — lustiger als Charlie Chaplin, gescheiter als Einstein, süßer als ein Milchshake. Seine Stimme klang wie dunkler, heißer Honig. Und er liebte mich. Er hielt mich für phantastisch. Er überschüttete mich mit Rosen, schickte mir leidenschaftliche Postkarten und wußte immer ganz genau, wann ich eine Umarmung brauchte.

Zuerst mochte ich Jake sehr gern. Er brachte mich zum Lachen und ließ mich Brians Abscheulichkeiten vergessen. Allerdings fehlten mir ein wenig die sonstigen Sturm- und Drang-Gefühle. Aber wir fanden dieselben Dinge komisch, und es machte ihm nicht einmal was aus, daß ich geradezu süchtig danach war, um 4 Uhr früh in Supermärkten einzukaufen, die während der ganzen Nacht geöffnet hatten.

Doch schon bald begann ich zu argwöhnen, daß Jake ein Trottel war. Und zwar weil er mich mochte. Ich war ja schließlich eine absolute Null, und noch häßlich dazu!

Es wurde immer schlimmer. Nach kurzem konnte der arme Mann mir nichts mehr recht machen. Sein schiefes Lächeln regte mich auf. Warum konnte er nicht gerade lächeln wie andere Männer? Die Art, wie sich sein Bart kräuselte, wurde mir irgendwie widerlich, und seine Hemden entsprachen auch nicht gerade meinem Geschmack...

Je mehr er mich liebte, desto abweisender wurde ich, und schließlich ließ ich ihn einfach stehen. Wie idiotisch von mir!

Wenn Selbsthaß zuschlägt, dann ruiniert er brillante Geister und gesunde Körper; unbeschwerte Mädchen verwandeln sich in zittrigen Geléepudding.

Es wäre falsch, daraus zu folgern, daß man nicht unsicher sein dürfte. *Jeder Mensch auf der Welt ist unsicher, nicht nur du!* Selbst Raquel Welsh bricht vermutlich manchmal morgens in Tränen aus, wenn sie sich im Spiegel sieht. Unsicher zu sein ist ganz menschlich.

Aber die Unsicherheit darf nicht selbstzerstörerisch werden! Seid an einem miesen Tag ruhig unsicher und macht euch Gedanken über die Kurve eurer Augenbrauen. An einem guten Tag habt ihr dafür die felsenfeste Überzeugung, daß ihr faszinierende, aufregende Wesen seid. Und bevor ihr euch verseht, wird der Mann eurer Träume von links aus den Kulissen auftauchen.

Vergeßt dann bloß nicht, heftig zu flirten!

Wie flirtet man?

Es muß mal gesagt werden, und jetzt ist dafür der geeignete Moment gekommen, daß Männer normalerweise einer Frau nicht einfach so in den Schoß fallen, so hinreißend sie auch sein mag, wenn sie zu Hause herumsitzt. Gerade in diesen schlechten Zeiten *müssen* wir flirten. Passivität mag gewisse Vorteile haben, aber wer ein Liebesabenteuer sucht, muß sich zumindest mal aus dem Bett bemühen.

Flirten ist ein reizvoller, belebender Zeitvertreib. Flirten ist das geistige Äquivalent für zwanzig Kniebeugen und fünf Kilometer Jogging, da man beim gekonnten Flirten seinen Verstand dreimal so schnell wie sonst arbeiten lassen muß.

Wie Fahrradfahren oder Gehirnchirurgie ist Flirten eine erlernbare Fähigkeit, die zum Schönsten und Besten gehört, wenn man erst mal auf den Geschmack gekommen ist.

Als erstes muß sich eine erfolgreiche Flirterin so lange einreden, bis es eisern sitzt, daß sie für die Männer ein wahres Gottesgeschenk darstellt. Kühles Selbstvertrauen wirkt nicht nur attraktiv, sondern erspart auch Mühe. Man braucht seine wertvollen Gedanken nicht daran zu verschwenden, ob man auch gut genug für diesen oder jenen Prachtkerl von einem Mann ist.

Stattdessen kann man sich voll auf das konzentrieren, was so ein Prachtkerl zu sagen hat.

Als nächstes muß die Flirterin ihn gekonnt umgarnen, indem sie ihn wissen läßt, nur sie, sie ganz allein sei sich darüber im Klaren, daß er der faszinierendste Mann auf Erden ist.

Stellen wir uns mal vor, du bist eine solche Flirterin, und auf einer langweiligen Party taucht plötzlich ein hinreißender Mann auf. Wehe, du gehst zu ihm und fragst: »Möchtest du gern high werden?« Versuch auch nicht, ihn im Flug zu erobern und nach Hause abzuschleppen.

Sei die Behutsamkeit in Person — die stärkste Waffe echten Charmes! Beobachte ihn ein Weilchen und wirf ihm in regelmäßigen Abständen flüchtige, aber dennoch einladende Blicke zu. (Es gibt nichts Simpleres als einen einladenden Blick: ruhiger, direkter Augenkontakt, der ein oder zwei Sekunden länger als üblich anhält.)

Bald darauf stellst du dich etwas näher zu ihm hin, als du eigentlich für richtig hältst. Und schweige auch ein bißchen länger, als du eigentlich für richtig hältst. Er wird sich deiner überdeutlich bewußt und leicht nervös werden. Genau dann ist der Moment gekommen, um etwas so beiläufig zu äußern, als ob du ihn schon seit Jahren kennen würdest. Etwas in der Art wie: »Glauben Sie, daß der Mann im grünen Anzug ein Korsett trägt?« Oder: »Haben Sie eine Pistole in der Tasche, oder freuen Sie sich nur, mich zu sehen?« Nein, das ist vielleicht nicht ideal, denn du solltest ihm die Gelegenheit zu einer flotten Erwiderung bieten. Wie wär's mit: »Ich trage dieses Kleid heute zum erstenmal und frage mich, ob das Dekolleté nicht vielleicht zu tief ist. Was meinen Sie?«

Dann wird er etwas sagen, dann wirst du etwas sagen, und dann werdet ihr euch für nächsten Donnerstag zum Kino verabreden.

Gebote und Verbote beim Flirten

— Versuch ja nicht zu flirten, wenn du fettige, strähnige Haare hast.

— Erzähl lustige Geschichten. Sprühende, witzige, wir-sind-uns-da-ganz-einig-und-kein-Mensch-sonst-weiß-wie-lustig-alles-ist-Geschichten. Wenn du eine Stimmung herbeizaubern kannst, in der ihr beide euch wie heimliche Verschwörer fühlt, dann kann eigentlich gar nichts mehr schiefgehen. Falls du damit wider Erwarten keinen Erfolg hast und er dich anschaut, als seist du nicht ganz richtig im Kopf, kannst du sowieso auf ihn verzichten.

— Komm nicht auf die Idee anzugeben! Angeber(innen) sind im Grunde nichts anderes als Reklametafeln, auf denen steht: »Ich bin schrecklich unsicher!« Sei lieber zurückhaltend oder besser noch geheimnisvoll, was deine Person betrifft. Nein, nicht mal eine beiläufige Bemerkung über deinen letzten Nobelpreis oder über den Filmvertrag des Jahrhunderts, den du gerade abgeschlossen hast, und schon gar nicht, daß du dir kürzlich ein Haus mit zwölf Zimmern gekauft hast. Vor allem aber sprich bitte nie davon, wie gut du im Bett bist.

— Vermeide Klichees. Sag zu einem Riesen von Mann nicht etwa: »Wie ist das Wetter da oben?« Das hat er nämlich schon hundertmal gehört. Ich kenne ein Mädchen, das genau das sagte, und bei diesem speziellen Riesen war es der berühmte Tropfen, der das Faß zum Überlaufen brachte. Er machte ein gequältes Gesicht, sagte: »Es regnet«, und spuckte ihr auf den Kopf.

— Gib dich kühl und skeptisch, aber trotzdem nicht abweisend. Du bist kein Typ, der einem Mann wie ein reifer Apfel in den Schoß fällt, aber er soll ruhig wissen, daß ihm herrliche Zeiten mit dir bevorstehen, wenn er nur amüsant genug ist. Versuch ihn nicht mehr als nur flüchtig zu berühren.

— Wenn dir eine gute Eigenschaft an ihm auffällt, laß sie nicht unerwähnt. Schon Oscar Wilde stellte seinerzeit fest: »Frauen werden durch Komplimente nie entwaffnet, Männer dagegen immer. Das ist der Unterschied zwischen den Geschlechtern.« Aber bitte keine Lügen! Erzähl einem Mann nicht, daß seine athletische Brust dich ganz schwach macht, wenn er in Wahrheit nur einen Spitzbauch hat.

— Innerhalb gewisser Grenzen kannst du sogar spötteln. Falls du dich aber zu etwas versteigst wie: »Sagen Sie mal, was ist denn in Sie gefahren, daß Sie solch einen Pullover tragen?« dann mußt du wenigstens reizend lächeln.

— Vertrau auf deinen Instinkt! Der schlimmste Feind beim Flirten ist eine krankhafte »Überbewußtheit«, die alles redigiert, was du sagst. Sei mutig und sprich aus, was du denkst, selbst so etwas wie: »Komisch, wir scheinen blendend miteinander auszukommen, obwohl Sie Skorpion sind.«

— Wenn dir nichts einfällt, dann sag auch nichts. Hülle dich in vielsagendes Schweigen.

— Wenn er schüchtern ist, frag ihn nach Punktetabellen aus. Diese Punktetabellen haben, wie du vielleicht schon weißt, etwas mit Fußball und ähnlichem zu tun. Ich habe noch keinen Mann getroffen — nicht mal einen eingeschworenen Homosexuellen — der darüber nicht seine eigenen Theorien hätte. Andererseits habe ich noch nie eine Frau getroffen, die diese Theorien auch nur im geringsten begreift. (Offensichtlich handelt es sich hier um ein sekundäres Geschlechtsmerkmal.) Der Schüchterne wird begeistert sein und dir die ganze Sache stundenlang erklären.

— Sei nicht ängstlich. Wohin bringt dich die Angst? Nirgends hin. Was kannst du schon dabei verlieren, wenn du den attraktivsten Mann der Party zu erobern versuchst? Nichts. Wirst du etwa tot umfallen, wenn er dir einen Korb gibt?

— Mach dir keine Gedanken darüber, ob er schwul ist oder nicht. Schwule unterhalten sich gern mit Frauen und sind sogar nett genug, um dich darüber aufzuklären, daß ein Pfefferkorn zwischen deinen Schneidezähnen steckt. Und natürlich wird er dir bald genug seine wahre Neigung offenbaren.

Wo soll man Flirten?

Wenn Du einigen Nachholbedarf hast: Die beste Spielwiese für Flirtanfänger ist Italien. Dort gibt's nicht nur den weitesten Himmel, nein, du wirst auch die Italiener mögen. Im Gegensatz zu den meisten Nordmännern, denen kalter Angstschweiß ausbricht, wenn sie mit einer jener neumodischen »Karriereweiber« konfrontiert werden, die erfolgreich, unabhängig und auf Abenteuer aus sind, spielt der Italiener nur mit seinem Amulett, trinkt einen Schluck Campari und begutachtet interessiert diese neue Frauenzüchtung.

Die Erfolgsfrau betrachtet ihn dagegen eher nervös und überlegt dabei, ob es richtig war, ihm gleich zu verraten, daß sie eine eigene Werbeagentur betreibt oder eine anerkannte Atomphysikerin ist.

»Phantastisch, diese Atome«, wird der Italiener mit unverkennbarem Akzent sagen. »Aber zeig mal dein süßes Köpfchen und laß mich mit deinen blonden Locken spielen. Komm mal etwas näher.«

Das ganze ist durchaus ermutigend.

Rita erzählte mir von einem Mann in Florenz, der sich einfach neben sie stellte und fragte: »Signorina, haben wir uns nicht schon mal in einer heißen, staubigen Nacht in Siena getroffen?« Sie war allerdings etwas enttäuscht, als sie bei Gelegenheit erfuhr, daß Adriano Celentano das schon früher mal gesagt hatte.

Falls dir Italien zu weit weg ist, dann tut's für erste Übungszwecke auch eine nette Pizzeria mit italienischer Musik. Es ist etwas an den sanften Kängen der Gitarren, das jedermann zum Reden verlockt. Wenn jemand singt:

Ti voglio amare
Ti voglio dare
Ti voglio dare l'entusiasmo di me bambina
Il primo giorno...

dann werden alle ganz melancholisch und rührselig, und als nächstes wird dir ein Knabe mit offenem Hemd sagen, daß das Schimmern deiner Haare ihn an Sonnenuntergänge am Meer erinnert. Aber wie gesagt: Das soll nur zum Üben sein.

So ziemlich die schlechteste Spielwiese für Flirts ist New York. Die dortigen Männer sind von ekliger Arroganz, da ca. 300 Frauen auf einen Mann kommen (statistisch belegt!). Deshalb denkt jeder New Yorker, er sei weiß Gott wer. New Yorker Männer kennen Sehnsucht nach Frauen nur vom Hörensagen. Sie erinnern alle irgendwie an gut genährte Tiger, die ihr Abendessen schon hinter sich haben. Das kann entmutigend oder sogar katastrophal wirken. Was soll eine Frau also tun, die einen durchschnittlichen New Yorker Mann für sich interessieren will? Sie muß vorgeben, ihn zu hassen! Mit einer so eigenwilligen Taktik kommt man natürlich in keinem anderen Teil der Welt je auf einen grünen Zweig.

Erwarte bitte nichts Ernsthaftes von Flirts in einer Bar oder Disco! Der Mann deiner Träume sitzt nicht mürrisch auf einem Barhocker in einer schummrigen Ecke, säuft Bier und brüllt dem Pianisten zu, er solle den Song noch einmal spielen. Der Mann deiner Träume weiß Besseres mit sich anzufangen. Vielleicht vermittelt er gerade ein Friedensabkommen im Mittleren Osten oder er entwickelt superneue Microchips, oder er schwebt gerade als Drachenflieger hoch in den Lüften.

Wenn Du Deine Übungsphase hinter Dir hast und einen richtig duften Typen finden willst, helfen keine Tricks mehr. Dann mußt du einfach weiterleben und warten. Er wird auftauchen. Doch, er taucht bestimmt auf! Du denkst zwar immer, er tut's nicht, und der Rest deines Lebens bleibt öd und leer, so daß du bald anfangen mußt, zu stricken und weiße Spitzenhäubchen zu tragen, aber nein, keine Spur! Plötzlich wird er von links die Bühne betreten, wenn der richtige Zeitpunkt da ist und die Sterne ihren Segen dazu geben.

Vermutlich wird es der Typ sein, der an einer Ecke mit dir zusammenprallt, wenn du gerade drei große Einkaufstüten mit Lebensmitteln trägst.

Nachdem ihr zwei dann endlich alle Suppendosen aufgesammelt habt, die auf der Straße herumrollen, darfst du ja nicht vergessen, dir seine Telefonnummer geben zu lassen!

Wo soll man also flirten? *Überall!* Und vor allem da, wo sonst keiner auf die Idee kommt.

Sobald Du aufhörst, nach *der* Gelegenheit zu suchen, hast du mindestens fünfzig neue Chancen. Tu's einfach. Lächle! Flirte!

Sex Tips Teil A — Grundsätzliches

Manche Frauen sind — Spaß beiseite — wirklich sophisticated. Nehmen wir z.B. mal Fellatio, ein Thema, mit dem sich die größten Geister des Landes immer noch herumschlagen; für bestimmte Frauen dagegen ist es das reinste Kinderspiel. Sie haben viel exotischere Probleme: Wie man seine Besenkammer in den Lusttempel einer Domina umbaut, oder was man tun soll, wenn das männliche Liebesobjekt pötzlich in Strumpfhosen auftaucht.

Andere sind wiederum reichlich naiv. Sie lesen die Gebrauchsanweisung in der Tampaxpackung jedesmal wieder, weil man ja nie wissen kann... In diesem Kapitel werden wir wichtige Grundlagen behandeln — noch nichts Ausgefallenes, keine Verrücktheiten.

Wie genießt man Sex?

Macht's einfach, das ist alles. Etwas in eurem Hormonsystem bringt euch dazu, Sex zu wollen. Wenn ihr ihn dann bekommt, genießt ihr ihn auch.

Es sei denn, natürlich, ihr seid blockiert. Eigentlich wollt ihr Spaß am Sex haben, ihr wißt, daß es sich so gehört, und ihr habt eine sichere Vorahnung, es würde euch auch gelingen, wenn ihr's nur ernsthaft versuchtet. Aber da ist irgend etwas Dunkles, Unwägbares in euch, das euch daran hindert, euch richtig auszuleben. Vermutlich etwas Psychologisches.

Was tun?

In einer solchen Situation muß man sich Sex erst einmal völlig aus dem Kopf schlagen. Verschwende keinen Gedanken mehr daran. Er wird dadurch nicht etwa plötzlich verschwinden. Sex ist nämlich ein perverser kleiner Teufel. Wenn du ihn ignorierst, kriegt das Kerlchen einen Wutanfall und wendet jeden Trick an, um sich bei dir wieder in Erinnerung zu bringen. Es schreit nach deiner Aufmerksamkeit, bis es sie endlich bekommt, und dann verschwindet es. Beachte deine sexuellen Bedürfnisse also nicht mal aus dem Augenwinkel, sondern spiel die gänzlich Desinteressierte.

Stellen wir uns mal vor, du sitzt mit einem Klassetypen bei dir auf dem Sofa vor dem Fernseher.

Stimmung prima! In einem besonders spannenden Moment des Krimis wirst du verständlicherweise aufgeregt und umklammerst seine Hand. Er beruhigt dich, indem er dir den Arm um die Schultern legt und zärtlich an deinem Ohr herumknabbert. Dir gefällt dieses Ohrenknabbern so gut, daß du ihn spielerisch in die Schulter beißt.

Als nächstes schreibt er mit den Fingerspitzen seine Initialen auf dein Knie. Er stellt fest, daß du Nylonstrümpfe trägst und beschließt, weiter nachzuforschen.

Du magst das sehr und fängst an, ihn zu küssen. Kleine, zärtliche Probeküßchen, die nicht von Pappe sind. Auf der Mattscheibe überstürzen sich die Ereignisse, doch du hast jegliches Interesse daran verloren, weil eure Zungen sich plötzlich ernsthaft miteinander beschäftigen. Er legt die Hand auf deine Brust...

Plötzlich wirst du nervös. In dir findet ein stummer Monolog statt, der idiotisch und überflüssig ist:

Soll ich jetzt ins Bad geben und mir mein Diaphragma ver-
passen?
Wie wird er reagieren, wenn er meine dicken Knie siebt?
Soll ich seinen Schwanz anfassen oder lieber noch nicht?
Hoffentlich findet er meine Brüste nicht häßlich!

Und schon ist es passiert. Die ganze Leidenschaft ist verflogen.

Du scheinst auf einmal zwiegespalten zu sein, und dein eines Ich treibt die tollsten Sachen auf dem Sofa, während dein anderes Ich mit einem Notizbuch in der Ecke sitzt und kritisch die Situation kommentiert.

Auf diese Weise wirst du nie tolle Erlebnisse haben. Aber sei ganz beruhigt, so etwas kann jedem passieren. Diane Keaton hatte in einem Woody Allen Film das gleiche Problem. Wenn ihr das passiert, und sie für diese Rolle sogar noch einen *Oscar* verliehen bekommt, dann ist es wohl nichts, dessen man sich schämen müßte. Du hast schlicht und ergreifend zugelassen, daß Sex die Oberhand gewinnt und dein Leben regiert. Keine Tragödie, wenn du dicke Knie oder häßliche Brüste hast. Sag einfach, na und? Einigen der besten Frauen geht's da nicht anders. An solche Problemchen kannst du mal einen Gedanken verschwenden, wenn du dir gerade die Fingernägel feilst, aber bitte nicht, wenn ein heißer Typ neben dir auf dem Sofa sitzt. Pfeif dir ein kleines Liedchen, drehe deine imaginären Däumchen und zeig dem Sex, daß er dir schnuppe ist. Dann wird er dich mit neu erwachter Intensität bedrängen.

Es sei denn, daß du chronisch an sexuellen Schuldkomplexen leidest.

Sexuelle Schuldkomplexe

Unzählige Frauen leiden an diesem quälenden Syndrom. Um herauszufinden, ob du auch dazu gehörst, hier ein Kurztest:

1.) Einen Mann am Penis anzufassen, ist
   a) eine dezente Methode, einen Abend zu beginnen
   b) nicht schlecht, wenn man's schafft
   c) ein toller Knalleffekt auf einer öden Party
   d) eklig und mies

2.) Wache ich nackt mit einem Mann im Bett auf, dann
   a) greife ich nach seinem Penis
   b) springe ich aus dem Bett, putze mir die Zähne, komme zu-
      rück und greife dann nach seinem Penis
   c) kuschle ich mich an ihn und fordere mein Frühstück
   d) greife ich meine Klamotten und renne schreiend aus dem
      Zimmer

Falls du d) einmal oder sogar zweimal angekreuzt haben solltest, leidest du garantiert an sexuellen Schuldkomplexen.
   Leider sind sexuelle Schuldkomplexe häufig sehr tief verwur-
zelt. Ursache? Deine Mutter hat dir seit deiner Kindheit eingeflü-
stert, (auf subtile, hinterhältige Weise), daß Sex eklig, schmutzig,
schlimm, scheußlich, abstoßend, unanständig und grausig ist.
Mütter tun das ständig. Sie können einfach nicht anders, die armen Lieblinge; es gehört nun mal zu den typischen Eigenarten
von Müttern. Sie malen sich aus, daß ihre Töchter sich sonst mit
stiernackigen, tätowierten Ex-Bullen einlassen, schwanger werden und den Rest ihres Lebens in einem Wohnwagen-Camp am
Ende der Welt verbringen werden. Deshalb, nur deshalb müssen
sie ihre Spezialwarnungen aussprechen.
   Die Heilkur für sexuelle Schuldkomplexe ist einfach: Bewäl-
tigt sie! Falls eure Mütter keine Psychopathinnen waren oder
euer Onkel Ernie euch verführte, als ihr elf wart, braucht ihr
vermutlich gar keine langwierige Therapie. Ihr müßt euch nur
im tiefsten Innern eures Herzens eingestehen, *daß die Menschen dazu da sind, um zu ficken.* Es ist unser Hauptzweck im
Leben, und alle anderen Beschäftigungen — Trompete blasen,
Teppiche staubsaugen, Liebesromane lesen, mousse au chocolat
essen — sind bloßer Zeitvertreib, bis ihr das nächstemal lieben
könnt. Na schön, lassen wir die mousse au chocolat beiseite. Ist
sie mit guter Schweizer Schokolade gemacht und mit Schlagsahne gekrönt, dann ist mousse au chocolat fast so gut wie vögeln.
Aber ich schweife ab.
   Was glaubt ihr wohl, warum eure Eltern euch immer so früh
ins Bett geschickt haben? In dem Moment, in dem eure unschuldigen Kinderwimpern sich über die müden Augen senkten, fielen Mutti und Vati mit wilder, ungestümer Lust übereinander
her. Sie haben es euch gegenüber bloß nie erwähnt.
   Hier noch eine Fußnote: Versucht nicht, sexuelle Schuldkom-

plexe dadurch zu bewältigen, daß ihr jeden stiernackigen, tätowierten Ex-Bullen, den ihr trefft, in euer Schlafzimmer einladet.
Geht die Dinge langsam an! Geht nicht weiter, als es euch angenehm ist. Haltet solange mit einem Mann Händchen, bis ihr völlig überzeugt seid, daß Händchenhalten nichts Unzüchtiges ist.
Bloß keine Hast! Mit der Zeit werdet ihr dann mit ursprüngli-
cher, ungezügelter Leidenschaft ficken, wie es sich gehört.

Vater-Fixierung

Wahrscheinlich seid ihr auf euren Vater fixiert. So ist das nunmal bei den meisten Mädchen in der einen oder anderen Lebens-
phase. Dabei kann man's kaum fassen, wenn man sich den glatz-
köpfigen Kerl im beigen Polyester-Anzug anschaut. Aber früher
trug Papa mal aufregende Anzüge aus Haifischleder, und deshalb geratet ihr jedesmal völlig aus der Fassung, wenn ihr irgendwo einem tollen Haifischleder-Typen begegnet, und wißt
dann nicht mehr, was tun. So funktioniert die Fixierung auf den
Vater — ein weitere Ursache für sexuelle Schuldkomplexe.

»Sie scheinen auf Ihren Freund so zu reagieren, als wäre er Ihr
Vater«, sagt eure Psychologin vermutlich bei Gelegenheit. (Es
sei denn, sie ist strikte Freudianerin. Dann hält sie nämlich den
Mund und wartet ab, bis ihr es selbst erkennt — ein Bewußt-
seinsprozeß, der normalerweise zehn Jahre dauert. Das ist übrigens der Grund, warum strikte Freudianer(innen) so schöne
Wochenendhäuser haben.)

Hierbei handelt es sich also wieder um eine Kleinigkeit, die
ihr überwinden müßt. Es ist ein ganz übliches Problem, so üblich, daß es schon langweilig ist. Die Leute fangen meistens
gleich zu gähnen an, wenn sie was von Fixierung auf den Vater
hören, und das wollt ihr doch nicht, oder? Natürlich wollt ihr
das nicht. Kein Mensch will gern langweilig sein.

Minderwertigkeitskomplex

Sich unsicher zu fühlen, ist eine weitere todsichere Methode, um sich das Leben zu versauern. Falls ihr euch beim folgenden Gedanken ertappt: »Was um alles in der Welt findet dieser Mann bloß an mir? Stimmt vielleicht was nicht mit ihm? Gehört er zu den Typen, die was mit Wohlfahrt oder Fürsorge zu tun haben?« dann leidet ihr ziemlich sicher an mangelndem Selbstwertgefühl.

Falls es so ist, solltet ihr das dritte Kapitel noch einmal mit erhöhter Aufmerksamkeit lesen. Und behauptet jetzt bloß nicht, es sei von eurem Hund gefressen oder von einem Ganoven geklaut worden, oder ihr hättet es auf dem Weg zur Schule in eine Pfütze fallen lassen. Das dritte Kapitel wartet lieb und brav auf euch, ihr müßt nur ein paar Seiten zurückblättern. Da es sich bei diesem Buch nicht um »Lady Chatterley« handelt, könnt ihr nicht etwa nur die schlüpfrigen Passagen lesen und den Rest weglassen.

Es gehört zum Grundwissen, daß ein Mann auf euch scharf ist, wenn sich etwas Hartes gegen euren Schenkel preßt. Da ihr das menschliche Wesen seid, das ihm in jenem entscheidenden Moment am nächsten ist, seid ihr logischerweise das Objekt seiner Begierde. Alles Weitere ergibt sich dann wie von selbst.

Allerdings nur dann, wenn ihr nicht an irgendwelchen Schuldkomplexen oder sonstigen seelischen Nöten leidet.

Langeweile

Manchmal ist der Grund für mangelndes sexuelles Interesse einfach mangelndes Interesse. Du sitzt mit einem tollen Knaben auf dem Sofa herum. Woher weißt du, daß er toll ist? Weil deine Freundin Cleo dir erklärt hat, sie würde den Pulitzer Preis ausschlagen, wenn dieser spezielle Knabe dafür mit ihr ins Bett ginge, und deine eigene Schwester hat dir gestanden, daß derselbe Knabe sie vor Lust dahinschmelzen ließe. Also meinst du natürlich, auch du müßtest interessiert sein. Stimmt's?

Überrede dich bloß nicht zu irgend etwas! Was dem einem

Mädchen seine mousse au chocolat, ist dem anderen Mädchen sein saftiges Steak. Vielleicht hat der Knabe strähniges, karamelfarbenes Haar, und du stehst auf romantische schwarze Locken...?

Marta gerät z.B. völlig außer sich, wenn sie kurzbeinigen, witzigen Juden mit strammen Hintern begegnet. Sobald ein Mann über einssechzig groß ist, läßt er sie völlig kalt.

Ich hatte mal gleichzeitig Beziehungen zu zwei — 2! — Männern. Beide waren erfolgreich, wohlhabend und gut angezogen. Don war mager, aber muskulös, trug einen Bart und kochte himmlisches Chili con carne. Er rief mich täglich an und sang mir erotische Schlager vor. Seine Begabung für Albernheiten war absolut einmalig, und ich mochte ihn unheimlich gern.

Aber ich konnte nicht mit ihm schlafen, obwohl ich mich redlich bemühte, es zu wollen. Wir gingen zusammen essen — Don hatte ständig neue interessante Lokale auf Lager — und schwelgten in amüsanten, köstlich abwegigen Dialogen, in denen eine witzige Bemerkung die andere ablöste. Und doch — sobald sich der Abend seinem Ende zuneigte und die Entscheidung nahte, ob wir zu ihm oder zu mir gehen sollten, bekam ich unweigerlich gräßliche Kopfschmerzen. Zwischen uns beiden stimmte es einfach nicht mir der chemischen Zusammensetzung.

Der zweite Mann hieß Richard. Ein arroganter Emporkömmling, einer von diesen Typen, die einem ständig erzählen, wie reich sie sind und wieviele berühmte Leute sie kennen. Doch nicht genug damit, er hatte auch noch die lästige Angewohnheit, einen mit Lieblingsphrasen anzuöden. Jeden, den er nicht leiden konnte, nannte er »Schweinepriester«, und Frauen waren bei ihm nur Disco-Miezen. Hat man dafür Töne? Er hielt sich natürlich für unwiderstehlich, und ich ging auch tatsächlich mit ihm ins Bett.

»Wahrscheinlich sah er eben toll aus, der reinste Adonis«, höre ich euch schon sagen. Daß ich nicht lache!

Er war rotgesichtig, dickbäuchig und hatte völlig farblose Wimpern. Der ganze Mann war im Grunde nichts als ein »Schweinepriester«.

Trotzdem konnte ich nicht genug von ihm kriegen. Er führte mich am liebsten in Lokale, wo gemunkelt wurde, daß Jackie O. gleich auftauchen würde, und da saß ich dann herum, tödlich gelangweilt und schwach vor Lust.

Zugegeben, mir ist nicht zu helfen. Aber darum geht es gar nicht, sondern es geht darum, daß man nie wissen kann, was —

oder wer — einen anmacht, und es hat gar keinen Sinn, so zu tun, als ob, wenn einem eben nicht danach zumute ist.

(Ich möchte noch hinzufügen, um die Dinge klarzustellen, daß ich nicht ständig hinter rotgesichtigen, dickbäuchigen Langweilern her bin. Eine momentane Entgleisung — mehr war's nicht.)

Masturbationstechniken

Eine einmalig wirksame Methode, um sexuelle Schuldkomplexe und Verwirrung zu überwinden, ist die regelmäßige Masturbation. Masturbieren hilft dir nicht nur dabei, die Reaktionen deines Körpers besser zu begreifen, sondern ist auch einfach schön.

Sicher wißt ihr bereits, wie man masturbiert. Vielleicht nahmt ihr sogar an Masturbations-Encounter-Gruppen teil? Welch erschreckende Vorstellung! Am Ende habt ihr beim Masturbieren sogar schon Olympiareife.

Vielleicht aber auch nicht. Ich selbst, die kleine Miß-Sex-Tips, lebte bis zu meinem vierundzwanzigsten Lebensjahr im Zustand der Unwissenheit. Erst dann raffte ich schließlich all meinen Mut zusammen und bat ein paar Freundinnen, mich auf subtile Weise aufzuklären. Es hat sich gelohnt.

Erst einmal sollt ihr euch bequem hinlegen und Fernseher, Radio und — falls ihr's wirklich ernst meint — auch das Telefon abstellen. Zieht euer Höschen aus, denn ihr müßt eure Beine frei bewegen können. Sucht dann mit der Hand eure Klitoris. Ihr könnt den süßen Liebling gar nicht verfehlen — es ist der kleine Knubbel vorn an eurer Vagina. Falls ihr sie nicht finden könnt, fragt einen vertrauenswürdigen Arzt um Rat. Dann könnt ihr anfangen, an euch herumzuspielen. (Die meisten Frauen benützen am liebsten Zeige- und Mittelfinger.) Fummelt einfach nur ein bißchen herum, es eilt ja nicht, die Sache ernsthaft anzugehen.

Laßt eure Gedanken wandern, und schon bald wird euch irgendeine erotische Phantasie anregen.

Mal sehen. Etwas wie... Du bist nach London eingeladen worden, um dort einen Vortrag über Neurochirurgie zu halten. Du sitzt gerade im Flugzeug und liest noch einmal deine Aufzeichnungen durch, da klopft dir die Stewardess auf die Schulter.

»Der Captain und sein Co-Pilot lassen fragen, ob Sie sich vielleicht mal das Cockpit anschauen wollen«, sagt sie mit keckem Lächeln.

»Warum ausgerechnet ich?« erkundigst du dich leicht ungehalten.

»Die beiden haben gehört, daß Sie eine berühmte Gehirnchirurgin sind und fänden es eben aufregend, Sie kennenzulernen«, trällert sie.

»Na schön«, murmelst du, stehst auf und zupfst dein elegantes graues Leinenkostüm zurecht.

Du folgst ihr zum Cockpit, wo dich der Captain, der ausgerechnet deinem Liebling Clint Eastwood (an einem seiner besonders guten Tage!) ähnelt, mit einem kräftigen Händedruck begrüßt.

Sein Co-Pilot, der eine verblüffende Ähnlichkeit mit Jack Nicholson aufweist, zwinkert dir vielsagend zu.

»Sie können jetzt gehen«, sagt der Captain zur Stewardess, was sie auch sofort in die Tat umsetzt.

Der Captain kommt auf die Idee, dir zeigen zu wollen, wie man ein Flugzeug steuert und schnallt dich auf seinem Sitz fest.

»Sehen Sie den kleinen Zeiger dort drüben?« fragt er mit sonorer Stimme. »Welchen denn?« erkundigst du dich, da es so viele kleine Zeiger gibt, und du es doch richtig machen möchtest.

»Ach, nicht so wichtig«, antwortet er, und ehe du weißt, wie dir geschieht, liegt er vor dir auf den Knien, streicht mit der Hand über deine Schenkel und steckt den Kopf unter deinen Rock.

Natürlich bist du vollkommen überrumpelt, denn so etwas hattest du nun wirklich nicht erwartet. Daher läßt du auch zu, daß er dir den Slip auszieht und mit der Zunge ganz leicht, aber emsig an dir herumzuspielen beginnt, bevor du flüsterst: »Aufhören, oder ich rufe die Polizei.«

»Hier oben gibt's keine Polizei«, triumphiert der Co-Pilot, der unziemliches Interesse an den Vorgängen zu nehmen scheint.

Der Captain schaut dich aus blauen Augen flehend an. »Ich höre auf, wenn du's unbedingt willst«, sagt er. »Aber zum Donnerwetter, ich bin verrückt nach dir, einfach verrückt!«

Der arme Kerl! Dein Herz fliegt ihm entgegen. »Okay, okay«, brummst du ungeduldig. »Aber beeil dich. Ich muß noch an meinem Vortrag herumfeilen.«

Er zwingt deine Knie auseinander und macht weiter. Sein Stöhnen wird immer ekstatischer. Das nächste, was du wahrnimmst ist, daß nun auch noch der Co-Pilot zu seinem Recht kommen will...

Irgendwie hat mich diese Beschreibung mitgerissen. Meine Hand flog nur so über die Seiten. Ich fühle mich leicht fiebrig... Wenn ihr mich bitte einen Moment entschuldigen wollt, dann lege ich mich etwas hin.

So jetzt geht's wieder besser. Eine interessante Nebenwirkung von Masturbation ist, daß man hinterher sofort selig einschlummert. Ein besseres Schlafmittel gibt's nicht. Also rate ich euch, von nun an lieber auf die langweilige heiße Milch mit Honig zu verzichten.

Manche Mädchen liegen beim Masturbieren am liebsten auf dem Bauch, ein Kissen zwischen die Beine gepreßt. Weiß der Himmel, wie sie's schaffen, aber sie schwören, daß es klappt.

Ich persönlich halte nichts von Vibratoren, aber das kann falsch sein. Marta hat z.B. eine langjährige, ernsthafte Beziehung zu ihrem Vibrator und behauptet, er sei die einzige Rettung, wenn man so lange Fingernägel habe wie sie.

»Du kennst doch sicher die Art von Orgasmus, die einfach überwältigend ist, die Art, die dich glauben läßt, im siebten Himmel zu sein, oder?« sagte sie eines Tages zu mir.

»Vage«, antwortete ich.

»Tja, also ich habe neulich so einen gehabt. Es war einfach super! Merkwürdig war daran nur, daß ich's mit meinem Vibrator erlebte. Jetzt frage ich dich, worum's im Leben überhaupt geht, wenn ich einen solchen Superorgasmus ganz für mich allein kriegen kann.«

Zugegeben, das gibt einem wirklich zu denken.

Wißt ihr schon über die Duschmassage Bescheid? Verschwendet aber bitte keinen zweiten Blick auf festsitzende Brauseköpfe. Das Richtige ist für euch eine von diesen Duschen mit langem beweglichen Schlauch, mit dem man alle Körperteile bequem erreichen kann. Stellt den Duschstrahl auf mittlere Stärke ein (zwischen Sprühen und sanfter Massage) und haltet die Dusche zwischen eure Beine. Temperatur wohlig warm. Innerhalb von Sekunden werdet ihr ein eigenartiges, aber vertrautes kribbelndes Gefühl erleben, das sich rasch zu einem Orgasmus nach dem anderen steigert. Es kann durchaus sein, daß euch vor Lust fast die Sinne schwinden, also sorgt lieber dafür, daß eine von diesen komischen Gummimatten in der Wanne liegt, damit ihr einen festen Stand habt.

Nach jahrelangen wissenschaftlichen Studien bin ich jetzt in der Lage, eine vollständige klinische Beschreibung zu liefern, wie ein Orgasmus zu sein hat.

— Ein Orgasmus gleicht jenem magischen Moment zwischen dem Sprung von einer Klippe und dem Eintauchen in einen klaren See.
— Ein Orgasmus schmeckt wie eine himmlisch reife Pflaume.
— Ein Orgasmus ist wie ein perfektes Gitarrensolo.
— Ein Orgasmus entspricht der Begeisterung, die man verspürt, wenn man auf einem Wohltätigkeitsbazar einen hinreißenden Luchsmantel gewinnt.
— Ein Orgasmus gleicht der ersten rauschhaften Wirkung von Morphium.
— Ein Orgasmus gleicht jenem Erlebnis, als man zum erstenmal ohne Hilfe auf einem richtigen Fahrrad fuhr und zur Belohnung eine neue Puppe geschenkt bekam.

Manche von ihnen sind besser, manche schlechter, aber alle sind okay.

Verhütungsmittel

Eine Frau von heute macht sich viele Gedanken über die Risiken der verschiedenen Verhütungsmittel. Das sollte sie auch tun, da jede Methode ihre Macken hat.

Präservative: Wichtigstes Gegenargument — Männer hassen sie! Da haben sie eine erstklassige Erektion und sehnen sich nach einem schönen, warmen Plätzchen, müssen sich aber stattdessen in so ein kaltes Gummiding einzwängen. Erektionen sind etwas Hochsensibles und welken oft schon beim bloßen Gedanken an Gummis förmlich dahin. Doch selbst wenn sie's nicht tun, selbst wenn das warme Plätzchen erreicht wird, ist immer noch dieses scheußliche Ding zwischen dem Penis und seinem Ziel. Ein Riesenunterschied, das wird euch jeder Mann bestätigen.

Ihr könnt Präservative vermutlich genauso wenig leiden. Präservative haben nämlich die fatale Neigung, sich irgendwie aufzurollen, und dann spürt ihr plötzlich statt lustvoller Reibung so eine unangenehme Klumpigkeit. Doch selbst wenn sie sich nicht aufrollen (was sie aber unweigerlich tun), fühlen sie sich jedenfalls immer wie Gummi an. Selbst wenn es sich um Spezialanfertigungen aus Lammleder handelt, fühlen sie sich wie Gummi an. Und außerdem müßt ihr dann garantiert an das arme Lämmchen denken, und an die Mutter des armen Lämmchens...

Eine andere irritierende Angewohnheit der Präservative besteht darin, daß sie leicht Löcher kriegen, worüber die Spermatozoen natürlich begeistert sind. Sie schwimmen frei und ungehindert hindurch, die Eileiter hinauf und vereinigen sich prompt mit einer Eizelle.

Stell dir vor, du liegst mitten in der Nacht in leidenschaftlicher Umarmung im Bett, als dir ein schrecklicher Gedanke kommt. Du beißt dir auf die Lippen und sagst: »Darling, bist du ganz sicher, daß kein Loch im Gummi ist?«

»Was?« fragt er unwirsch, denn Männer hassen derartige Fragen.

»Ich möchte nicht, daß sich irgendeine Spermatozoe meinen Eileiter hinauf verirrt«, murmelst du kaum hörbar.

»Verdammt nochmal, du hast vielleicht Ideen«, erwidert er und macht Licht. Dann untersucht ihr das biestige, dumme Ding nach Löchern, was im Bestfall nur eine lästige Angelegenheit ist. Während dieser Prozedur habt ihr zwangsläufig eine kleine Meinungsverschiedenheit darüber, ob du wirklich solche Angst hast oder ihm nur seinen Spaß verderben willst. Allmählich wird daraus ein waschechter Krach. Du tischst jenen Vorfall auf, als er betrunken war und sich an Gloria ranmachte, während er sich mal wieder darüber beklagt, daß du noch nie pünktlich zu einer Verabredung gekommen seist. Wohin wird das ganze führen? Unweigerlich dazu, daß einer von euch beiden auf der Couch schläft oder vielleicht gar in die Nacht hinausstürmt und die Sterne beschimpft. Also lassen wir die Präservative lieber bleiben.

Auf den ersten Blick scheinen Antibaby-Pillen die rettende Lösung zu sein. Du schluckst jeden Morgen eine und wirst nie schwanger. Was will man mehr?

Nehmt sie bitte trotzdem nicht. Tut's nicht! Sie können nämlich so fürchterliche Dinge bewirken wie: Schlaganfälle, Herzattacken, Brust-, Gebärmutter- oder Leberkrebs (ich lese gerade den »Waschzettel« der Pillenpackung, während ich dies tippe), schmerzhafte Regelblutungen, Ausbleiben der Regel, Unfruchtbarkeit, Übelkeit und Erbrechen, Magenkrämpfe und Blähungen, Blutstürze, Zwischenblutungen, Migräne, Depressionen, allergische Reaktionen, Bluthochdruck, vergrößerte und schlaffere Brüste, dunkle Hautverfleckungen, Gewichtszunahme oder -verlust, Magenschmerzen, Hefepilzinfektionen, Asthma, Krampfanfälle, Harnretention oder -inkontinenz, Gelbsucht, Schwindel, Nervosität, Schwerhörigkeit, Haarausfall, Veränderungen im Sexualtrieb, Entzündungen der Nasenschleimhaut, Zahnfleischerkrankungen, grauer Star, Unverträglichkeit von Kontaktlinsen, Müdigkeit, Rückenschmerzen, Scheidenentzündung, Entzündungen der Bauchspeicheldrüse, der Leber oder des Dickdarms, Veitstanz, Brennen und Kribbeln, rheumatische Arthritis oder sogar Tod... Abgesehen von alledem simulieren Antibaby-Pillen eine Schwangerschaft, und man nimmt sie fünf Tage pro Monat nur deshalb nicht, weil man glauben soll, man hätte seine Periode, die aber gar keine richtige Periode ist, sondern eher eine Art von psychologischer Beschwichtigung.

Außerdem bekommen viele Frauen, die regelmäßig die Pille nehmen, so was wie einen Damenbart. Ihnen wachsen lange, borstige, dunkle Haare, die extrem häßlich sind. Sowas sollte man sich nicht auch noch zulegen, da man schließlich schon genug andere Probleme hat.

Spiralen sind solange ganz gut, bis etwas schiefgeht. Aber wenn ihr mich fragt, sind sie eigentlich von Anfang an gräßlich. Wenn sie eingesetzt werden, ist das fast eine Operation und tut auch genauso weh. Tagelang hat man Schmerzen und blutet. Angeblich soll das Einsetzen einfacher werden, wenn man schon ein Kind geboren hat, aber das halte ich für Mumpitz. Außerdem ist es geradezu idiotisch, nach Polamidon süchtig zu werden, nur weil man tatsächliche Schmerzen lindern will.

Täglich sollst du dann das Schnürchen überprüfen, um dich zu versichern, daß dieses verdammte Ding an der richtigen Stelle sitzt. Kein Mädchen, das ich kenne, war in der Lage, das Schnürchen nach den ersten sechs Wochen noch zu ertasten. Irgendwie geht es nämlich da drin hoffnungslos verloren. Es gibt eigentlich nur ein Argument, das für diese Schnürchensucherei spricht. Falls dich jemand beim Masturbieren ertappt, kannst du leichthin lachen und sagen: »Ich prüfe gerade nach, ob die Spirale noch richtig sitzt.« Aber im Grunde brauchst du gar keine Spirale, um dich so gekonnt aus der Affäre zu ziehen, oder?

Immer wieder wird übrigens berichtet, daß Babies zur Welt kommen und Mamis Spirale mit beiden kleinen Patschhändchen fest umklammern.

Außerdem gibt's leider häufig schwere Gebärmutterinfektionen. Penny erzählte mir eine besonders »gelungene« Geschichte aus jener Zeit, als sie sich schwerkrank zum Gynäkologen schleppte.

»Hmmm!« meinte der Arzt und kratzte sich am Bart (er war einer von *denen*!). »Es sieht ganz so aus, als hätten Sie eine üble Gebärmutterentzündung, die durch die Spirale hervorgerufen wurde. Eigentlich müßte die Spirale raus, aber dummerweise sitzt sie inzwischen verkehrt rum. Ich kann sie ohne Operation nicht entfernen. Also verschreibe ich Ihnen lieber Antibiotika.«

Die Antibiotika verursachten bei Penny eine Hefepilzinfektion, und die Gebärmutter entzündete sich erneut. Penny ging es so lausig, daß sie sich zu ihrer Schwiegermutter flüchtete, einer tüchtigen Frau, die sie mit Naturheilmitteln tatsächlich wieder hinkriegte. Als Penny fast genesen war, tauchte ihr Ex-Mann plötzlich aus dem Nichts auf und wollte von seiner Mutter von der Arthritis kuriert werden, die er sich beim Flaschentauchen angelacht hatte. Daraus entwickelte sich pikanterweise eine Versöhnung der beiden Expartner. Penny und Steve schworen sich ewige Liebe und Treue und fuhren gemeinsam nach Paris. Dort verlebten sie drei wunschlos glückliche Monate, bis Steve plötzlich die Erleuchtung hatte, er müsse unbedingt Schauspieler werden. Dies sei das Einzige, was er wirklich wolle. Tja, der Kosmos waltet schon auf wundersame Weise...

Falls ihr euch die Eileiter unterbrechen laßt, wird euch sofort danach die Reue packen und erkennen lassen, daß ihr schon immer Kinder haben wolltet. Ihr werdet all die mühsamen Formalitäten für eine Adoption auf euch nehmen und sieben Jahre lang auf ein passendes Baby warten. Später werdet ihr euch dann ewig mit der schrecklichen Vorstellung herumquälen, daß der natürliche Vater eurer kleinen Sonja vielleicht so ein Typ wie Charles Manson war.

Einmal habe ich übrigens auch diesen Vaginalschaum ausprobiert. Innerhalb von einer Woche war ich schwanger.

Die Knaus-Ogino-Methode kommt natürlich sehr in Frage, wenn man eine große Vorliebe für Thermometer hat und in Mathe gut ist...

Zen und die Kunst, ein Diaphragma einzusetzen

Es bleibt also nichts anderes übrig, als sich ein Diaphragma anzuschaffen.

Mein Gott, wie ich dieses Diaphragma hasse! Manchmal sitzt es auf Anhieb, dann wieder verklemmt sich das tückische Biest und rührt sich nicht von der Stelle. Klebriges Spermizid überall, falls man nicht diese Art Häkelhaken von Einführhilfe benutzt, worauf manche schwören, der aber nur zu bestimmten Sorten von Diaphragmen gehört. Außerdem kann er einem auch ziemliche Scherereien machen...

In meiner langjährigen Beziehung zu Diaphragmen gab's immer wieder erbitterte Kämpfe. Hier nur ein Beispiel:

Ich: Rein mit dir, du kleines Miststück!

Es: Warum sollte ich? Nur damit du's mit diesem Trottel treiben kannst? Ich wette, der schreckt nicht mal vor Jockey-Shorts aus Nylon zurück.

Ich: Zufällig weiß ich genau, daß er ganz normale hellblaue Slips trägt. Rita hat's mir verraten. Aber was geht dich das überhaupt an?

Es: Was es mich angeht? Na hör mal, ich bin schließlich Leidtragender. Vor allem dann, wenn du's mal wieder im Stehen tun willst. All dieses Gestoße wirkt verheerend auf meine Elastizität.

Ich: Nun mach schon! Sonst glaubt der am Ende noch, ich bin hier drin gestorben.

Es: Ach, scher dich zum Teufel!

Natürlich gewinne am Ende immer ich. Wenn ich dann verschwitzt und triumphierend aus dem Bad komme, hockt mein Typ aber garantiert vor der Mattscheibe und schaut sich gebannt einen Film an.

Was soll eine Frau also tun?

Eine Frau muß sich in Zen-Buddhismus vertiefen! Erst wenn man eine höhere Bewußtseinsebene erreicht hat, weiß man mit tödlicher Sicherheit, wann, wo und wie man das Diaphragma einzuführen hat.

Als erstes sollte eine Jüngerin auf dem Weg zur Erleuchtung erkennen, daß es kein Ich und kein Diaphragma gibt, sondern das Ich und das Diaphragma im breiten Strom des Lebens zum Eins-sein zusammenfließen. Erst dann kann man die kunstlose Kunst, die unbewegte Bewegung und den ungetanzten Tanz der Einführung eines Diaphragmas beherrschen.

Beim Einsetzen darf man sich nicht von kleinlicher Ungeduld irritieren lassen, oder gar Frust über den schlüpfrigen Rand empfinden. Man muß vielmehr — à la Samurai — an die große Leere denken, die dann allmählich die wundersame Entfaltung bewirken wird. Es heißt also entspannen! Alles klappt, man muß es nur zulassen!

Wenn man den idealen Zeitpunkt bestimmen will, um das Diaphragma einzusetzen, soll man sich von Kraft durchströmen lassen und erkennen, daß es keinen Unterschied gibt zwischen sexueller Frustration und sexueller Erfüllung, oder zwischen Abweisung und Annahme. »Es« führt das Diaphragma ein, und »Es« entscheidet, ob Sex gerade sein soll oder nicht.

Man darf auf keinen Fall fragen: »Passiert's oder passiert's nicht?« sondern muß auf beide Möglichkeiten gleichermaßen vorbereitet sein. Falls man das Diaphragma einführt, ohne daß es zu Sex kommt — bitte keine Enttäuschung! Oder das Diaphragma sitzt zwar schon an Ort und Stelle, aber man hat plötzlich einfach keine Lust mehr...

Als Zen-Jüngerin führt man das wundersame Ding ein, wann immer eine winzige Chance für Sex besteht. Nach dem Abendessen ist meist der günstigste Zeitpunkt, wenn man sich nicht permanent mit unerleuchteter Angst herumquälen will. Nach einem langen Kuß grübelt man sonst bang: »Soll ich jetzt im Bad verschwinden?« Und kurz darauf: »Oder vielleicht lieber jetzt?«, weil die Bluse ja schon aufgeknöpft ist.

Warum sich's nicht leichtmachen? Einsetzen und einfach vergessen! Entweder man wird oder man wird nicht gebumst, aber auf jeden Fall ist man — wie ein Zen-Bogenschütze — immer bereit.

Liebe und andere
Phänomene

Was bedeutet eigentlich »lieben«? Wachst du dann morgens mit *seinem* Namen auf den Lippen auf? Rennst du dann in fünf Minuten sechsmal zum Spiegel und überprüfst die Wimperntusche, weil *er* gleich klingeln wird? Macht es dir dann Sorgen, ob *er* sich die Smaragdbrosche auch wirklich leisten kann, die er dir geschenkt hat? Hast du dann sofort einen Orgasmus, wenn *er* deine Brustwarzen berührt, obwohl du normalerweise nur durch halbstündigen Cunnilingus in die richtige Stimmung kommst? Fühlst du dich dann irgendwie sicher, warm und bereit, wenn *er* bei dir ist, andererseits aber nervös, kalt und wie eingetrocknet, wenn *er* nicht da ist? Denkst du dann, falls du *ihn* mit einer anderen Frau ins Restaurant kommen siehst: »Das muß *seine* Schwester sein.«? Oder denkst du dann eher: »Ich steche *ihm* mit einem Eispickel die Augen aus.«?

Über diese und ähnliche Fragen grübelte ich nach, als ich Mar-

49

ta besuchte, eine erstklassige Modezeichnerin mit einem Herzen aus Gold und einer Vergangenheit, die Liz Taylor vor Neid erblassen ließe. Doch diese Vergangenheit ist wirklich vergangen, und sie hat einen netten, liebenswerten Schauspieler geheiratet. Eine Frau wie sie weiß natürlich ganz genau, wovon sie spricht, wenn's ums Thema Liebe geht.

»Er behandelt mich wie einen Hund«, beklagte ich mich bei ihr. »Aber nicht mal wie einen respektablen Bernhardiner, nein, viel eher wie einen Zwergschnauzer. Und trotzdem... wenn ich ihn nur sehe, habe ich ein komisches Gefühl im Bauch.«

Marta legte ihre Entwürfe beiseite und musterte mich mitfühlend. »Du mußt endlich kapieren, daß dieses komische Gefühl im Bauch *keine Liebe* ist«, sagte sie.

»Wirklich nicht?« fragte ich verblüfft.

»Nie im Leben«, erwiderte sie energisch.

Dadurch bekam alles plötzlich eine ganz andere Dimension. Ich war bisher der irrigen Meinung gewesen, daß es sich um die ganz große Sache handelt, wenn ich dieses komische Gefühl im Bauch hatte. Ihr wißt schon, was ich meine. Jedesmal, wenn ihr an den Auserwählten denkt, und das nimmt ca. 80% der ganzen Zeit in Anspruch, macht euer Magen gleichzeitig zwölf Rückwärtssaltos, vier Klimmzüge und acht Bauchklatscher. Ein merkwürdiger Zustand! Er verhilft dir im besten Fall zu einem beschwingten Gang, aber es kann auch so schlimm werden, daß du dich am liebsten übergeben würdest. Außerdem wirst du garantiert übellaunig und muffig, wenn der Auserwählte mal für zehn Jahre verschwindet — in Wirklichkeit sind's zwar nur zehn Minuten, aber dir kommt's eben wie eine Ewigkeit vor, wenn du an »Liebesqualen« leidest.

»Ich spüre eine erstaunliche Bewußtseinsveränderung heraufdämmern«, sagte ich zu Marta.

»Das wird auch höchste Zeit«, meinte sie.

Wenn es sich also nicht um dieses komische Gefühl im Bauch handelt, was ist denn dann die Liebe?

Nach jahrelangen streng-wissenschaftlichen Experimenten kam ich zu dem Schluß, daß es sich um Liebe dreht, wenn dir ganz schwach zumute wird:

Wie beim erstenmal, als du die Rolling Stones gehört oder den Roman »Der Fänger im Roggen« gelesen oder das erste perfekte Filetsteak gegessen hast.

Wenn einem ganz schwach zumute wird, ist das ein so herrliches Gefühl, so perfekt, so schön, so *richtig*, daß du schier platzen könntest.

Ab und zu triffst du mal einen Mann, der solche Empfindungen bei dir hervorruft.

Ich habe einen Mann geheiratet, weil er einen total verrückten Tanz aufs Parkett legte, bei dem seine Füße wirbelnden Derwischen glichen, und mir ganz schwach zumute wurde.

Nie werde ich jenen Moment vergessen, als ich Jake das erste Mal traf. Jake, den ich liebte und verlor.

Er stand auf einer jener verkorksten Hollywood-Parties in der Ecke herum und bewachte die Bierbar wie ein bissiger Dobermann.

»Warum stehen Sie hier eigentlich so herum?« fragte ich die zukünftige große Liebe meines Lebens. »Das Bier kann sich schließlich selbst verteidigen.«

Er küßte mir die Hand. »Bring mich von hier fort«, flehte er. »Die Leute ringsum haben Seelen aus Trockeneis. Wenn ich nicht solch ein Trumm von Mann wäre, würde ich glatt in Tränen ausbrechen. Tu etwas! Los, fahren wir an die Küste. Nein, ich hab' noch eine bessere Idee. Fahren wir zu mir nach Hause — da finden wir vielleicht einen kleinen Aufputscher, den ich dringend nötig habe.«

Wenn man seine Worte nach vernünftigen Kriterien beurteilt, waren sie nichts Besonderes, aber mir wurde trotzdem ganz schwach zumute. So schwach, daß ich völlig vergaß, eine Stunde später mit Rita verabredet zu sein, mit Rita, meiner besten Freundin. Ich vergaß es vollkommen, als dieser merkwürdige Typ davon sprach, gleich in Tränen auszubrechen. Schnurstracks verließ ich mit ihm die Party.

Rita war sehr verständnisvoll. Sie weiß, daß solche Dinge eben manchmal passieren. Aber sie ist nicht nur eine sensible Frau, sondern auch noch riesengroß, hat leuchtend rote Haare und so lange Ohrringe, daß sie bis zu ihren Schultern reichen. Sie redet alle Welt mit »Darling« an und kann einen Dummkopf auf tausend Schritte erkennen.

»Tut mir schrecklich leid, Rita, aber der Mann war so, daß nichts anderes mehr in meinem Kopf Platz hatte«, entschuldigte ich mich bei ihr.

»Kindchen«, sagte Rita, »dann steckst du ganz schön in

Schwierigkeiten. Das letztemal, als in meinem Kopf nichts mehr Platz hatte, traf ich meinen dritten Ehemann, der auch mein letzter Ehemann bleiben wird und vermutlich die einzig wahre Liebe meines Lebens ist.«

»Er war so herrlich albern, daß mir ganz schwach zumute wurde«, erzählte ich weiter.

»Ach, du liebe Güte«, meinte Rita bloß.

Manchmal ist es natürlich viel weniger dramatisch. Manchmal weißt du gar nicht, daß du jemanden liebst, bis du mal eines Tages zu Hause sitzt, dir deine Fußnägel lackierst und denkst:

»Ich muß Peter das komische Erlebnis erzählen, das ich heute im Supermarkt hatte. Peter ist der einzige Mensch auf der Welt, der dafür Sinn hat. Außerdem muß ich ihn unbedingt fragen, ob ich mir die Haare rot färben soll.«

Und dann wirst du plötzlich wie aus heiterem Himmel wissen, daß du den guten alten Peter seit unvordenklichen Zeiten liebst, ohne ihn nicht mehr leben willst und alle anderen Männer dir gestohlen bleiben können. (Vergiß nicht, es Peter zu erzählen!)

Der Witz ist der, daß man darauf warten muß. Es wird einmal, zweimal oder vielleicht sogar dreimal in deinem Leben passieren, daß du jemanden wirklich liebst. Aber du wirst es nicht schaffen, dir einzureden, daß du liebst, wenn's einfach nicht so ist. Doch wenn's so ist, dann wirst du es garantiert erkennen. Alles wird dir perfekt vorkommen, und was gibt's denn Schöneres? (Es ist sinnlos, es erzwingen zu wollen. Trotzdem kannst du natürlich auf jeder Party so viel flirten und mit den Wimpern klimpern, wie du nur willst. Vielleicht klappt's. Aber du darfst auch nicht mutlos werden, wenn der Erfolg auf sich warten läßt.)

Hier noch ein anderer Tip, der beim Erkennen hilfreich ist. Du weißt, wie du deine Schwester, dein Kind oder deine beste Freundin liebst. Liebe bleibt immer Liebe, und folglich ist die Liebe zu einem Mann im Grunde auch nicht viel anders. Innerhalb vernünftiger Grenzen, das versteht sich ja wohl von selbst! Falls du nicht übergeschnappt bist, wirst du nicht das Verlangen haben, deiner Schwester die Kleider vom Leib zu reißen und sie mit heißen Küssen zu bedecken. Genau dieses Verlangen solltest du übrigens bei dem Mann verspüren, den du liebst, denn sonst liebst du ihn eben nicht.

Vergiß unter keinen Umständen, wie wichtig Humor ist. Du kannst unmöglich jemanden lieben, der keinen Humor hat. Unmöglich! Es sei denn, du hast selbst keinen, und das ist eine zu gräßliche Vorstellung, als daß ich sie auch nur erwägen möchte. Sinn für Humor ist natürlich nicht alles, sondern nur ca. 90% von allem. Und da der Sinn für Humor bei jedem Menschen so einmalig ist wie ein Fingerabdruck oder eine Schneeflocke, verlieben sich Menschen unweigerlich ineinander, bei denen er zumindest ähnlich strukturiert ist. Beide fallen vor Lachen um, wenn der Weinober den Pouilly-Fuissé mit abenteuerlich falscher Aussprache anpreist, während Charlie-Chaplin Filme beide absolut kalt lassen. Falls du also in wieherndes Gelächter über irgendeinen doofen Werbeslogan ausbrichst, und dein Geliebter versteht überhaupt nicht, warum, dann solltest du besser noch einmal gründlich über ihn nachdenken.

Nicht einmal Sex ist so wichtig. Na schön, okay, er ist es. Aber jeder Mann, den man liebt, ist eigentlich automatisch auch ein guter Liebhaber. Selbst wenn er objektiv betrachtet gräßlich ist, kann man nicht genug von ihm kriegen. (Nein, zu gräßlich darf er nun auch wieder nicht sein, da habe ich etwas übertrieben...)

Weitere Beweise dafür, daß du liebst:

— Falls er sich erbärmlich schlecht anzieht — speckige Wildlederhosen und Fransenwesten oder Freizeitanzüge aus Polyester mit Gummizug-Krawatten —, und es dir nichts ausmacht. Es macht dir nicht nur nichts aus, nein, du führst ihn sogar deinen Freunden vor. Du führst ihn nicht nur deinen Freunden vor, nein, sogar deinen Ex-Geliebten, und das will nun wirklich was heißen!

— Falls du seine Füße appetitlich findest.

— Falls eine deiner Lieblingsphantasien davon handelt, daß gemeinsam im Supermarkt eingekauft wird.

— Falls du genau weißt, daß er Angst vor Spinnen hat, aus Geiz nicht mal den Verschluß der Zahnpastatube wegwirft, nicht schwimmen kann und beim Anblick von Blut ohnmächtig wird — und du ihn trotzdem (aber auch nicht mehr!) magst.

— Falls Robert Redford dich anruft und sagt, daß er ohne dich nicht leben kann, und du daraufhin erwiderst: »Toll, Robert, ich würde dich ja auch sehr gern treffen, aber ich habe gerade einen anderen Mann kennengelernt. Schon beim Gedanken an seine Füße gerate ich ins Schwärmen...«

— Falls du dich in seiner Gegenwart witziger, hübscher, lustiger und glücklicher fühlst.

— Falls dich der Gedanke, daß jemand ihn kränken könnte, zornig und traurig macht.

Enttäuscht? Klingelt's bei keinem der eben aufgezählten Punkte? Dann ist es wohl nicht Liebe, was du empfindest.

Schließlich gibt's noch ganz andere Emotionen, die Männer in uns hervorrufen. Zwar sind sie nicht so »überirdisch« wie tiefe Liebe, aber was soll's — manchmal ist man eben auch gar nicht bereit für Überirdisches.

Ich zähle nun eine Reihe anderer Gefühlszustände auf, und ihr werdet sicher den einen oder anderen oder auch mehrere wiedererkennen und in Zukunft vielleicht ein wenig besser zwischen *Liebe* und *anderen Phänomenen* unterscheiden können.

Geilheit

Geilheit wird von der (dem) Betroffenen häufig nicht als solche erkannt, da sie sich durch Sichttrübung, trockenen Mund, Herzklopfen, kribbelndes Gefühl in den Knien, Taubheit in den Gliedmaßen, der zuvor schon erwähnten Übelkeit oder einem schmerzhaften Ziehen in der Leistengegend bemerkbar machen kann.

Es folgen nun zehn Warnsignale. Falls ihr mehr als eins ankreuzen müßt, seid ihr geil.

1. Ihr existiert.

2. Wenn ihr einen Mann kennenlernt, einen ganz beliebigen Mann, und euch sofort vorstellt, wie es wohl wäre, mit ihm gemeinsam zu duschen.

3. Wenn ihr in einem ausländischen Sportwagen fahrt und euch dabei ertappt, daß ihr versonnen den Ganghebel anstarrt.

4. Wenn ihr im Laden an der Ecke einen halben Liter Milch kaufen wollt, euch vorher dreimal umzieht und euch sorgfältig die Wimpern tuscht, weil man ja nie wissen kann...

5. Wenn ihr erwägt, im Wohnzimmer ein kleines Feuerchen zu legen, euer aufregendstes Spitzenneglige anzuziehen und die Feuerwehr zu rufen.

6. Wenn ihr Woody Allen plötzlich für einen blendend aussehenden Mann haltet.

7. Wenn ihr euch noch spät nachts in Discos herumtreibt, obwohl ihr am nächsten Tag ganz früh einen wichtigen Termin habt, und Bier mit Apfelkorn kippt, obwohl ihr sonst kaum Alkohol trinkt.

8. Wenn euch James Garner in wilde Verzückung stürzt.

9. Wenn ihr onaniert, anstatt zu frühstücken.

10. Wenn ihr darüber spekuliert, ob der Zwölfjährige im Nachbarhaus vielleicht schon alt genug ist, um in Frage zu kommen.

Gott sei Dank gibt es noch keine Wunderkur gegen Geilheit, doch es soll eine gewisse vorübergehende Erleichterung verschaffen, wenn man mit einem Mann schläft. Habt ihr übrigens schon das üble Gerücht gehört, daß nach einem Jahr sexueller Enthaltsamkeit angeblich etwas in einem schrumpft, man keinen Sex mehr will, sondern stattdessen lieber Möpse züchtet?

Spontane Lust

Wenn du jemanden triffst und dir aus unerfindlichen Gründen einredest, daß er der hinreißendste Mann auf Erden ist, hast du auch spontan Lust auf ihn. Etwas an der Art, wie seine Krawatte geknotet ist, hat etwas ungemein Verführerisches für dich, und sein kräftiger Bizeps stürzt dein Inneres in totale Verwirrung. Ein glücklicher, wenn auch nur flüchtiger Zustand. Normalerweise sterben diese Gefühle eines natürlichen Todes, sobald du den Mut aufgebracht hast, ihn nach der Uhrzeit zu fragen, denn fast immer ist er Ausländer und versteht dich nicht. Falls er dich wider Erwarten doch versteht, sagt er garantiert etwas unsäglich Banales, und du verlierst jedes Interesse.

Verschwende bitte keinen Gedanken an die Möglichkeit, daß diese spontane Lust sich in Liebe verwandelt. Natürlich könnte es mal passieren — ungefähr so sicher, wie du eines Morgens aufwachst und plötzlich die Königin von Rumänien bist.

Schwärmerei

Zum erstenmal hast du mit zwölf Jahren geschwärmt, als du auf einmal geil warst, aber keine Ahnung hattest, was mit dir eigentlich los ist. Damals war es entweder dein Geschichtslehrer oder Paul McCartney.

Schwärmerei ist eine einseitige Liebesgeschichte ohne Risiko. Sie ist klasse, wenn du viel arbeiten mußt und keine Zeit hast, dich von starken männlichen Armen umfangen oder dir Liebesworte ins Ohr flüstern zu lassen oder aufregende Bettspiele zu treiben. Wenn du schwärmst, spielt sich alles in deiner Phantasie ab.

Schwärmerei kann auf ihre Weise wundervoll sein, aber du solltest vielleicht doch erwägen, ob du nicht genug Mumm aufbringst, den Angeschwärmten kennenzulernen. Sonst bist du nämlich fauler, ängstlicher oder vorsichtiger, als für dich gut ist.

Häufig hat der Angeschwärmte keine Ahnung von deinen Gefühlen, und so kommt es eben mal vor, daß er in der Cafeteria achtlos an dir vorübergeht, obwohl du dort extra auf ihn lauerst. Also faß dir endlich ein Herz und frag ihn, ob er nicht mit dir ins Kino gehen will.

Blinde Leidenschaft

Hier handelt es sich um einen etwas schwierigeren Fall. Wenn du leidenschaftlich verknallt bist, glaubst du, es sei die große Liebe, aber da irrst du dich. Dein Herz schlägt wie verrückt, du schaust ihn mit zärtlich verschleierten Augen an und reißt ihm bei jeder passenden und unpassenden Gelegenheit die Kleider vom Leib.

Daran ist eigentlich kaum was auszusetzen. Blinde Leidenschaft ist schließlich ein viel angenehmerer Zeitvertreib als ein Fernsehkrimi und außerdem auch etwas lebensnaher. Aber so lebensnah nun auch wieder nicht, denn 77% der Leidenschaft beruht auf reiner Phantasie.

Wenn ihr gemeinsam lange Spaziergänge an einsamen Strän-
den macht oder Tango in Bahia tanzt, ist alles bestens. Doch in
dem Moment, wo einem von euch eine langwierige Zahnwurzel-
behandlung bevorsteht, könnt ihr das ganze vergessen. Dein
Liebster will auch gar nicht wissen, daß du in deiner Küche einen Gasrohrbruch hast, und dir ist — Hand aufs Herz — völlig
schnuppe, ob der Agent sein Manuskript gut oder mies findet.
Moment, es kommt sogar noch schlimmer! Falls sein Agent das
Manuskript tatsächlich mies findet, gehst du innerlich auf Ab-
stand, da er ja anscheinend doch nicht der Mr. Perfekt ist, wie
dich eure herrlichen, einsamen Spaziergänge glauben ließen.

Leute, die von blinder Leidenschaft gepackt sind, geben es eigentlich nie zu. »Nein, nein, nein, diesmal ist es ganz anders«,
beteuert meine Freundin Cleo, nachdem ich sie daran erinnert
habe, daß sie im letzten Monat siebenmal verknallt war. »Randy
ist einfach perfekt«, fügt sie träumerisch hinzu.

Cleo ist eine Klassefrau, eine Gigantin des Journalismus, obwohl sie nur einsfünfundfünfzig mißt. Sie hat aschblondes Haar,
grüne Augen, einen köstlichen Witz und eine starke Neigung für
leidenschaftliche Romanzen.

Drei Tage später ist Randy plötzlich gar nicht mehr perfekt,
sondern ein unreifer, unsensibler Schwächling, der für seine
Honda mehr übrig hat als für Cleo. Sie kann's überhaupt nicht
fassen, daß sie mal was an ihm gemocht hat. Natürlich gibt's inzwischen einen anderen Mann, namens Uwe. Uwe, ein Traum,
ein wahrer Traum! Damit hat sie übrigens völlig recht...

Eine gute Methode, um herauszufinden, ob es sich um blinde
Leidenschaft oder Liebe handelt, ist ein gemeinsam verbrachtes
Wochenende auf dem Lande. Vorher solltest du dich vergewissern, daß der Wetterbericht Regen, Graupeln oder Hagel vor-
hergesagt hat. Such ein Hotel aus, das man von der Autobahn
nicht erreichen kann.

Wenn ihr euch dreimal verirrt habt und die Scheibenwischer
ihren Geist aufgeben, werdet ihr euch endlich richtig kennenlernen.

»Hätten wir nicht in diese komische kleine Straße einbiegen
sollen, an der wir gerade vorbeikamen?« wirst du fragen.

»Mein Gott«, wird er stöhnen und sich mit der Hand durch die
Locken fahren, die du noch vor kurzem so unwiderstehlich fan-
dest. »Warum hast du das nicht eher gesagt? Schließlich ist es

doch deine Aufgabe, die Straßenkarte zu studieren.«

»Versuch du doch diese winzigen roten Linien auf der Karte zu enträtseln«, gibst du beleidigt zurück.

Wenn ihr an eurem Bestimmungsort anlangt, werdet ihr in guter Kampfform sein. Nach dreitägigem Herumhängen im Hotelzimmer, wo ihr die Zeit damit totschlagt, daß ihr dem eintönigen Plätschern des Regens lauscht, gibt's im Grunde nur noch zwei Möglichkeiten:

Entweder habt ihr eure Kommunikation auf einsilbiges, mürrisches Brummen reduziert, ein Brummen, das eigentlich ausdrücken soll: »Ich muß verrückt gewesen sein, als ich deine Augen als unergründliche Seen bezeichnete und dich anschwärmte, du miserables Geschöpf. Unergründliche Seen, daß ich nicht lache! Trübe Tümpel, das paßt viel besser. War ich denn blind?«

Oder aber ihr habt aus Bett- und Badetüchern ein Zelt gebastelt und vergnügt euch mit erotisch angehauchten Cowboy-Indianersquaw-Spielchen. In dem Fall kann man fast davon ausgehen, daß ihr euch tatsächlich liebt.

Tiefe Zuneigung

Du magst ihn sehr gern. Du liebst ihn zwar nicht, denkst du, aber es wird dir gleich viel wohler ums Herz, wenn du ihn siehst. Du gehst voll Vergnügen mit ihm auf Parties und möchtest so viel Zeit wie möglich mit ihm verbringen. Trotzdem bildest du dir aber ein, daß er nicht ganz der Richtige ist.

Vielleicht hast du recht. Vielleicht kommt er dem Richtigen nur einigermaßen nahe, ist also ein angenehmer »Lückenbüßer«, bis die große Liebe dich packt.

Vielleicht hast du aber auch unrecht. Hast du Angst davor, dich zu weit mit ihm einzulassen, scheust du das Risiko und fürchtest, verletzt zu werden? Oder glaubst du irrigerweise, daß du erst dann richtig verliebt bist, wenn sich die ganze Welt in rosarote Zuckerwatte verwandelt? Darauf kannst du lange warten, denn das passiert nie. Falls ja, hat dir jemand LSD oder sonstwas in den Orangensaft geschmuggelt.

Gib deinem »Lückenbüßer« eine reelle Chance! Sich jemandem sehr nahe zu fühlen ist eine gute Basis für die Liebe. Laß dich treiben, sei mutig. Falls die Sache schiefläuft, kannst du ja immer noch den Strick nehmen.

Besessenheit

Ich bin nicht in der richtigen Laune, mich schon jetzt ernsthaft damit zu befassen. Aber wie ich hörte, soll das Thema »Besessenheit« in einem (odre sogar zwei) weiteren Kapiteln behandelt werden. Schließlich gibt's wohl kaum etwas, das dir das Leben derart zur Hölle macht und leider, leider hat sie sich wie eine Epidemie unter den weiblichen Mitgliedern unserer Zivilisation ausgebreitet. Wer weiß, vielleicht wird daraus sogar eine Art Leitmotiv dieses Buchs, das übrigens auch heißen könnte: »Deine zwanghaften Wünsche. Realität oder Phantasie oder beides?« Noch ein Titel käme in Frage: »Besessenheit und Du. Die grausige Wahrheit.« Und noch einer: »Ich bin okay, du bist besessen.«
Ehrlich gesagt bin ich besessen, und du bist okay.

Lauwarme Gefühle

Die sind gar nicht so langweilig, wie es sich zuerst anhört. Es gibt eben Männer auf der Welt, die wunderbar sind, aber trotzdem nicht ernsthaft in Frage kommen.

Vielleicht ist er einfach zu jung und schaut dich verständnislos an, wenn du Jimi Hendrix erwähnst. Vielleicht ist er zu alt und hört nicht auf damit, von Fred Astaire zu schwärmen. Vielleicht lebt er auch auf Grönland, und du kannst so viel Eis nicht ausstehen. Vielleicht ist er mit einer anderen verheiratet, vielleicht war er's früher sogar mal mit dir.

Oh, du magst ihn rasend gern, da besteht kein Zweifel, aber eben doch nicht genug, um nach Grönland überzusiedeln oder dir endlose Geschichten von Fred Astaire anzuhören.

Macht ja nichts. Wer hat behauptet, daß nur alles oder nichts in Frage kommt? Freundschaftliche Beziehungen können jahrelang halten und viel befriedigender und wertvoller sein als zwanzig blinde Leidenschaften.

Bleib mit einem solchen Mann möglichst immer in Kontakt. Es wäre doch traurig, wenn du dir fünf Jahre später den Kopf darüber zerbrechen müßtest, wie's dem guten alten Fred wohl geht. Klappt die Ehe mit seiner neuen Frau? Haben seine Kinder blondes Haar wie er? Ist er inzwischen endlich nach Thailand gereist, wie er's schon immer plante? Ungefähr an diesem Punkt in deinen Grübeleien wirst du aus Reue und Sehnsucht vermutlich in Tränen ausbrechen. Laß es nicht so weit kommen. Jede Form von Liebe ist dafür viel zu kostbar.

Haß

Er liebt dich, während du ihn haßt. Aber du triffst dich immer weiter mit ihm, obwohl du glaubst, daß dir schlecht wird, wenn du noch einmal sein öliges Gesicht sehen mußt. Warum gibst du ihm also nicht endgültig den Laufpaß?

Weil du eine Schlange bist. Dir macht es Spaß, wenn Männer am Boden kriechen und sich erniedrigen.

Du redest dir auch noch andere Dinge ein, wie z.B., daß du Harry nur so lange in deiner Nähe duldest, bis etwas Besseres auftaucht. Bis dahin wäscht Harry dein Auto, hilft dir bei deinen Finanzen, füttert deinen Hund. Er ist ganz schön kaputt, der gute alte Harry, denn sonst würde er sich eine solch lausige Behandlung doch nicht im Traum gefallen lassen.

Süchtig nach Männerskalps

Du kannst ruhig nach Jungen verrückt sein, bis du achtzehn bist, oder sogar einundzwanzig, falls du in einem strengen Elternhaus aufgewachsen bist.

Wenn du als Teenager entdeckst, daß Jungen nicht nur nette Spielkameraden oder Bastler sind, die den Radiowecker reparieren, sondern noch zu etwas anderem zu gebrauchen sind, bist du zuerst mal überrascht, dann nervös und dann begeistert. Kurzbeinige, langbeinige, rothaarige, picklige, bebrillte Jungen — als Teenager liebst du sie alle. Du kannst gar nicht genug von ihnen kriegen. Sogar im Traum verfolgen sie dich.

Wenn du zweiunddreißig und immer noch süchtig bist — inzwischen geht's um Männer —, muß man leider von einer gewissen Entwicklungsstörung sprechen. Du hast auch jetzt nichts anderes als Männer im Kopf. Da gibt's Klaus und Herbert und auch noch Achim. Deine Freundinnen — ja sogar dein Psychologe — werden schwindlig beim Versuch, über dein Männerarsenal einigermaßen auf dem Laufenden zu bleiben. Was steckt eigentlich hinter deiner merkwürdigen Sucht?

Wenn du bei einer erwachsenen Frau, die süchtig nach Männern ist, ein wenig die Tünche abkratzt, wirst du feststellen, daß sie sich immer noch als pickliges kleines Mädchen sieht, dem dauernd die Kniestrümpfe runterrutschen. Männer werden wie Skalps gesammelt, um zu beweisen, daß dieses Bild falsch ist, das sie von sich selbst hat.

Falls dir der leise Verdacht kommt, daß auch du gelegentlich Jagd auf Männerskalps machst (das geht sogar den Besten unter uns so), dann kannst du nur eins tun: Schärf dir ein für allemal ein, daß du nicht mehr die Ballkönigin eines Schulfestes sein kannst. Erstens bist du dafür schon viel zu alt. Zweitens steht dir pinkfarbener Tüll ganz und gar nicht. Und der traumhafte Kapitän der Fußballmannschaft vom Knabengymnasium hat inzwischen eine Glatze und ist Gebrauchtwagenhändler.

Eine solche Erkenntnis wird dich zuerst traurig stimmen. Ganz traurig und so aufsässig, daß du nicht mehr dein Müsli essen willst. Doch schon bald darauf wirst du dich wie ein völlig neuer Mensch fühlen.

Ist man nicht sicher, wie man die eigene Gefühlslage definieren soll, empfiehlt sich der Telefontest. Beobachte dich selbst, während du mit deiner besten Freundin redest, und schreibe ihre Antworten auf. Vergleiche hinterher eure Unterhaltung mit den unten angeführten Beispielen, denn dann wirst du vermutlich besser Bescheid wissen, wie's um dich steht:

Gesprächsbeispiel a)

Du: Was soll ich bloß tun?
Beste Freundin: Warum redest du nicht einfach mit ihm, verdammt nochmal?

Du: Was soll ich mit ihm reden? Ich zerbreche mir den Kopf, aber mir fällt nichts ein, und dann wirke ich natürlich wie eine Halbirre. Wahrscheinlich kann er mich sowieso nicht leiden. Am Ende hat er sogar schon eine Freundin...

Diagnose: Schwärmerei. Man beachte die Angstkomponente.

Gesprächsbeispiel b)

Du: Mein Gott, der Mann war einfach hinreißend! Ich traute meinen Augen kaum. Seine Brustmuskeln — einfach himmlisch! Ach, da wir gerade von Brustmuskeln sprechen, was macht Frank eigentlich heute abend?

B.F.: Keine Ahnung, aber ich sah Frank gestern mittag mit Angela im Lokal.

Du: Ach wirklich? Trug sie wieder dieses gräßlich rote Kleid? Gestern hat mir übrigens Arno eine Ansichtskarte geschickt, und Bernhard...

Diagnose: Süchtig nach Männerskalps. Man beachte den raschen Themenwechsel.

Gesprächsbeispiel c)

Du: Er ist wirklich einmalig! Der tollste Mann auf der Welt!

B.F.: Warum heiratest du ihn eigentlich nicht?

Du: Vielleicht sollte ich's tun. Aber du weißt ja, daß ich von der Ehe nicht viel halte. Außerdem bin ich viel zu jung, und wer weiß, wen ich noch kennenlerne. Aber ehrlich, er küßt wie ein Weltmeister. Tja, ich weiß auch nicht...

B.F.: Einen Mann, der wie ein Weltmeister küßt, sollte man sich nicht entgehen lassen.

Du: Stimmt, aber...

Diagnose: Relativ ernst. Man beachte die Scheu vor enger Bindung.

Gesprächsbeispiel d)

Du: Ich saß gerade bei meinem Lunch und dachte an nichts Besonderes, als plötzlich ein Traum von Mann auftauchte. Mir verging schlagartig der Appetit auf mein Omelette. Meinst du, daß er täglich in das Restaurant geht?

B.F.: Habe ich dir schon von dem Mann erzählt, den ich letzten Dienstag traf, als ich...

Du: Er hat mich beobachtet, das konnte sogar ein Blinder sehen. Am besten gehe ich gleich morgen wieder hin.

Diagnose: Spontane Lust. Laß es lieber bleiben.

Gesprächsbeispiel e)

Du: Ich bin so glücklich, daß ich sterben könnte.

B.F.: Tu's nicht.

Du: Nie zuvor habe ich für einen Mann Ähnliches empfunden.

B.F.: Doch, hast du schon!

Du: Nein, nicht so wie diesmal. Die zwei phantastischsten Wochen meines Lebens liegen hinter mir. Alles ist einfach perfekt. Er ist so imponierend groß, so hinreißend zärtlich. Er hat so ein *je ne sais quoi*...

B.F.: Wie bitte?

Diagnose: Blinde Leidenschaft. Man beachte das Wort »phantastisch«.

Gesprächsbeispiel f)

Du: Und dann sagte er doch glatt zu mir: »Tja, wie steht's mit Donnerstagabend?« Jetzt frage ich dich, hat der Junge keinen Stolz oder was ist mit ihm los? Ist er bekloppt? Ist er blind?

B.F.: Vielleicht fühlt er sich dadurch ermutigt, daß du dich in der vergangenen Woche dreimal mit ihm getroffen hast.

Du: Aber ich gehe nicht mit ihm ins Bett! Am Ende merkt der Trottel gar nicht, daß ich nicht mit ihm ins Bett gehe...

B.F.: Warum brichst du nicht endlich die Beziehung zu ihm ab?

Du: Das tue ich auch, sobald er mir meine Bücherregale einge-
dübelt hat.

Diagnose: Haß — einfach und doch kompliziert.

Gesprächsbeispiel g)

Du: Nein, ich hab' gestern eigentlich nichts Besonderes unter-
nommen — nur onaniert.

B.F.: Wie ging's heute bei der Arbeit?

Du: Ich hab' kaum was geschafft. Ich war zu verkatert.

B.F.: Wieso bist du an einem Dienstag derart verkatert?

Du: Irgendwie fühlte ich mich gestern abend so merkwürdig
ruhelos, und da habe ich eben...

Diagnose: Akute Geilheit.

Gesprächsbeispiel h)

Du: Also, ich hab' schon fertig gepackt. All meine Strumpfbän-
der, Strümpfe, hochhackigen Schuhe...

B.F.: Das kann ja wohl nur bedeuten, daß du bei deinem Aufent-
halt auch Peter treffen wirst, oder?

Du: Aber klar. Ich kann's kaum erwarten.

B.F.: Vielleicht schafft er's diesmal, dich zu überreden, für immer dort zu bleiben?

Du: Was? Dann müßte ich ja New York verlassen. Bist du verrückt?

Diagnose: Jede Menge lauwarmer Gefühle.

Gesprächsbeispiel i)

Du: Wie geht's dir denn heute? Sind die Halsschmerzen etwas
besser geworden?

B.F.: Ja, zum Glück. Wie war's auf Marcias Party?

Du: Genau wie erwartet — mit einer Ausnahme. Marcia hat
nämlich einen neuen Schützling. Einen Dichter mit rosa
gefärbtem Haar, der ständig von der Schönheit toter Blumen faselt.

Jürgen und ich schauten uns nach Möglichkeit nicht an, da wir sonst garantiert in hysterisches Gekicher ausgebrochen wären.

B.F.: Wie geht's Jürgen?

Du: Prima. Übrigens sieht er absolut hinreißend aus, wie er gerade meine Füße massiert. Jürgen, B.F. möchte gern wissen, wie's dir geht, du alter Bär.

Diagnose: Hört sich nach Liebe an. Daumen halten!

Gesprächsbeispiel j)

Du: Ich kämpfte dagegen an, konnte aber einfach nicht anders. Als er sich meldete, habe ich aufgelegt.

B.F.: Was? Du rufst ihn um drei Uhr früh an und legst dann auf?

Du: Nun, ich wollte ihn ja eigentlich gar nicht aufwecken, sondern mich nur vergewissern, ob er daheim ist. Er hat nämlich gesagt: »Vermutlich gehe ich heute abend sehr früh nach Hause«, und ich wußte nicht, was er damit meinte...

Diagnose: Ausgesprochene Besessenheit. Bitte umblättern.

6.

Besessenheit —
ein gefährliches Drama

Wenn dein Telefon nicht klingelt, bin ich's
George Jones

Du sitzt da und versuchst durch unentwegtes Hinstarren zu erzwingen, daß es klingelt. Es starrt zu dir zurück, giftig und widerspenstig und klingelt nicht. Du wirfst einen Teller nach ihm. Immer noch nichts. Wilde Flüche erleichtern dich zwar etwas, bewirken sonst aber auch nichts. Du sitzt weiter da, starrst es an und beginnst dann fieberhaft zu beten: »Lieber Gott, laß ihn bitte in den nächsten fünf Minuten anrufen, dann nehme ich von nun an auch nie mehr Kokain, bestimmt, lieber Gott, nicht das kleinste Bißchen. Sei doch nur dies eine Mal ein Schatz und laß ihn anrufen! Dann werde ich Nonne, sobald unsere Beziehung beendet ist. Ich gelobe es! Ich werde mich auch nie mehr über diese armen Kreaturen lustig machen, die mit Vorliebe Sachen aus Polyester tragen. Ja, falls er in den nächsten fünf Minuten anruft, kaufe ich mir sogar selbst solch einen Hosenanzug aus Polyester und trage ihn eine ganze Woche lang täglich. Ein einmaliges Angebot, lieber Gott. Tu etwas! Sofort!«

Immer noch nichts. Ablenkungsmanöver sind jetzt vermutlich das Beste. Du wirst kühl, nonchalant, desinteressiert — das Telefon könnte läuten, bis es platzt, und es wäre dir egal. Du pfeifst dir lässig ein Liedchen, summst tonlos vor dich hin und drehst Däumchen, während du blicklos ins Leere schaust — jede Leere ist dir recht, wenn sie nur kein abscheuliches, nicht-klingelndes Etwas in sich birgt.

All das läßt das Telefon natürlich völlig kalt. Es bleibt bei seiner Clint Eastwood Imitation: gelassen, schweigsam, entnervend! In einem Moment äußerster Wut erwägst du, die Leitung aus der Wand zu reißen. Aber das wäre ihm ja auch egal.

Lacht es dich hinter seinem glatten Äußeren etwa aus? Wahrscheinlich. Sowas ist diesem glänzenden kleinen Bastard durchaus zuzutrauen. Schau's dir doch an, wie es ungerührt dahockt und dich bösartig anschimmert.

Dem wirst du's zeigen! Du nimmst einen dicken Teewärmer und stülpst ihn drüber. Voilà! Kein Telefon, kein Problem.

Aber halt! Was ist, wenn es sich da drin halbtot läutet? Runter mit dem Teewärmer!

Kein Klingeln. Niemand. Nicht einmal deine Mutter, die sonst mindestens achtmal pro Tag anruft.

Offensichtlich ist das Telefon gestört. Du nimmst den Hörer ab und vernimmst ein täuschend echt klingendes Freizeichen. Doch du läßt dich nicht für eine Sekunde täuschen, sondern weißt genau, daß in der letzten halben Stunde mindestens acht Leute angerufen haben, denen allen mitgeteilt wurde: »Kein Anschluß unter dieser Nummer.«

Das Ganze ist sonnenklar. Deshalb rufst du jetzt deine beste Freundin an. »Hallo, ich bin's. Hör mal, ich glaube, mein Telefon ist nicht in Ordnung, und dabei erwarte ich einen äußerst wichtigen Anruf... Was? Ist es schon sooo spät? Tut mir wirklich leid, aber...du warst wirklich schon? Ja, ich kenne solche Träume, aber...Was, ach du liebe Güte, ausgerechnet Warren Beatty? Wo? Ihr habt tatsächlich? Wie oft denn? Oh, es tut mir aufrichtig leid. Aber hör mal. Da ich dir ja sowieso schon alles ruiniert habe, könntest du mich doch bitte ganz kurz zurückrufen, oder? Nur zur Kontrolle.«

»Hallo? Tja, anscheinend ist es also doch okay. Nein, niemand Bestimmten, ich erwartete bloß... nein, von ihm habe ich nichts gehört. Nun ja, er hat und er hat auch wieder nicht. Nein, so ist es nicht, aber vielleicht fange ich besser ganz von vorne an. Ich glaube, es war vorgestern, als wir...Oh. Okay, du hast natürlich recht. Tut mir leid. Wenn du die Augen ganz rasch zumachst und fest an Warren Beatty denkst, schaffst du's vielleicht, da weiterzuträumen, wo ihr aufgehört habt. Ciao.«

Stille. Nervtötende, ohrenbetäubende Stille. Du brauchst ein Bier oder sogar mehrere. Der Supermarkt an der Ecke macht in ca. drei Minuten zu. Sobald du aus dem Haus bist, wird das Telefon klingeln. Telefone lieben es, in leeren Wohnungen zu klingeln.

Du nimmst den Hörer von der Gabel. Dann knallst du ihn wieder drauf, felsenfest davon überzeugt, daß es gleich klingeln wird.

Nein, tut es nicht. Also wieder runter mit dem Hörer. Du rast zum Supermarkt und versuchst, deine trostlosen, dunkel umrandeten Augen vor der Kassiererin zu verstecken, die schmatzend Kaugummi kaut und ganz so aussieht, als hätte sie sich noch nie im Leben Gedanken über das Klingeln eines Telefons gemacht. Hartgesottener Typ. Vermutlich hängt sie die Männer an den Daumen auf, wenn sie nicht anrufen, obwohl sie's versprochen haben.

Dann läufst du mit eiligen Schritten nach Hause zurück. Wie süß und hilflos sieht das Telefon mit seinem abgehängten Hörer aus. Kein Mensch würde vermuten, daß in seiner Seele so viel Bosheit und Arglist lauern. Du legst den Hörer wieder auf, trinkst rasch drei Bier hintereinander und hoffst, daß du noch nicht dem Bildnis einer trostlosen Säuferin gleichst.

Wie wär's mit einer Dusche? Du könntest das Telefon mit ins Badezimmer nehmen. Du und dieses Telefon werden allmählich unzertrennlich. Vielleicht solltest du ihm einen Heiratsantrag machen...

Kannst du das Klingeln wirklich hören, wenn du unter der Dusche stehst? Doch, da läutet es ja schon. Ausgerechnet jetzt, wo dein Haar voller Shampoo ist, muß es natürlich passieren. Du tänzelst aus der Dusche, hinterläßt auf deinem Weg kleine Wasserlachen und wartest ab, bis dein Herz nicht mehr ganz so laut in der Kehle klopft. Du sprichst ein Stoßgebet und meldest dich. Cool, ganz cool.

»Hallo. Oh. Ach du? Nein, ich bin gerade hereingekommen. Hast du schon versucht, mich anzurufen? Ich sagte zwar, daß ich zu Hause sein würde, aber...wirklich? Im Ernst? Nein, nur mit einem sehr netten Freund...«

Wie banal!

Und dies (dies!) ist nun das berühmte Happy-End. Da wartest du vier, fünf Stunden darauf, daß so ein Telefon klingelt, und dann tut es das auch tatsächlich. Du bist wie befreit, das Leben hat dich wieder. Das Leben ist nichts als ein Anruf, der endlich kam. Jetzt kannst du ins Bett gehen, glücklich und zufrieden.

Wie banal! (Geradezu erbärmlich!)

Gibt es ein menschliches Wesen in unserem Kulturkreis, das nie im Leben so besessen war, daß das Telefon sein Leben mit unerbitterlicher Härte regierte?

Ich hörte mal von einem dreijährigen Mädchen, das in einen vierjährigen Jungen namens Stefano verliebt war. Wenn das Telefon klingelte, raste die Kleine hin und meldete sich atemlos. Dann erlosch der Glanz in ihren Augen.

»Wer ist dran?« fragte ihre Mama.

»Nicht Stefano«, antwortete das Kind tonlos und übergab den Telefonhörer seiner Mama. In seinem Leben war eine Person entweder Stefano oder nicht Stefano, und wenn's nicht Stefano war, dann war es eben niemand. Ein Fall von geradezu klassischer Besessenheit.

Was reden wir uns in einem vergleichbaren Fall natürlich ein? Wir sind nicht besessen, sondern wir lieben!

Wie man erkennen kann, daß es keine Liebe ist

Wenn du liebst, ist alle Schwere und alle Angst von dir genommen. In deinem tiefsten Inneren herrscht dann eine wunderbare, unbeschwerte Zuversicht, was dein Schicksal betrifft. Und dein Partner empfindet genau dasselbe.

Ich tippe diese Zeilen als jemand, der gerade verliebt ist, ja, vielleicht sogar liebt. Natürlich ist es wieder mal einer von diesen verdammten Cowboys — groß, hager und mit dem aufregendsten Lächeln der Welt. Zwei halbwüchsige Kinder, eine Ex-Frau, eine Freundin. Er lebt in Colorado.

Ich habe eindeutig einen Dachschaden. Hier sitze ich und rede mir ein, daß er nach New York umziehen wird und wir schon ganz bald Hand in Hand die Fifth Avenue entlangschlendern, um Smaragdohrringe auszusuchen.

Nachts liege ich wach im Bett und versuche mich zu erinnern, wie er aussieht. Aber sobald ich seinen Mund deutlich vor mir sehe, sind mir seine Augen entwischt. Ich denke an all die Sätze, die er geäußert hat und lege ihnen verschiedene Bedeutungen unter. Ich grüble darüber nach, ob er jetzt wohl neben mir läge, wenn ich bei bestimmten Gelegenheiten etwas anderes gesagt oder getan hätte. Ich gehe der Sache nach und entdecke etliche verpaßte Chancen. Ich entwerfe und verwerfe wieder witzige, verführerische Postkarten...

Eine vorläufige Definition von Besessenheit

Besessenheit ist das schauerlichste Gefühl überhaupt. Sie ist eine fatale Mischung aus Schmerz, Phantasie und Sehnsucht. Ein besessener Mensch degradiert sich selbst zu einem morbiden, erbärmlichen Geschöpf und erhöht das Objekt seiner Liebe zu einem gleißenden, überwältigenden Wesen. Vertrackt? Idiotisch!

Symptome der Besessenheit

— Der letzte Gedanke vor dem Einschlafen gilt *ihm*. Wenn du mitten in der Nacht aufwachst und Verlangen nach Orangensaft verspürst (besessene Menschen sind ständig durstig!), wenn du aufstehst und dich durchs Zimmer tastest, denkst du bereits schon wieder an *ihn*, bevor du noch über den Sofatisch stolperst und eine große Vase mit Narzissen umkippst. Wenn du morgens wach wirst, fühlst du dich eine Zehntelsekunde pudelwohl, doch dann kommt dir *sein* Name in den Sinn und erfüllt dich mit dunklen Ängsten, Alpträumen, tiefer Verzweiflung.

— Du bist überzeugt, daß er wie durch Magie jeden trostlosen, von Selbstmitleid triefenden Gedanken kennt, der dir durchs Hirn schießt.

— Du hast einen zu nervösen Magen, um etwas essen zu können.

— Wenn ein x-beliebiger Mensch mit dir spricht, nickst du zwar auf unnachahmlich intelligente Weise, kapierst aber kein Wort.

— Bücher werden für dich plötzlich unlesbar.

— Du hast ausschweifende Phantasien, die mit langstieligen Rosen, Mitternachtsflügen und leidenschaftlichen Heiratserklärungen zu tun haben.

— Du sehnst dich nach der vergleichsweise wohligen Gelassenheit, die du sonst bei einem Angstanfall empfindest.

— Du starrst blicklos die Kinoleinwand an, selbst wenn Richard Gere gerade sein Hemd auszieht und verträumt in die Kamera schaut.

— Da *er* leidenschaftlicher Eishockeyfan ist, stellst du bei dir plötzlich eine merkwürdige Faszination für diese Sportart fest. Du schaust dir sogar Eishockeyübertragungen im Fernsehen an, obwohl auf dem anderen Programm gerade Dallas läuft. Und das, obwohl du immer noch nicht weißt, was eigentlich ein Puck ist.

— Du wanderst in *seiner* Wohngegend herum, statt Wäsche zu waschen. Oder du läufst durch Straßen, von denen du vage annimmst, daß *er* dort vielleicht ab und zu hinkommt, da *er* früher mal ein Paar Schuhe dort kaufte.

— Du hast eine ganze Reihe von beiläufigen, aber unheimlich charmanten Sätzen einstudiert, damit du bereit bist, falls es zu einer Begegnung kommt.

— Sollte er weiter entfernt leben, starrst du den Stadtplan seines Heimatortes so lange an, bis dir schwarz vor Augen wird und du in Ohnmacht fällst.

— Selbst wenn deine Freunde dir mit Mord drohen, kannst du nicht aufhören, ständig von *ihm* zu reden. Du mußt herauskriegen, was *er* ihrer Ansicht nach gemeint hat, als *er* sagte, *er* könne eine enge Beziehung nicht lange aushalten. Wollte er dich vorwarnen, oder war er nur bescheiden?

Aus psychologischer Sicht...

Ist es nicht furchtbar? Ein besessener Mensch lebt in seelischem Elend und quälender Passivität, obwohl ihn keiner darum gebeten hat. Jede seiner Bewegungen und jeder seiner Gedanken scheint durch den Geliebten motiviert zu sein. Dabei gibt es doch wohl keinen einzigen Mann auf der Welt, der je zu einer Frau hinging und sagte: »Hallo, hier bin ich. Wenn du von mir geliebt werden willst, mußt du ununterbrochen an mich denken und vor Angst zittern, sobald ich mal nichts von mir hören lasse. All deine Gedanken müssen sich um mich drehen. Du mußt dein Haar so frisieren lassen, wie's mir gefällt, und darfst keine Schuhe tragen, die ich nicht leiden kann. Wenn dir das nicht paßt, mußt du auf mich verzichten.«

Falls doch mal ein Mann zu dir käme und so etwas sagte, würdest du — je nach Temperament — entweder in hysterisches Gelächter ausbrechen oder mit einem Vorschlaghammer auf ihn losgehen. Besessenheit ist einsamer Wahnsinn, selbstauferlegtes Leiden, ein Gefängnis für nur einen einzigen Insassen.

Warum tun wir so etwas?

Wenn ich das nur wüßte! Vermutlich hat uns allen jemand auf den Kopf geschlagen, als wir noch Babies waren.

Es gibt selbstverständlich viele »kluge« Theorien: Der besessene Mensch haßt sich selbst und ist Masochist. Der besessene Mensch liebt sich selbst und ist narzißtisch. Der besessene Mensch fürchtet, von einem anderen Menschen überwältigt zu werden und sucht sich deshalb nur solche aus, von denen er nicht geliebt wird. Der besessene Mensch leidet immer noch an einem Elektra-Komplex. Der besessene Mensch richtet seinen unterdrückten Zorn gegen sich selbst. Der besessene Mensch war ein Flaschenkind. Der besessene Mensch ist latent homosexuell.

Wen interessiert das schon? Wir wissen jedenfalls ganz genau, daß Besessenheit das Leben zur Hölle macht.

Es existieren mindestens zwei Arten von Besessenheit:

Besessenheit —
— auf eine Person bezogen

Es gibt auf dieser Welt leider auch Männer, die alles andere als nett sind. Sie haben ihren Lustgewinn, indem sie andere leiden lassen. Meistens sind sie äußerst begabt darin, genau die Schalthebel zu betätigen, die jede zur Besessenheit neigende Frau hilflos und töricht machen.

»Nie im Leben werde ich Peter vergessen«, sagt meine Freundin Cleo. »Er verursacht mir auch heute noch Magenschmerzen. Damals hatte ich keinen anderen Gedanken im Kopf als: 'Wo ist er? Warum ruft er nicht an? Mit wem ist er zusammen?' Mir kam's so vor, als ob ich überhaupt nicht existierte, solange er nicht anrief. Gräßlicher Zustand! Und er hat alles absichtlich getan, das Ekel.«

Ich erinnere mich noch gut, wie Cleo zu Peters Zeiten war — einfach unerträglich! Ihr Auserwählter war ungekrönter König der Sadisten, ein Titel, den man in New York nicht ohne guten Grund bekommt. Zu seinen Spezialitäten gehörten: andere Geliebte zu Cleo mitbringen, provozierende Briefe an auffälligen Stellen herumliegen lassen, wochenlang einfach verschwinden oder Cleo rüde mitteilen, daß er ihre Schenkel zum Kotzen fände.

Cleo rief ihre Freunde mit schöner Regelmäßigkeit gegen 3 Uhr früh an und weinte ihnen etwas vor. Einmal packte sie ein großes Schlachtmesser und zerhackte all seine Briefe, vernichtete aus Versehen aber leider auch ihren Paß, einen Zwanzigdollarschein und eine Kreditkarte.

»Cleo, er ist ein sadistisches Schwein!« versicherten wir ihr immer wieder. »Er ist nicht mal smart. Er trägt seine Hemdkragen hochgeklappt und kann das Wort 'Komitee' nicht richtig schreiben! Du dagegen bist wirklich smart. Du bist klug und kennst sogar die Bedeutung von Xenophobie, gibst aber trotzdem nicht an. Außerdem hast du einen hinreißenden Busen!«

»Ach, im Grunde ist Peter gar nicht so übel«, schluchzte Cleo, nachdem er die Nacht mit einer anderen Frau verbracht hatte, obwohl Cleo gerade eine Abtreibung hinter sich hatte. »Peter hatte eben eine lausige, miese Kindheit, die ist daran schuld. Sein Vater behandelte ihn ausgesprochen grausam.«

Könnt ihr das verstehen? Wir mußten uns sowas und Ähnliches drei Jahre anhören. Zu unserem Kummer sahen wir, wie Cleo immer mehr herunterkam, nur noch ein Schatten ihrer selbst, wie unterwürfig sie wurde, wie sie anfing, raffinierte Gerichte für seinen »Gourmetgaumen« zu fabrizieren, wie sie Frauenzeitschriften las, um sich Ratschläge zu holen. Für manche Mädchen mag es ja eine echte Herausforderung sein, eine perfekte sauce hollandaise herzustellen, aber Cleo ist eher ein Typ, der bei einer modernen Superküche Schluckauf bekommt.

Eines Tages verlor Cleo beinahe ihren Job. Ihr Boß erklärte kurz und bündig, daß sie leider Gottes ständig gereizt, zerstreut und aggressiv sei, was kaum noch zu ertragen wäre. Außerdem gehe es ihm auf die Nerven, daß sie ständig das Wort 'Komitee' falsch schreibe und...

»Halt, einen Moment bitte«, sagte Cleo zu ihrem Boß. »Sie haben gerade eben meinen Freund Peter, aber doch nicht mich beschrieben.«

»Nein, da irren Sie sich.«

»Oh mein Gott«, sagte Cleo erschüttert und brach schon am nächsten Tag die Beziehung zu Peter ab. Zum Glück war ihr ein dufter Job immer noch wichtiger als ein sadistischer Freund.

Cleo erholte sich in relativ kurzer Zeit auf wundersame Weise.

Was tun gegen Besessenheit, die auf eine Person bezogen ist?

Verlaß am Wochenende die Stadt, nimm Kugelschreiber und Papier mit. Miete dich in einem Hotel oder einer Pension ein. Stell eine sorgfältige Tabelle über die glücklichen und unglücklichen Momente des letzten Monats auf. Bitte keine Schwindelei! Geh abends aus und trink dir einen netten Schwips an. Überprüfe am nächsten Tag deine Tabelle noch einmal gründlich. Falls du mehr als 50% der Zeit unglücklich warst, solltest du so schnell wie möglich deinem derzeitigen Freund den Laufpaß geben.

Einfach so. Beiß in den sauren Apfel! Es wird dir nicht schmecken, aber das ist immer noch besser als langsam zu verkümmern, was sonst garantiert der Fall wäre. Drei Monate, drei Jahre, drei Jahrzehnte könnten vergehen, bis du endlich erkennst, daß du überhaupt nicht *Du* gewesen bist. Ein großes Stück aus dem süßen Kuchen deines Lebens ist dir von einem räuberischen Banditen weggefressen worden.

Du wirst einsam sein, du wirst weinen. Du wirst wünschen, nicht geboren zu sein. Du wirst dein Schicksal verfluchen. Du wirst *ihn* ca. siebenundzwanzigmal am Tag anrufen und anflehen wollen, dich bitte zurückzunehmen.

Aber laß gefälligst die Pfoten von der Wählscheibe! Besessenheit ist ein gnadenloser, mächtiger Feind, der keine Gefangenen macht. Wenn du dich unbedingt zerstören willst, kannst du immer noch Fixerin werden.

Phantasie-Besessenheit — auf ständig wechselnde Personen bezogen

Es gibt Mädchen, die nervös, unglücklich und gereizt sind, wenn sie mal nicht in hektischer Aufregung wegen einer Beziehung leben. Andererseits halten sie es in keiner lange aus. Neunzig Prozent ihres Liebeslebens spielen sich dabei lediglich in ihrem Kopf ab. Die Besessenheit ist mehr auf ihre Phantasien als auf einen realen Mann bezogen. Sie schwärmen ein bißchen für den einen Mann, sind gehörig unglücklich, wechseln aber auch rasch zu einem anderen über, wenn dieser genügend Stoff für neue Phantasien hergibt. Die Männer wechseln, das Unglück bleibt.

Wie befreie ich mich von einer Besessenheit, die meine Phantasie in Besitz genommen hat?

Du bist in Las Vegas und gelangst zufällig in *Caesars Palace*. Dort fragst du eine spärlich bekleidete Bardame oder einen kaltschnäuzigen Blackjack-Dealer, wo die Statue von David steht.

Als Michelangelo die Originalstatue schuf, hielt er eine Höhe von ca. 4 m für völlig ausreichend. Doch in *Caesars Palace* denkt man eben in größeren Dimensionen. David mißt nun ca. 5 1/2 m und wiegt über 9 Tonnen. Das Ganze hat sie einfach mitgerissen, die Jungs von Las Vegas, wie's einem so oft geht, wenn man besessen wird. Sie haben etwas Schönes genommen und daraus etwas Überwältigendes, Protziges, Geschmackloses und Plumpes gemacht, und zwar aus reinem Größenwahn.

Schau dir besonders genau die Genitalzone Davids an. Wenn du's lange genug tust, gerätst du automatisch in leichte Trance.

Sobald du dir wie hypnotisiert vorkommst, mußt du deinem Unterbewußtsein einige Vorschläge machen, um die Sache mit der Besessenheit wieder in den Griff zu kriegen. Das könnte in etwa so vor sich gehen:

»Hör mal, Unterbewußtsein«, sagst du unhörbar (falls du laut mit dir redest, werden dich bewaffnete Aufpasser wegschleppen und einem grausigen Schicksal in der Wüste überlassen...) »es wird höchste Zeit, daß du und ich uns mal aussprechen. Du mußt mit diesen Phantasien aufhören, sonst sehe ich nämlich schwarz für uns. Vermutlich ist auch dir schon diese scheußliche Riesenstatue da drüben aufgefallen, oder? Registriere bitte jede Einzelheit, Unterbewußtsein! Und dann versuch dir mal dieses Monstrum in unserem Wohnzimmer vorzustellen«

»Wo würden wir's hinstellen? Was sollen wir überhaupt damit tun? Man kann es nicht mal als Hutständer benützen.«

»Das Biest ist einfach zu groß. Obwohl wir keine niedrigen Zimmer haben, hätte sowas nie drin Platz. Wir müßten also ein Loch in die Decke schlagen, worauf die Mieter über uns garantiert sauer würden, so nett sie auch sonst sind.«

»Wir wollen die verdammte Statue eigentlich gar nicht,

stimmt's, Unterbewußtsein? Nie im Leben! Und trotzdem haben wir in allen netten Durchschnittsmännern buchstäblich Ebenbilder dieses Monstrums gesehen.«

»Wie wär's also, wenn wir all die netten Männer auf Normalgröße einschrumpfen ließen, damit sie in unser Leben passen?«

Dann zähl ganz langsam von fünf bis eins und schüttle die Trance von dir ab!

Na wenn schon?

»Na wenn schon?« denkst du jetzt vielleicht. Meine Zwangsvorstellungen sind vielleicht unrealistisch, machen mein Leben aber wenigstens spannend. Was soll ich denn sonst mit meiner Zeit tun? Etwa Socken stricken? Eine kleine Zwangsidee hie und da schadet doch nicht...

Beispiel: Nehmen wir mal an, du steigerst dich leicht in fixe Ideen. Du lernst einen Mann kennen, einen netten, intelligenten, witzigen Mann, der auch noch Herz hat.

Du beginnst, dich mehr und mehr für ihn zu erwärmen, und er sich für dich. Du überlegst, wie er wohl küßt, während er denkt, daß er deine schiefen Zähne mag, obwohl sie sicher nicht jedermanns Geschmack sind.

Doch dann schlägt die Besessenheit zu! Du grübelst von morgens bis abends über ihn nach. Wenn du beim Tanzen bist, wünschst du dir, er käme zur Tür herein.

Taucht er dann tatsächlich auf, wird deine Kehle trocken, dein Herz klopft wie wild, du kannst dich nicht mehr normal benehmen.

In solch einer Lage tut eine Frau garantiert entweder zuviel oder zu wenig.

Falls die Betreffende ein aggressiver Typ ist, wird sie sich aufspielen. Sie wird zu laut über seine Witze lachen, ununterbrochen reden, um seine Aufmerksamkeit zu fesseln und allem zustimmen, was er äußert. Jede Geste und jedes Wort wird intensiviert sein.

Jedem Mann fällt diese übertriebene Intensität auf. »Warum benimmt sie sich plötzlich so überkandidelt?« wird er sich wundern.

Kein Mensch — mit Ausnahme eines waschechten Sadisten — möchte gern Zielobjekt einer Besessenheit sein. Es macht einen nervös, und man fragt sich, was der ganze Unfug eigentlich soll. Rasch wird der »Auslöser« der Besessenheit kapieren, daß die ganze übertriebene Aufmerksamkeit gar nichts mit ihm zu tun hat. Das ärgert ihn natürlich, er zieht sich zurück, und damit ist die Affäre meistens schon beendet.

Falls die Betreffende ein schüchterner Typ ist, wird sie womöglich aus heiterem Himmel stumm und verängstigt sein. Ihr Partner wird sich an den Kopf greifen. »Was ist denn mit ihr los? Gerade eben war sie noch lustig und lachte ständig, doch jetzt sitzt sie nur noch stumm da und starrt mich wie ein Gespenst an. Bisher haben wir wunderbar zusammen getanzt, und auf einmal tritt sie mir dauernd auf die Zehen. Wo ist das Mädchen hin, das ich so gern hatte? Mag sie mich etwa nicht mehr?« Solche Gedanken werden ihm durch den Kopf schießen.

Wenn du besessen bist, kannst du nicht mehr so normal handeln wie dein liebenswertes altes Ich, das es verdiente, geliebt zu werden.

(Damit niemand auf falsche Ideen kommt: Männer können natürlich genauso besessen sein wie Frauen. Wir haben es hier nicht etwa mit einem geschlechtsspezifischen Charakteristikum zu tun. Nein, wirklich nicht! Wir alle hatten schon Männer auf dem Hals, die auf uns fixiert waren, und das war auch kein Vergnügen...stimmt's?)

Hier ein Kurztest, ob du besessen bist oder nicht, falls du's nicht eh schon weißt.

Stell dir den folgenden Dialog mit dem Mann vor, auf den du eventuell fixiert bist.

Du: Wie gern würde ich im Sommer ein Reise um die Welt machen!

Er: Das täte ich an deiner Stelle lieber nicht.

Du: Warum denn nicht?

Er: Weil du über den Rand fallen würdest.

Du: Über welchen Rand denn?

Er: Über den Rand der Erde.

Du: Haha! Aber jetzt verrat mir bitte den wahren Grund.

Er: Ich meine es ganz ernst. Die Erde ist eine flache Scheibe, wie wir alle wissen. Also würdest du bei einer Reise um die Welt über den Rand stürzen und sterben.

Wie lautet deine Antwort auf die letzte Behauptung, wenn ihr bis zu dieser Stelle in eurer Unterhaltung gekommen seid:

a) Wenn die Erde flach ist, bist du's auch, du Quatschkopf!
b) Oh, das wußte ich noch gar nicht. Wie faszinierend!

Falls du a) angekreuzt hast, bist du okay. Hast du b) angekreuzt, bist du's nicht.

7.

Sex Tips Teil B — Anfangsphase

Frage: Soll man schon beim ersten Rendezvous mit einem Mann schlafen?

Antwort: Nein, soll man nicht!

Tu's nicht, selbst wenn er dich vor der Haustür so stürmisch umarmt, daß du mit dem Rücken versehentlich auf alle Klingelknöpfe drückst! Tu's nicht, selbst wenn er vor dir auf die Knie fällt, dir was vorschluchzt, dich beschwört und dir das Blaue vom Himmel verspricht! Tu's nicht, selbst wenn du ihn von ferne angeschmachtet hast, seit du zwölf warst! Tu's nicht, selbst wenn du seit vorletztem Frühling Null Sex hattest und schon fürchtest, auszutrocknen! Tu's nicht, selbst wenn er gerade den Friedensnobelpreis gewonnen hat! Tu's nicht, selbst wenn er behauptet, an einer tödlichen Krankheit zu leiden und schon am nächsten Vormittag zu sterben! Tu's nicht, selbst wenn er verspricht, weltweit die Aufrüstung atomarer Waffen zu stoppen!

Dies ist eine eiserne Regel — ohne Ausnahmen.

Es sei denn, du *willst* es wirklich.

Ich erinnere mich an ein-, zweimal, na schön, sagen wir dreimal, daß ich es getan habe. Beim ersten Mal führte es dazu, daß ich drei Jahre mit ihm zusammenlebte. (Es war Brian, und drei Jahre lang fand ich die Höschen von anderen Mädchen in seiner Wohnung — wo hatte ich nur meinen Verstand gelassen?). Beim zweiten Mal handelte es sich um einen besonders netten Arbeitskollegen, wo ich's nicht über's Herz brachte, nein zu sagen. Beim dritten Mal war's mein geliebter, verflossener Freund Jake.

In jedem dieser Fälle kam es mir richtig vor. Wir saßen beisammen, unterhielten uns prima, kicherten, lachten und erzählten uns Geschichten von jener Zeit, als wir sieben Jahre jung waren und plötzlich entdeckten, daß nur Mädchen eine Vagina hatten. Es war das Natürlichste von der Welt, daß wir uns um fünf Uhr früh in die Arme sanken, während die Sonne über den Dächern aufging. Ich weiß noch genau, daß ich dachte: »Warum denn nicht?«

Wenn ich's mir genau überlege, kannte ich alle drei Männer sowieso schon etwas besser. Entweder arbeiteten wir im gleichen Betrieb, oder wir trafen uns ständig im gleichen Restaurant etc. In einem Fall passierte es außerhalb der Stadt, und das zählt ja sowieso nicht...

Trotzdem ist es in neunundneunzig von hundert Fällen vernünftiger, solange abzuwarten, bis du dich innerlich ganz auf die Situation eingestellt hast, mit ihm ins Bett zu gehen.

Hier noch eine zweite Regel. Diesmal meine ich's so ernst, daß es wirklich keine Ausnahme gibt. Geh nie mit einem Mann ins Bett, den du erst kurz vorher auf der Straße oder in einer Kneipe kennengelernt hast. Niemals!

Mit einem Mann ins Bett gehen, den du kaum kennst, ist so, als würdest du zuerst den Schluß eines Krimis lesen.

Mit einem Mann ins Bett gehen, den du kaum kennst, ist so, als würdest du unreife Pflaumen essen.

Mit einem Mann ins Bett gehen, den du kaum kennst, ist so, als würdest du frischgebackenes Brot mit verschnupfter Nase essen.

Du kannst also prima drauf verzichten. Selbst wenn der Mann aus der Kneipe Warren Beatty wäre! Ach was, dann ist es sogar extrem überflüssig. Sicher habt ihr dieselben Geschichten über Warren Beatty gehört wie ich, oder? Na also.

Man kann ruhig Sexomanin sein — aber bitte nie wahllos!

Irgendwann findest du, daß der richtige Zeitpunkt gekommen ist. Ihr wart ein paarmal miteinander aus — im Zoo, im Kino, beim Essen, beim Schlammringkampf, und es gibt eine gewisse elektrische Spannung, wenn eure Finger sich berühren. Wollüstige Vorstellungen quälen dich, und du denkst: »Warum soll ich nicht mit ihm schlafen, statt vor Sehnsucht verrückt zu werden?« Ein Moment von entscheidender Wichtigkeit! Du mußt die »Bühne« vorbereiten, den Mann wissen lassen, daß du bereit für Sex bist. Du kannst ihn nicht einfach nach Hause mitnehmen und dich mit geöffneten Beinen und geschlossenen Augen hinlegen. Etwas mehr Inszenierung muß schon sein.
— Lade ihn früh am Abend ein. Mit dem Essen solltet ihr spätestens gegen 22 Uhr fertig sein, falls einer von euch schon frühmorgens zur Arbeit muß. Vielleicht verzichtet ihr sogar lieber ganz aufs Essen. Notfalls könnt ihr immer noch eine Pizza holen. Zünde bloß keine Kerzen an oder leg romantische Platten auf, falls es bei dir zu Hause passieren soll. Kerzen und Musik sind Verführungsklischees und ernüchtern einen Mann garantiert.
»Wozu die Kerzen?« wird er denken. »Sie will mich wohl verführen?« Dabei vergißt er völlig, daß er ja auch vorhatte, dich zu verführen. Er spürt plötzlich Leistungsdruck, das arme Kerlchen. Folglich wird er so nervös, wie du's sowieso schon bist.
Koch bitte nichts Kompliziertes wie ein paté en croûte oder Hummer à la Newburg. Es verdirbt dir total die Laune, wenn du ewig lang in der Küche rumstehen mußt. Anfangs hältst du deinen Dinnergast noch für die Krone der Schöpfung. Nach stundenlanger Schufterei beginnt sein Ruhm zu verblassen. »Wofür hält der sich eigentlich?« denkst du wütend. »Der läßt mich hier

vor'm heißen Herd schwitzen, nur damit ich ihn ins Bett zerren kann. Glaubt er vielleicht, er sei was Besonderes? Zum Teufel mit ihm! Ich geh lieber ins Kino.« Und dann sitzt du da, stopfst fettiges Popcorn in dich rein und schaust zu, wie eine andere gebumst wird.

— Küß ihn unbedingt, bevor ihr ins Bett geht. Stößt er dir die Zunge so tief in den Hals, als suche er den Heiligen Gral? Zerbeißt er dir fast die Lippen? Falls ja, laß ihn lieber sausen. Ein Mann, der nicht gut küßt, kann auch nicht ficken. Ein guter Kuß muß sinnlich und spielerisch sein.

— Spiel ruhig erst ein bißchen Scrabble, falls du nervös bist. Ein idealer Zeitvertreib für diesen Zweck. In einem besonders langweiligen Augenblick, wo er seine Steinchen herumschiebt, kannst du ihm mal liebevoll durchs Haar fahren oder sonst was Nettes tun. Wenn ihr euch dann in die Wolle kriegt, ob »Maulhalten« ein richtiges Wort ist oder nicht, ist deine Nervosität bestimmt weg.

Meine Freundin Kate ist extrem schüchtern, obwohl sie intelligent, witzig und großmütig ist. Kate verliebte sich in Michael, der selbst ein ziemlich scheuer Knabe ist.

(Nicht vergessen: Jeder Mann, der dich kennenlernt, wird zuerst auch leicht unsicher sein und Angst davor haben, daß du ihn abweist.)

»Wenn beide schüchtern sind«, sagt Kate, »dann mußt du warten, bis es Zeit wird, sich gute Nacht zu sagen. Gib ihm den tollsten Kuß, den du in deinem Repertoire hast, leg ihm die Arme um den Hals und drück dich ganz leicht an ihn. Bleib so, bis du eine wohlbekannte Aufwärtsbewegung in seiner Hose spürst, und küß ihn dann noch einmal.«

»Ich erinnere mich gut, wie ich als Dreizehnjährige zum Tanzen ging«, fährt Kate träumerisch fort. »Damals wunderte ich mich immer, was das für ein komischer Klumpen war, der sich an meinem Bauch preßte. Etwa seine Gürtelschnalle?«

Sie lacht und kommt zum Thema zurück. »Mit einem schüchternen Mann dauert's lange, bis man zusammen im Bett landet, ist dann aber ganz besonders toll. Also küß ich ihn einfach so lange, bis es kein Zurück mehr gibt.«

Cleo, die etwas aggressiver ist, soll mal zu einem Mann gesagt haben: »Wenn du mich nicht sofort in die Arme nimmst, sterbe ich.« Sie garantiert, dann klappt es.

Ihr steigt also zusammen ins Bett. Für viele Mädchen ein reines Vergnügen.

»Für mich nicht«, meint Kate. »Ich kann es einfach nicht ertragen, daß dieser Mann meinen nackten Körper sehen wird. Ich denke an meinen dicken Hintern und bin mir all meiner sonstigen Schwächen überbewußt. Und außerdem...es klingt idiotisch, ist aber so, halte ich ihn für einen Eindringling in meinem Schlafzimmer. Mir kommt's fast so vor, als ob sich dieser harmlose Typ plötzlich in einen Feind verwandelt hätte.«

»Und überhaupt. Ich hatte erst drei Freunde. Ich bin da eher konservativ und brauche Zeit, bis ich jemandem vertraue.« Wer kann ihr das verübeln? Ich nicht, und du auch nicht. Vermutlich bist du keine Jungfrau mehr, oder? Also hast du auch schon dein Quantum an gebrochenen Versprechungen, verheerenden Mißverständnissen, herzzerreißenden Telefonaten, gequälten Frühstücken und zerschmissenem Geschirr hinter dir.

Deshalb ist es eine ungeheure Vertrauensleistung, wenn ein Mädchen sich nackt und bloß einem neuen Mann präsentiert. Sie läßt sich schließlich auf etwas ein, das total schiefgehen kann.

Natürlich gibt's auch Mädchen, die mit aller Welt herumschlafen und sich nichts dabei denken. Doch solche Mädchen — ich hab's aus sicherer Quelle — trauen keinem einzigen Mann. Sie reden sich ein, sie seien auf der Suche nach DEM RICHTIGEN und müßten deshalb so viel herumbumsen. Was folgt? Ein gewisser Selbstekel. Außerdem landen sie unweigerlich immer genau beim falschen Mann. Notgedrungen legen sie sich mit der Zeit einen seelischen Panzer an und verhärten innerlich.

Falls in dir ein Rest der früheren Verwundbarkeit übrig geblieben ist, wirst du anfangs sicher Angst haben, und das ist ganz natürlich.

Atme tief durch, leg deine Lieblingsplatte auf und geh ins Bad. Widme dich in aller Ruhe deinem Diaphragma. Schau dich im Spiegel an und bewundere deine Locken, die sich so zauberhaft ringeln. Atme nochmal tief durch und konzentrier dich dann auf den Mann im Zimmer nebenan.

Der tigert inzwischen durch dein Wohnzimmer, tut so, als studiere er die Titel der Bücher und überlegt dabei, ob er schon ins Schlafzimmer gehen solle. »Will sie von mir ausgezogen werden? Wie steht's bei ihr mit oralem Sex?« fragt er sich unsicher.

Er schließt die Augen und versucht sich auf Teufel komm raus vorzustellen, wie groß sein Penis ist. Als er vorhin seine neuen himmelblauen Boxer-Shorts anzog, hielt er ihn für ziemlich groß. So an die zwanzig Zentimeter, oder auch einundzwanzig. Aber wer weiß? Vielleicht ist er inzwischen geschrumpft. Vielleicht ist er nur noch so groß wie eine Erdnuß.

Gerade da tauchst du aus dem Badezimmer auf und lächelst ihn ganz harmlos an. So ein harmloses Lächeln ist genau das, was er jetzt braucht. Du gibst ihm dadurch zu verstehen: »Erdnußpenis oder nicht, du bist ein dufter Typ, und ich möchte mit dir schlafen.«

Die Meinung der Experten geht bei Bettangelegenheiten bekanntlich auseinander. Viele halten jedenfalls gar nichts davon, sich die Kleider vom Leib zu reißen und aufeinander zu stürzen. Die erste Nacht ist nämlich ideal für ein langes Vorspiel. Laß ihn ausgiebig an deinen Brüsten herumspielen. Entzieh dich ihm mit einer anmutig schlängelnden Bewegung — das wirkt auf ihn provozierend —, falls er versucht, die Hand unter deinen Rock zu schieben.

Schmuse mit ihm. Streich mit den Fingerspitzen zärtlich über seine Schenkel, berühr dabei nicht seinen Penis, tu aber so, als könnte es jede Sekunde passieren. All das wirkt garantiert aufreizend und wird ihm jegliche Bedenken wegen der Größe seines Penis nehmen. Er wird sich wie Casanova persönlich fühlen, wenn du ihn richtig behandelst.

Als nächstes könntest du z.B. mit der Zunge kleine Kreise um sein Ohr beschreiben, sachte in seinen Mund eindringen, einmal kurz über seine Zähne lecken.

Wenn du seinen Penis schließlich berührst, dann bitte nicht so, wie die Hausfrauen im Supermarkt Pfirsiche betatschen. Die empfindsamsten Stellen am Penis sind der kleine Wulst oben an der Eichel und die »Naht« an der Unterseite. Massiere diese Stellen zart und doch fest. Wehe, wenn du kicherst!

Wie ihr dann ins Bett gelangt ist eure Sache. Besonders romantisch wäre es natürlich, hingetragen zu werden. Manche Mädchen ziehen ihren Partner einfach an der Gürtelschnalle hinter sich her. Dieser Methode mangelt es zwar an Feinheit, aber klappen tut sie vermutlich immer. Überlaß ihm die Regie, falls ihr in seiner Wohnung seid.

Wenn ihr dann im Bett seid, konzentrier dich ganz auf ihn.

Schau den Mann neben dir an, betrachte den Schwung, mit dem sein Nacken in die Schultern übergeht, wie seine Armmuskeln sich in das Kopfkissen schmiegen, fühle seine Erektion, sein pulsierendes Blut.

Aber spiel dich nicht auf! Es gibt für einen sinnlich erregten Mann kaum was Schlimmeres, als wenn sich seine Partnerin plötzlich wie eine Akrobatin gebärdet. Selbst wenn du trainiert hast, mit dem Kinn an der Gardinenstange zu hängen und gleichzeitig die Pobacken im Flamencorhythmus zu bewegen, spar dir das für später auf! Du willst deinen Macker (pardon!) ja nicht schon in der ersten Nacht erledigen, oder? Erektionen neigen nunmal zum Schrumpfen, wenn sie mit Zirkusartistik konfrontiert werden.

Da wir gerade von Erektionen sprechen... Hast du darüber eigentlich schon mal nachgedacht? — Nein — nicht wahr? Eine Erektion kommt dadurch zustande, daß alles Blut, das normalerweise im Gehirn ist, plötzlich beschließt, seine angestammte graue Masse zu verlassen und sich im Penis zu sammeln. (Deshalb kann kein Mann gleichzeitig denken und vögeln.)

Erektionen. Hervorgerufen durch jenen äußerst lebendigen Saft, namens Blut. Folge? Vieles kann schiefgehen, da das Gehirn wütend darüber ist, vom Blut im Stich gelassen zu werden, und zurückschlägt. Da liegt so ein Mann zufrieden im Bett und hat eine Supererektion, bis ihm das Gehirn einen bösen Streich spielt.

»Hast du auch nicht vergessen, die Parisreise in der Steuererklärung anzugeben?« erkundigt sich das Hirn unvermittelt bei dem nichtsahnenden Typen. »Ist heute nicht der Geburtstag deiner Schwester? Hast du den Scheck für die Hausratversicherung schon abgeschickt? Hoffentlich hast du das Auto abgesperrt!«

Als nächstes weiß der arme Kerl (unübersehbar!), daß alles Blut ins Gehirn zurückgeströmt ist. Seine Erektion gehört der Vergangenheit. Tote Hose. Historie.

Eine Erektion kann nicht vorgetäuscht werden. Deshalb laßt uns Gott dafür danken, daß wir keine Männer sind und uns niemals Sorgen über die Instandhaltung und Pflege von Erektionen machen müssen.

Du kannst deine Dankbarkeit beweisen, indem du versuchst, deinem Partner das Lampenfieber zu nehmen. Der Durchschnittsmann ist äußerst empfindlich, was seine sexuellen Qualitäten betrifft. Natürlich hat er alle möglichen schlauen und weniger schlauen Bücher zum Thema Sex gelesen und wurde dadurch noch nervöser. Also grübelt er über dich nach: »Vielleicht erwartet sie, daß der Kosmos ins Wanken gerät, wenn ich nur mit der Zungenspitze ihre Klitoris berühre? Sicher ist sie eine äußerst anspruchsvolle Frau, die nicht mit prosaischem Busenstreicheln zufrieden ist. Sie hofft wohl, daß ich das Kamasutra von vorn bis hinten beherrsche.«

Der arme Kerl, wenn *der* wüßte! Die meisten von uns würden dem Mann die Füße küssen, der sich von seiner Leidenschaft so sehr überwältigen läßt, daß er alle Fragen der Etikette vergißt. Leidenschaft! Die Gewißheit, von einem Mann so sehr begehrt zu werden, daß er kaum noch atmen kann, ist das stärkste Aphrodisiakum, das es gibt.

Gib ihm das ruhig zu verstehen, aber bitte durch die Blume. Es wäre fatal zu sagen: »Hör auf mit dem Quatsch und laß uns ficken.«

Falls du zu den verbalen Typen gehörst, kannst du vielleicht etwas äußern wie: »Ich bin so erregt, daß ich sofort komme, selbst wenn Du mir nur noch mal ins Ohrläppchen beißt.«

Falls du zu scheu bist, um sowas auszusprechen, bleibt dir immer noch die Körpersprache, die sehr ausdrucksvoll ist und zum Glück keine unregelmäßigen Verben kennt.

Jetzt folgen einige simple Sätze aus der Körpersprache und deren »Übersetzung«. Lies sie sorgfältig durch. Am Schluß des Kapitels gibt's ein Kurzquiz.

Körpersprache	Übersetzung
Nimm seine Hand, leg sie dir auf die Brust und knabbre gleichzeitig an seinem Ohrläppchen herum.	Du hast was an dir, das mich ganz geil macht. Nimm mich! Gleich!
Steck dir seinen Finger in den Mund und sauge daran.	Irgendwas treibt mich immer dazu, an Dingen zu lutschen. Allerdings ist dein Finger nicht ganz das Richtige. Hast du einen besseren Vorschlag?

Umfasse seinen Knöchel mit der Hand und umkreise mit der Zungenspitze seinen Bauchnabel.

Wenn wir's in der nächsten Minute nicht tun, sterbe ich!

Setz dich rittlings auf ihn und führe seinen Penis in dich ein, während er auf dem Rücken liegt.

Endlich im Hafen, alter Seebär.

Seht ihr jetzt, wie einfach es ist?

Impotenz in der ersten Nacht

Manchmal vergeht einem Mann seine Erektion und kommt nicht mehr zurück, und manchmal bringt er überhaupt keine zustande.

Impotenz ist nicht zum Spaßen, aber man muß trotzdem seinen Sinn für Humor bewahren. Auf keinen Fall darf man als Frau ungeduldig oder gar fassungslos reagieren.

Knete den Penis bitte nicht weiter, als würdest du Brötchenteig walken. Das wird deinen Partner nur traurig stimmen. Halt dich auch mit solchen Sätzen zurück: »Glaubst du, daß er bald wieder steif wird?« Es ist ein qualvoller Moment für jeden Mann, und qualvolle Momente ignoriert man, so gut es eben geht. Sei lässig und heiter, tu so, als sei gar nichts Besonderes los.

Sag vielleicht etwas wie: »Macht doch nichts. Ich bin glücklich, mit dir zusammen zu sein. Übrigens sahst du heute abend in dem neuen weißen Pullover einfach umwerfend aus. Oh, dabei fällt mir etwas ein. Stell dir vor, was mir gestern passierte: Ein Mann im Matrosenanzug trat auf mich zu, erzählte mir, daß er ein Außerirdischer sei und wollte von mir zum Eisstadion gebracht werden.«

»Wirklich?« wird er erwidern, und gleich darauf seid ihr mitten in einer Diskussion. »Warum zum Eisstadion? Was soll der Matrosenanzug? War das ein Aufreißversuch? Ein außerirdisches Werbungsritual?«

Auf diese Weise amüsiert ihr euch und gebt seinem ruhenden Penis Zeit und Gelegenheit, sein geschrumpftes Ego wieder aufzubauen. Vielleicht klappt's noch in der gleichen Nacht mit der Erektion, vielleicht auch nicht. Impotenz in der ersten Nacht ist ein weitverbreitetes Phänomen, worüber man sich keine unnützen Gedanken zu machen braucht. (Impotenz über mehrere Wochen, Monate oder sogar Jahre hinweg ist eine andere Sache und wird in einem späteren Kapitel behandelt werden.)

Orgasmen

So, und was ist nun mit dir? Was ist mit deinen Ängsten, deinem Lampenfieber? Okay, du mußt zwar keine Erektion zustandebringen, dafür aber unbedingt einen Orgasmus kriegen, stimmt's? Was soll dein Partner von dir denken, wenn du keinen bekommst? Vermutlich hält er dich dann für hochgradig neurotisch, für frigide und dazu noch für lesbisch.

Da redest du dir nun all diesen Unsinn ein und bibberst vor Aufregung. Und warum das ganze?

Viele (vermutlich die meisten) Frauen kommen nicht gleich beim erstenmal, wenn sie mit einem Mann schlafen. Niemand kann dich zum Orgasmus bringen, wenn du nicht wirklich willst, selbst du nicht.

Trotzdem versuchen's die Frauen immer wieder. Sie beißen die Zähne zusammen, pressen die Augen zu und denken: »Ich will einen Orgasmus haben! Ich will, will, will!«

Dein Körper kann solch autoritäres Gehabe nicht leiden. Er wird dir nicht nur keinen Orgasmus bescheren, nein, er wird's sogar schaffen, daß du dir wie ein Idiot vorkommst.

Laß deinen Körper in Ruhe. Vertraue ihm. Laß ihm seinen Freiraum!

Es ist natürlich okay, den Mann neben dir um Hilfe zu bitten. Wofür sind Freunde denn sonst da? Aber auch diesmal wieder mit Zartgefühl! Schau ihn nicht vorwurfsvoll an, weil er's beim erstenmal nicht gleich geschafft hat.

Viele Männer werden's nicht gleich schaffen. Sie halten die Klitoris nämlich für eine Art Winzling von Penis und behandeln sie dementsprechend. Ein Penis verlangt geradezu nach kräftigem Druck, während die Klitoris ein empfindliches kleines Biest ist. Wenn man sie zu fest und zu direkt anfaßt, tut sie weh. Man muß sich sozusagen vorsichtig anpirschen.

Wenn ein Mann es richtig macht, solltest du ihm das ruhig zu verstehen geben. »Oh, so ist es schön.« Macht er's falsch, lenkst du ihn am besten mit irgendeiner amüsanten Anekdote ab.

Meine Freundin Cleo hat mir neulich folgendes erzählt:

»Ich machte vor kurzem eine tolle neue Erfahrung«, sagte sie. »Ein Mann hat meine Klitoris massiert, und mir hat's gefallen. Ich fand es sogar himmlisch.«

»Und was soll da so neu dran sein?« erkundigte ich mich.

»Ich hab's bisher nie gemocht«, gestand Cleo. »Ich habe mich nämlich fast zu Tode geschämt, überhaupt eine Klitoris zu haben. Die Vorstellung, daß sie mir tatsächlich Lust bereiten könnte, fand ich entwürdigend. Wenn ein Mann sie berührte, hätte ich mich am liebsten unter der Bettdecke verkrochen. Verstehst du, was ich meine.«

»Ja, ich glaube schon.«

»Aber diesmal hatte ich das Gefühl, wieder ein Kind zu sein und nicht zu wissen, daß dies »schlecht« ist. Mir kam's plötzlich so vor, als seien Frank und ich zwei freche, kleine Spießgesellen, die mit großem Spaß etwas Ungehöriges tun. Ich mußte bei Frank nicht mehr mit zügelloser Sinnlichkeit Eindruck schinden, sondern wir waren beide total bei der Sache und vergaßen alles andere. Es war phantastisch!«

Woody Allen antwortete mal auf die Frage, ob er Sex für etwas Schmutziges halte: »Ja, wenn du's richtig treibst.« Sex ist kein andächtiges, heiliges Ritual. Wenn ihr sowas wollt, geht bitte in die Kirche. Ein Allheilmittel gegen Enttäuschungen in der ersten Nacht?: Doktorspiele — wie damals!

Etwas darfst du nie tun, wie sehr du's vielleicht auch möchtest. Täusche nie einen Orgasmus vor! Vorgetäuschte Orgasmen sind für dich selbst entwürdigend, kosten dich auf Dauer deine Selbstachtung, machen dir Kopfschmerzen und nehmen dir deinen Glauben an die Menschheit. Wenn du einen Orgasmus vortäuschst, spielst du deinem Karma übel mit.

Manchmal fällt es einem sehr schwer, es nicht zu tun. Ihr beide habt ein zweistündiges Liebesspiel hinter euch, und du weißt genau, daß dein Partner seinen Höhepunkt kaum noch rauszögern kann. Er ist aber viel zu sehr Gentleman, um ihn vor dir erleben zu wollen. Doch du schaffst es einfach nicht. Entweder machst du dir blöderweise Gedanken, wie sich die geplante Reise nach Italien finanzieren läßt, oder darüber, ob du deinen Job kündigen sollst. Oder vielleicht ist dein Körper einfach nur aufsässig. Und da kommt unweigerlich der Gedanke: »Warum soll ich dem armen Kerl nicht helfen und ihm etwas vorspielen?«

Tja, wenn du's unbedingt tun mußt, dann mußt du wohl, aber tu's lieber nicht! Sexuelle Befriedigung basiert auf Vertrauen, und jeder vorgetäuschte Orgasmus ist eine Lüge und damit eine Barriere zwischen euch beiden.

Du mußt es ihm früher oder später sagen, sonst kriegst du garantiert eine Stinkwut auf ihn. Je früher, desto besser.

Sag etwas wie: »Nimm bitte keine Rücksicht auf mich. Mein Körper macht heute nicht mit.« Gestammelte Geständnisse oder blumige Erklärungen sind überflüssig.

Es gibt kein Kurzquiz, wie angedroht, sondern stattdessen einen Witz von Richard Pryor.

Mann: »Baby, ich glaube, deine Muschi ist tot.«

Frau: »Warum versuchst du's nicht mit Mund-zu-Mund-Beatmung?«

Sex-Knigge: Richtiges Benehmen

»Was tun?« fragt sich heute so gut wie jeder. Vor der sexuellen und feministischen Revolution waren »Benimm«-Regeln zwischen den Geschlechtern das reinste Kinderspiel. Wir wußten genau, was von uns erwartet wurde: laß den Mann die Rechnung zahlen, warte neben dem Telefon auf seinen Anruf, sag nein, auch wenn du lieber ja sagen würdest. (Wenn wir wirklich »nein« meinten, gehörte es zum guten Ton, ihm mit den Fingernägeln das Gesicht zu zerkratzen.)

Heute dagegen diskutieren die Frauen ständig darüber, was zum Teufel die Species Mann vorhat und was sie als Partnerinnen dabei tun sollen.

»Soll ich ihn anrufen? Oder lieber abwarten, bis er mich anruft? Wie lange soll ich abwarten, falls ich abwarte, daß er mich anruft? Drei Tage? Drei Monate? Soll ich ihn nach den drei Monaten dann doch noch anrufen? Was soll ich sagen, falls ich nicht durchhalte und doch gleich anrufe? Wie schaffe ich's, dabei nicht wie ein Trottel zu wirken? Warum ist es mir nicht egal, ob ich wie ein Trottel wirke oder nicht? Bin ich etwa ein Trottel?

Was ist, wenn er anruft und mich zum Essen einlädt? Soll ich die Rechnung bezahlen? Soll ich mich auf die Toilette verdrücken, wenn die Rechnung kommt?

Oder sollen wir uns die Rechnung teilen? Hat er irgendwelche Ansprüche, wenn er zahlt? Falls ich zahle, kann ich ihn dann dazu bringen, daß er mir meine Blusen bügelt? Wer schickt Blumen? Welche Blumen schickt man?«

Das ganze gleicht einem Alptraum, könnte aber noch viel schlimmer sein. Denkt nur mal an jene grauenvolle Zeit zurück, als weiße Kleider und Brautschleier für uns alle der große Wunschtraum waren.

Da inzwischen kein Mensch mehr Durchblick hat, können wir bei den »Benimm«-Regeln ruhig ein Wörtchen mitreden. Wir können unseren Knigge selbst schreiben. Wer will uns daran hindern?

Ich schlage hier einige Regeln für einen neuen Sex-Knigge vor. Und die geneigte Leserschaft wird mit ihren Anregungen gern gehört werden.

Telefonate

— *Anruf bei einem Mann, den man kaum kennt:*

Falls dir Zweifel kommen, vergiß sie! Eine Frau kann einen Mann jederzeit anrufen, wenn sie Lust darauf hat.

Übe keine lange Ansprache ein! Welcher Mann nimmt gern den Hörer ab und hört folgenden Wortschwall: »Hallo, ich bin's Gabi. Wir lernten uns auf Ediths Party kennen. Tja, ich hab' mir gerade einen Film über Freud angesehen, und da fiel mir diese irre komische Sache ein, die du über deine Mutter erzählt hast. Ich dachte, ich sterbe gleich vor Lachen. Edith macht wirklich dufte Parties, doch das ist ganz neu. Du glaubst mir sicher nicht, aber vor zwei Jahren hat Edith manchmal den Salat vergessen und erst nach dem Dessert serviert. Vermutlich hat Christa ihr mal einen diskreten Hinweis gegeben. Da wir gerade von Christa reden...heute abend läuft ein toller Film im Kino. Er hat zwar 'nen blöden Titel, soll aber phantastisch sein. Willst du mitkommen?«

Natürlich kann man so drauflosreden, aber jeder Mann möchte auch mal zu Wort kommen und seine Partnerin mit Geist und Witz verblüffen. Bei solchen einstudierten Reden hat er keine Chance.

— Richtige Vorbereitung für den Anruf:

1. Überleg dir vorher einen vagen Anlaß für das Telefonat. Sonst stotterst du garantiert herum: »Tja, ich, also...ich dachte, ich rufe mal an. Ich weiß nicht recht, aber ich dachte eben...«

2. Ruf nur an, wenn du gutgelaunt bist. Viele Mädchen können sich erst nach langem Hin- und Herüberlegen aufraffen, einen Mann anzurufen, und sind dann oft aggressiv. Warum? Sie fürchten, er könne folgendes denken: »Ausgerechnet diese langweilige Ziege muß mich anrufen!« Aus dieser Befürchtung wird Gewißheit, und dann reden sie totalen Quatsch. Wenn er den Hörer abnimmt, platzt so ein Mädchen gleich damit heraus: »Okay, ich bin also eine langweilige Ziege. Na und? Gehst du nun mit mir ins Kino oder nicht? Du hältst dich wohl für was ganz Besonderes, du Trottel!«

Im Normalfall freut sich jeder Mann über den Anruf einer Frau, selbst wenn er sich nicht mehr ganz deutlich an sie erinnert. Es schmeichelt seiner Eitelkeit. Folge? Er wird in bester Plauderstimmung sein.

— Anruf bei einem Mann, mit dem man vor kurzem im Bett war, an dessen Gefühlen man aber zweifelt:

In früheren Zeiten war alles klar, wenn ein Mann nach einer Liebesnacht nicht gleich wieder anrief — man saß ganz schön in der Patsche als Frau.

Heutzutage ist nach einer Liebesnacht alles im unklaren. Das Grübeln beginnt: Was folgt aus dieser Bettgeschichte? Wird was Ernstes draus? Eine echte Beziehung? War's nur ein kurzer Ausrutscher, den man am besten gleich wieder vergißt? Soll ich mir vorsorglich den Samstagabend freihalten? Was ist mit Sylvester? Oder ist das ganze sowieso sinnlos?

Alles ist so verworren und kompliziert, daß viele schon in diesem Stadium aufgeben. Vor allem Männer. Zur Zeit sind die Männer auf emotionalem Gebiet größere Feiglinge als die Frauen.

Laß ihm am besten eine kleine Verschnaufpause und ruf dann gutgelaunt an, nur um mal hallo zu sagen.

Auf keinen Fall darfst du irgendwie Druck ausüben. Falls er kühl und reserviert reagiert, hakst du ihn am besten gleich von deiner Liste ab. Natürlich kannst du ihm noch an den Kopf werfen, daß er ein ekelhaftes Scheusal ist, weil er so mit deinen Gefühlen gespielt hat.

— Weitere Telefontips:

Es ist idiotisch, einen Mann während wichtiger Sportübertragungen im Fernsehen (besonders Fußball!) anzurufen. Auch die Halbzeit ist Tabu, denn da telefoniert er bestimmt gerade mit seinem besten Sportsfreund, um zu fachsimpeln.

— Ruf einen Mann höchstens zweimal pro Tag an, falls du ihm nicht etwas von entscheidender Wichtigkeit mitteilen mußt, wie z.B. die geänderte Anfangszeit des Kinos. Oder daß dein Haus in Flammen steht und er schnell kommen müsse, wenn er seine Schallplatten noch retten wolle. Rufst du einen Mann dreimal am gleichen Tag an, nur um ihn zu fragen, was er mittags gegessen hat oder warum der Himmel blau ist, hast du bald ausgespielt, fürchte ich.

— Keine Streitereien am Telefon!

— Sag bei einem Anruf nicht einfach: »Hallo, ich bin's«, ohne deinen Namen zu nennen. (Es sei denn, du kennst den Betreffenden mehr als gut.) Das kann sonst zu Verwicklungen führen, sogar zu sehr unerfreulichen.

— Stell dich taub, wenn das Telefon klingelt, während du gerade mit einem Mann im Bett liegst. (Auch wenn's vielleicht ein besonders wichtiger Anruf sein könnte...)

— Fünf, höchstens zehn Minuten am Telefon sind gestattet, wenn ein Mann bei dir zu Besuch ist, der dir nicht gleichgültig ist. Komm nicht auf die Idee, mit verführerisch rauchiger Stimme in den Hörer zu flüstern, wenn du nicht allein im Zimmer bist.

— Ruf einen Mann nur dann um drei Uhr früh an, wenn du ihn schon mindestens drei Monate kennst. Bitte nie um vier Uhr früh, außer er hat mit Selbstmord gedroht.

— Leg am besten gleich den Hörer auf, wenn Männer anrufen, die sich mit »Hallo, ich bin's« melden.

Automatische Anrufbeantworter

Du solltest deinen Anrufbeantworter keine zu witzig gemeinten Botschaften verkünden lassen. Wenn dein Maschinchen sagt: »Hallo, hallo, hier ist Trixi, ich habe gestern zu viele Tabletten geschluckt und steh' nun schon seit drei Stunden unter der Dusche, um halbwegs wach zu werden. Bitte, hinterlassen Sie eine Nachricht«, werden in der Zeit nur deine vierundsiebzigjährige Tante Helgard, der Kaminkehrer und dein Psychofritze anrufen. Anrufbeantworter verfügen über einen geheimen Draht zum Kosmos und können solche Dinge bewirken.

Wenn du einen für dich wichtigen Mann anrufst und leider auf Band sprechen mußt, denkst du garantiert, daß du wie ein Dummkopf klingst. Keine Angst! Jeder klingt so. Am besten gibst du nur Namen und Rufnummer an und legst dann rasch auf, bevor dein Selbstwertgefühl einen Knacks bekommt.

Wenn du allerdings auflegst, *bevor* du deinen Namen und die Telefonnummer gesagt hast, ist dein Selbstwertgefühl schon irgendwo verlorengegangen. Nicht ungefährlich sowas. Ein Tip beim Suchen:
Vielleicht hat's derjenige in Beschlag genommen, den du mehr magst als er dich...Ein ziemlich mieses Delikt wegen der Folgen. Dein Selbstwertgefühl gehört dir. Hol's dir zurück!
Du fragst: Wie? Na — lieb ihn einfach noch eine ganze Portion mehr als bisher. Dagegen sind solche Gefühlsdiebe ausgesprochen allergisch. Aber ich schweife mal wieder ab.

Wer bezahlt?

Tu du's, wenn möglich! Es ist leider keine reine Ritterlichkeit, die einen Mann veranlaßt, sich die Rechnung zu grapschen, bevor jemand anders es tun kann. Nein, so ein Mann liebt es, die Rechnung zu bezahlen. Es vermittelt ihm ein wunderbares Gefühl von Macht. Ob er oder sie im Lokal bezahlt, sollte vom Einkommen und nicht vom Geschlecht abhängen.

Es wäre aber albern, eine Szene daraus zu machen. Tritt dem Mann nicht ans Schienbein und drohe: »Laß mich gefälligst zahlen, oder deine Eier sind im Eimer!« Wenn er unbedingt zahlen will, dann soll er eben, der Blödmann.

Zahl genau die Hälfte, falls ihr beschließt, die Rechnung zu teilen. In dem Punkt sind Frauen leider häufig unsouverän. Sonst würde man sie wohl kaum mit Taschenrechnern im Restaurant herumsitzen sehen. (»Also, Angelika, du hattest das zweite Menü, das kostet achtzehn Mark. Halt, ich hab' ja ganz die Mehrwertsteuer vergessen. Das sind dann ca. einsachtundachtzig, oder? Ach, da fällt mir ein, du hattest ja auch noch einen Espresso. Sekunde...«) Einfach grauenhaft! Wenn eine kostbare halbe Stunde später alles ausgerechnet ist und die Frauenrunde sich erhebt, ist jede überzeugt, daß sie mehr bezahlt hat als ihre weniger großzügigen Freundinnen. Sie fühlt sich geradezu ausgenutzt.

Zahl ruhig auch dann, wenn ein Mann viel wohlhabender ist als du. Selbst ein Krösus findet es toll, wenn er mal von gleich zu gleich behandelt wird.

Keine Frau muß mit einem Mann ins Bett gehen, nur weil er das Essen bezahlt hat. Das ist hoffentlich völlig klar, oder? Ein Mann, der sowas erwartet, verdient eine Tracht Prügel.

Geschenke

Du kannst ruhig kleine Geschenke akzeptieren, ohne dich sexuell oder sonstwie unter Druck gesetzt fühlen zu müssen.

Aber es ist eindeutig schlechter Stil, teure Schmuckstücke anzunehmen und sich dann freundlich zu verabschieden. Mag ja sein, daß dir ein Mann eine Smaragdbrosche schenkt, weil er großen Respekt vor deiner Klugheit hat und nicht etwa deshalb, weil er dich verzupfen will. Mag sein, ist aber unwahrscheinlich. Nimmst du die Brosche an, solltest du eigentlich bereit sein, mit ihm ins Bett zu gehen. Falls du das sowieso schon vorhattest, kannst du das glitzernde kleine Ding an dein Revers heften und sagen: »Wunderschön! Vielen Dank, Claudio.«

Aber — mach dir solche Geschenke nicht zum Ziel. Das ist nichts anderes als eine spielerische Art der Prostitution. Und eh du dich versiehst, lebst du über beträchtliche Zeiträume wie eine Nonne — für Smaragdbroschen zahlst du einen hohen Preis. Ich selbst habe über lange Jahre hin vergeblich nach jemandem gesucht, der mir kostbare Geschenke macht. Frag, wen du willst, ihr wird's genauso ergehen.

Eine Frau sollte einem Mann nur aus Lust und Laune Geschenke machen. Dräng einem Mann keine Manschettenknöpfe aus Platin auf, weil er sich dir gegenüber verpflichtet fühlen oder dich mehr lieben soll.

Halt dich zurück mit so bombastischen Geschenken wie einem Rolls-Royce oder gar einem Sportflugzeug. Okay?

Eine Nacht in deiner Wohnung

Mrs. Vanderbilt sagte mal: »Eine Frau mit Wohnung, in die sie einen Mann einladen kann, hat bessere Chancen als ein Star, der im Hotel lebt und ständig in Restaurants, Kinos, Theater und Nightclubs ausgeführt werden muß. Eine solche Frau ist zu teuer und zu anstrengend...«

Ab ins Hotel!

Aber Spaß beiseite. Dein Zuhause sollte hübsch und wohnlich sein. Verzichte lieber auf Videospiele, Billardtische und Schwimmbäder, sonst wirst du nie in einen Nightclub eingeladen.

Dein Fußboden sei rein, deine Bettwäsche blütenweiß und deine Badewanne frei von Schamhaaren! Im Spülbecken sollten sich nach Möglichkeit keine schimmligen Schüsseln und Teller türmen.

Was tut man einem Mann zuliebe? Wieviel ist zumutbar? Eineinhalb Stunden Hausputz sind mehr als genug! Vier Stunden Böden waschen, Silber polieren und Toilette schrubben macht dich zwangsläufig aggressiv. Wenn der arme, nichtsahnende Kerl dann eintrudelt, gleichst du einem fauchenden Dampfkessel.

»Hallo, Kleines«, begrüßt er dich liebevoll.

»Ach, fick dich doch ins Knie«, keifst du ihn bissig an.

Kein toller Anfang für einen gemütlichen Abend, oder?

Der Eisschrank sollte nicht gähnend leer sein. Einige Bier-und Weinflaschen sind das Minimum, dazu noch ein paar kalte Delikatessen, obwohl es — das wurde schon früher erwähnt — eine Pizza notfalls auch tut.

Im Badezimmer darf kein Rasierwasser und auch keine zweite Zahnbürste herumstehen. Ganz unverzeihlich ist es, dein Tagebuch aufgeschlagen liegen zu lassen, wenn Norbert zu Besuch kommt, so daß er lesen kann: »Hinreißender Abend mit Walther!«

Wie gesagt, kein Kerzenmeer!

Biete einem Mann erst dann die Schlüssel zu deiner Wohnung an, wenn du hundertprozentig weißt, daß er sie auch haben will.

Eine Nacht in seiner Wohnung

Sei diplomatisch, wenn du zum erstenmal in die Wohnung eines Mannes kommst und dich fast der Schlag trifft. »Was für eine miese Bude!« würde die Stimmung sicher gründlich verderben. Sowas kannst du dir nur leisten, wenn es sich um einen wahren Palast handelt.

Nimm's lieber mit Humor, es sei denn, es steht ein Katzenklo in der Badewanne. Männer sind generell schlechte Hausfrauen, aber einer, der das Katzenklo stehen läßt, handelt absichtlich verletzend. (»Zum Teufel«, kann man ihn fast reden hören. »Warum soll ich für so'n dummes Weib das Katzenklo wegräumen?«) Sowas ist unverschämt! Sowas kann nicht toleriert werden!

Unmöglich sind auch Anzeichen der Anwesenheit einer anderen Frau, schmutzige, fleckige Bettwäsche oder gar Hinweise auf schweren Drogenmißbrauch. Telefoniere sofort nach einem Taxi, falls im Bücherregal Nagellack herumsteht, das Bett schmuddelig ist, oder Spritze, Löffel und weißliches Pulver auf dem Küchentisch herumliegen.

Peitschen, Handschellen oder andere ausgefallene Sex-Utensilien sollten auf keinen Fall sichtbar sein. Falls er solchen Kram besitzt, muß er ihn unter Verschluß halten bis zu jenem höchst unwahrscheinlichen Tag, an dem eine Partnerin danach verlangt.

Wenn ein Mann eine Kiste mit Strumpfhaltern unter seinem Bett versteckt und sie in einem entscheidenden Moment hervorzaubert, um dich zu bitten, dir doch einen passenden auszusuchen, solltest du den Kerl sofort stehen- bzw. liegenlassen.

Keine Frau darf einem Mann Vorhänge kaufen, selbst wenn seine vorhandenen mottenzerfressen und schmutzverkrustet sind. Männer sind in diesem Punkt sehr heikel.

Du solltest bei einem Mann auch kein Geschirr waschen. Er ist darüber nicht etwa erfreut und dankbar, sondern hat Angst, daß sich ihm eine Leine um den Hals legt. Männer sind nunmal falsch konstruiert und haben immer Angst vor der Leine, selbst wenn sie so häßlich und langweilig sind, daß kein Mädchen sie ein zweites Mal anschaut.

Frühstück

Es gehört nunmal zum guten Ton, nach einer Liebesnacht auch gemeinsam zu frühstücken. Bei sich zu Hause muß der Mann runtergehen und alles Nötige einkaufen, während du dich weiter genüßlich im Bett aalst und Zeitschriften liest. Bei dir zu Hause bist du leider Gottes dran. Noch besser wär's vielleicht, ihr geht gemeinsam ins nächste Café.

Auch Klassemänner reden oft kein Wort beim Frühstücken, sondern vertiefen sich in die Zeitung — Sport natürlich! Laßt sie ruhig! Sie werden sonst garantiert sauer...

Mittagessen

Das Mittagessen kannst du dir auch mit jedem schmecken lassen, mit dem du nicht ins Bett gehen willst. Guten Appetit!

Gepäck

Es ist völlig okay, einen kleinen Kosmetikkoffer oder eine größere Tasche mitzubringen, wenn du sicher bist, die Nacht bei einem Mann zu verbringen. Problematisch wird's, wenn du eines schönen Tages mit drei Koffern und einem Vogelkäfig vor seiner Tür stehst.

Nimm bitte alles wieder mit, wenn du am nächsten Tag seine Wohnung verläßt. Alles, auch deine Zahnbürste. Du kannst keine Klamotten in der untersten Kommodenschublade zurücklassen, wenn er's dir nicht ausdrücklich angeboten hat.

Falls ein Mann seine Socken bei dir herumliegen läßt, damit du sie wäschst, und sein Rasierwasser unübersehbar in deinem Badezimmer steht, ist er viel zu besitzergreifend. Laß sowas gar nicht erst einreißen! (Es soll Mädchen geben, die das sogar mögen!) Leg die Socken zusammen, steck sie in eine schicke bunte Einkaufstüte und überreich sie ihm mit reizendem Lächeln, wenn er morgens deine Wohnung verlassen will. Freundlich aber entschieden ist die Devise.

Andere Beziehungen

Eine Frau, die ihren Partner beim Abendessen mit endlosen Geschichten über Ex-Männer und Ex-Liebhaber langweilt, kennt nicht die Bedeutung des Wortes Diskretion.

Wenn du einem Mann erzählst, wie dein Ex-Mann dich immer »mein süßes Kartöffelchen« nannte, bevor er ejakulierte, oder wie dein vorletzter Freund es liebte, wenn du ihn an die Regenrinne gefesselt hast, wird er sich garantiert Gedanken machen. Gedanken von der Art: »Zum Teufel, was wird sie später über mich erzählen, wenn unsere Beziehung zu Ende ist?«

Falls du's nicht lassen kannst, sexuelle Erinnerungen auszuplaudern, dann bitte nur bei ein, zwei Freundinnen, die den Mund halten können.

Behalt's auch für dich, falls du dich mit mehreren Männern triffst, bis du notgedrungen darüber reden mußt. Wenn ein Mann den gewissen verträumten Blick bekommt, der an Hochzeitsglocken denken läßt oder dir erklärt, daß er mit dir in eine gemeinsame Wohnung ziehen wolle, mußt du ihn schleunigst über etwaige andere Bewerber aufklären, die du noch im Auge hast.

Was ist, wenn du dich zwar mit keinem anderen triffst, aber möchtest, daß der eine dies annimmt? Vergiß es! »Ihn eifersüchtig machen« ist ein Spiel für Teenager. Kein Mann, der einigermaßen bei Trost ist, gibt sich mit einer Frau ab, die vor seinem Haus mit ihrem Friseur auf- und abstolziert.

Neck-Namen

Schwarze können einander ungestraft »Nigger« nennen. Ein Weißer läßt das besser bleiben, wenn er kein Messer zwischen die Rippen kriegen will.

Und so können wir Mädchen uns gegenseitig auch alle möglichen Namen geben — zum Spaß natürlich, und niemand wird beleidigt sein.

Männer müssen dagegen höllisch aufpassen. Miezen, Schnallen, scharfe Zähne, geile Weiber, Tussis ist nicht gerade nach unserem Geschmack.

Manchmal ist der Begriff Mädchen erlaubt, manchmal nicht. Es gibt Männer, die das Wort so gönnerhaft aussprechen, daß man sie am liebsten erwürgen würde. In gewissen Tonlagen ist »Mädchen« indiskutabel, da es nicht nur gönnerhaft, sondern auch beleidigend ist.

Auf die Diffamierung durch einen Sexisten solltest du nicht mit einem Wutanfall reagieren. Das wirkt nur lächerlich. Eisige Kälte ist viel, viel wirkungsvoller.

Wenn du Eiseskälte ausstrahlen willst, spielst du am besten eine viktorianische Herzogin. Zieh die Augenbrauen geringschätzig hoch, schau vielsagend himmelwärts und äußere nur ein Wort: »Unmöglich!« Dein Blick muß absolut vernichtend sein. (Vermutlich mußt du erst vor dem Spiegel üben. Du kannst es perfekt, wenn der Spiegel in tausend Scherben zerspringt.)

Gewisse Spielchen

Wir alle lieben die Spielchen, obwohl wir's nicht sollten. Spielchen, um zu manipulieren. Das kann vom vergleichsweise simplen »Heute nicht, Liebling, ich hab' schrecklich Kopfweh« bis zum erpresserischen »Wenn du mich wirklich liebst, wirst du kein Neurochirurg« reichen.

Wir sind raffinierte kleine Miststücke und amüsieren uns mit solchen Spielchen, sooft's nur geht. Falls uns jemand darauf anredet, antworten wir gekränkt: »Spielchen? Ich? Wovon sprichst du überhaupt? Ich sagte doch nur...« Und wir meinen's auch so, weil wir gar nicht wissen, was wir tun. Nein wirklich, wir wissen's nicht. Ganz im Ernst.

Es ist wieder dieses ungezogene *Unterbewußtsein*, das uns sowas sagen *läßt*. Wahrscheinlich hörten wir als Dreijährige mal unsere Mutter flöten: »Liebling, Hans Burger sagte, daß ich in meinem neuen Kleid ganz bezaubernd aussehe.«

Darauf unser Vater: »Nett von ihm. Reich mir mal die Kartoffeln rüber, sei so lieb.«

»Hans ist ein perfekter Ehemann, findest du nicht auch, Bertram?« plaudert Mutter weiter.

»Du hättest ihn heiraten sollen...«

»Es besteht kein Anlaß, in diesem Ton mit mir zu reden, Bertram«, sagt Mutter spitz. »Ich sagte doch nur...«

Du warst damals erst drei Jahre und zu sehr damit beschäftigt, dir Bananenbrei in die Nase zu stopfen, um richtig aufzupassen, aber dein Unterbewußtsein sperrte weit die Ohren auf. Folglich spielst du als Erwachsene jetzt ungefähr siebenunddreißig verschiedene Spielchen pro Tag, *ohne es zu wissen*. Mach sofort Schluß damit, falls du dich dabei ertappst. Notfalls mitten im Satz.

Das Superspiel, das von beiden Geschlechtern mit großer Hingabe gespielt wird, lautet »Ich mag dich nicht so gern wie du mich«. Dieses witzlose Spiel breitet sich wie ein Buschfeuer aus. Frauen behaupten Männern gegenüber, sie seien schon mit einem anderen zum Essen verabredet, auch wenn's nicht stimmt. Männer erzählen Frauen, sie hielten nichts von einer engen Beziehung, dabei haben sie nur Angst davor.

Es ist ein endloser Affentanz, bei dem die Teilnehmer ständig im Kreis herumlaufen, bis sie vor Erschöpfung umfallen.

Das Motiv hinter diesem Spiel ist Selbstschutz. Im Prinzip ist das auch ganz in Ordnung, denn man muß sich ja irgendwie schützen. Aber manchmal geht die Sache so mit uns durch, daß wir in jedem Mitmenschen einen Feind wittern und schon raffinierte Kriegslist anwenden, bevor es überhaupt zu Feindseligkeiten kommt. Das bewirkt ringsum Einsamkeit, Depressionen und Angstgefühle.

Meine jungverheiratete Freundin Kate hört sich immer geduldig meine endlosen Probleme an und gibt mir oft nützliche Ratschläge.

Eines Tages beklagte ich mich bei ihr, daß ein Mann, mit dem ich öfter ausging, eine Verabredung ohne Erklärung abgesagt hatte.

»Was soll ich jetzt machen?« fragte ich sie. »Mich weigern, ihn wiederzusehen? Soll ich die Gleichgültige spielen, wenn er anruft, und hundert Ausreden vorbringen, wenn er sich mit mir treffen will? Das würde ihm sicher schwer zu schaffen machen. Vielleicht tu ich so, als hätte ich mich inzwischen in einen anderen verliebt. Oder aber ich warte die ganze Nacht lang vor seiner Wohnung und kratze dann um 7 Uhr früh wie ein armer Hund an seiner Tür.«

Kate und ich stellten uns die Situation plastisch vor und kicherten wie zwei Schulmädchen. Doch gleich danach sank ich wieder mutlos in mich zusammen. »Nun aber mal ehrlich. Soll ich so tun, als ob es mir nichts ausmacht?«

Kate schüttelte den Kopf. »Es mag ja banal klingen, aber ich bin immer dafür, die Wahrheit zu sagen. Häufig ist es zwar einfacher zu lügen, und manchmal scheint es auch besser zu klappen, wenn du's tust. Aber das ist nur ein Scheinsieg. Du willst schließlich nicht, daß jemand dich aus allen möglichen falschen Gründen mag, oder?«

An jenem Tag kamen wir zu der gloriosen Erkenntnis, daß nur tapfere Menschen die Wahrheit sagen, und nur diese tapferen Menschen bekommen immer das, was sie haben wollen.

Sex und
alleinstehende Mütter

Seit mein Sohn nicht mehr ganz klein ist, habe ich ihn zu überreden versucht, mich Tante zu nennen, aber Pustekuchen. Kinder sind nunmal so. Das Leben mit ihnen hat wunderbare Seiten, aber die unbestechliche Forderung eines Kindes nach Aufrichtigkeit und Integrität kann einem Single ganz schön zu schaffen machen.

Heutzutage gibt's jede Menge lediger oder geschiedener Mütter. Wir heirateten, kriegten ein, zwei Kinder, merkten, daß wir uns reichlich früh auf die Ehe eingelassen hatten und hauten wieder ab.

Schon bald erwies sich, daß man die langweiligen häuslichen Pflichten nicht abschütteln kann, wenn man ein Kind hat. Sie folgen einem wie doofe, aber treue Hunde immer auf den Fersen.

Aber es hat, wie gesagt, auch große Vorteile, Kinder zu haben. Dann braucht man z.B. nicht zu erklären, warum ein Riesenposter von David Bowie im Wohnzimmer hängt, oder warum man sich E.T. gleich fünfmal angeschaut hat.

Als unverheiratete Mutter mußt du erstens Tagebuch führen — sorgfältig und genau. Dann hast du bald genug Stoff für fünf aufregende, unterhaltsame Drehbücher, wirst Millionärin und brauchst nie mehr deine eigene Wäsche zu waschen.

»Wenn's klappt, will ich drei Autos, einen Bauernhof mit sechzig Pferden und mehrere Flugzeuge«, erklärte mein Sohn mit schöner Bescheidenheit, als ich ihm meinen hoffnungsvollen Plan erläuterte.

Zweitens mußt du dich auf ein chaotisches Liebesleben einrichten. Sexuelle Abenteuer müssen schwer erarbeitet werden. (Es ist ungefähr so, als wolltest du den Mount Everest im Cocktailkleid besteigen.) Leichtes, unbeschwertes Zusammensein mit einem Mann? Von wegen! Die kleinen Schweißtropfen auf Stirn und Oberlippe verraten alles.

Überall Probleme! Ist es eine gute Idee, Kinder und Liebhaber vollkommen getrennt zu halten? Oder wäre es besser, den aktuellen Liebhaber in die Familiengemeinschaft aufzunehmen? Mußt du glücklich sein, wenn Freund und Kind jedes Wochenende stundenlang miteinander Eisenbahn spielen? Was ist, wenn dein Junge deinem Liebsten einen Schlag in die Magengrube verpaßt? Und was ist, wenn dein Freund deinem Kind eine Trommel schenkt, die höllischen Krach macht?

Was ist, wenn sie sich hassen? Was fällt dir eigentlich ein, überhaupt zu einem Rendezvous zu gehen? Was für eine Rabenmutter bist du denn? Mußt du nicht ständig zu Hause sein und dich deinem Kind widmen?

Kein Mensch behauptet, daß es einfach ist. Doch die Schwierigkeiten sind auch nicht unlösbar, und Spaß hast du eigentlich immer. Du mußt nur einige Probleme ganz klar sehen, das hilft.

Schuldgefühle

Wenn du bei einer ledigen Mutter nur ein bißchen stocherst, findest du einen Riesensack an Schuldgefühlen. Die Litanei klingt ungefähr so: Als ledige Mutter muß ich für meinen kleinen Liebling auch noch Vater sein. Ich muß nicht nur das Geld nach Hause bringen, nein, ich muß ihn auch küssen und seine Wehwehchen verarzten. Das arme Kind wurde um seinen Vater gebracht, und ich muß den Verlust mehr als wettmachen. Es ist eine Affenschande, auf Parties zu gehen, mal ganz abgesehen von einem spontanen nächtlichen Bad im See — sowas tut nur eine schlechte Mutter.

Bei solchen Schuldgefühlen gibt's nur ein »Gegengift«. Man lacht den Schuldgefühlen laut ins Gesicht, bis sie merken, wie absurd sie sind und sich verkrümeln. Natürlich soll eine Solomutter Spaß und Freude am Leben haben. Sie ist schließlich nicht tot.

Kinder sind bekannt dafür, mit diesen Schuldgefühlen zu manipulieren. Kinder sind auch nicht von Haus aus altruistisch, sondern setzen alles ein, um das zu kriegen, was sie haben wollen. Schon ein Sechsjähriger weiß, wie er bei seiner Mami ans schlechte Gewissen appellieren muß, damit sie ihm sein Lieblingseis, ein Rennfahrrad und ein Paar neue Tennisschuhe kauft. Spielt er seine Karten geschickt aus, bringt er sie vielleicht sogar dazu, mit ihm zwei Walt Disney Filme hintereinander anzusehen.

Oft hat er Erfolg damit. Wenn du ihn dabei erwischst, mußt du dich sofort wehren. Sag ruhig etwas wie: »Versuch diese Masche nicht bei mir, Schätzchen. Auch wenn du das allerärmste Kind auf der Welt bist, heißt das noch lange nicht, daß du keine Hausaufgaben machen mußt. Nein, ich kaufe dir garantiert keine Harley-Davidson, du bist erst acht Jahre alt. Jetzt Marsch an die Hausaufgaben.«

Wie wird man seine Schuldgefühle los? Eine gute Methode besteht darin, einen Babysitter anzuheuern. Wer ist ein *guter* Babysitter? Eine ältliche, schlechtgelaunte Person, die nicht lachen kann, ist kein guter Babysitter. Auch ein Teenager, der die ganze Nacht mit Verehrern am Telefon herumkichert, ist kein guter Babysitter.

Einen guten Babysitter verabscheust du, weil deine Kinder

ihn lieber mögen als dich. Ein guter Babysitter hat eine große Vorliebe für Fußballspiele oder für Barbie-Doll-Puppen. Ein guter Babysitter kennt sich genau mit Pumuckel aus und begeistert sich ehrlich für spannende Kindersendungen.

Der ideale Babysitter ist die Mutter vom besten Freund deines Sprößlings, die verrückt genug ist, ihn auch über Nacht bei sich zu behalten. Dann kannst du beruhigt einen Mann mit ins Bett nehmen, schreien und stöhnen, soviel du willst. Am Morgen muß sich keiner von euch verschämt ein Laken um die Hüften winden, bevor er sich ins Badezimmer wagt.

Natürlich mußt du dich bei der Mutter des Freundes gelegentlich auf gleiche Weise revanchieren...

Wieviel sollen die Kinder von deinem Sexualleben wissen?

Möglichst wenig. Erstens geht es sie nichts an, zweitens sind sie noch zu jung.

Laß dich nie dazu hinreißen, beim Vögeln laut zu schreien, falls dein Kind in der Nähe schläft. Wenn es dadurch aufwacht, glaubt es bestimmt, daß dir jemand wehtut.

Männer, die nur »Eintagsfliegen« sind, sollten ganz aus dem Gesichtskreis deines Kindes verbannt sein. Geh mit einem solchen Mann nur dann ins Bett, wenn dein Kind nicht zu Hause ist. Es kann verheerend auf das seelische Gleichgewicht eines Kindes wirken, wenn es morgens ständig neue Männer vorfindet, die in Mamis rosa Bademantel in der Küche frühstücken. Manchmal ißt so ein gemeiner Kerl einem sogar alle Cornflakes weg. Ist das etwa ein neuer Vati oder was sonst?

Wenn du jemanden kennenlernst, der immer mehr Bedeutung für dich bekommt, müssen die beiden sich kennenlernen. Bitte so lässig wie möglich! »Schätzchen, das ist Dieter. Dieter, das ist mein Sohn«, reicht vollauf. Füge lieber nicht hinzu: »Ich bin sicher, daß ihr sehr, sehr gute Freunde werdet.«

Auch der »Onkel«-Quatsch ist verboten. Was soll ein Kind davon halten, wenn seine Mutter mit einem Fremden auftaucht und behauptet: »Dies ist der Onkel Helmut.«

Wenn Helmut zum erstenmal bei dir übernachtet, sollte alles

so normal wie möglich wirken. Lieg nicht bis zum Nachmittag im Bett herum — so sehr es dich auch noch nach einem Abschluß-Quickie gelüstet.

Spiel stattdessen die perfekte Mutterrolle. Steh früh auf, zieh dir irgendeinen unauffälligen Morgenmantel an und mach Frühstück wie sonst auch. Dein Kind wird sehr erleichtert sein, daß alles wie gewohnt abläuft.

Dann könnt ihr gemeinsam den guten alten Helmut aufwecken, indem ihr ihn fast zu Tode kitzelt. Wenn Helmut so nett ist, wie du annimmst, wird er gute Miene zum bösen Spiel machen. (Er soll lieber eine Pyjamahose tragen, denn viele Kinder sind in der Hinsicht verklemmter, als man denkt.)

Wenn dein Sohn schon fast erwachsen ist, wird die Situation unter Umständen so kritisch werden, daß du ihm besser ein eigenes Appartement mietest.

Trotzdem wird's zu Zwischenfällen kommen. Auch wenn dein Sohn schon seine eigenen vier Wände hat, wird er dir ab und zu einen überraschenden Besuch abstatten — manchmal sogar spät nachts. Das ist mir jedenfalls passiert.

»Wer ist das?« erkundigte sich Rex beunruhigt, als wir hörten, daß die Haustür aufgesperrt wurde.

»Wer ist das?« erkundigte sich mein Sohn, während Rex versuchte, nonchalant unter der Bettdecke hervorzulächeln.

Ich machte die beiden miteinander bekannt, doch die Situation war leider bescheuert. Keiner von uns war so geistesgegenwärtig, wenigstens übers Wetter zu reden.

Aber es wurde bald besser. Ein paar Tage später schauten wir uns zu dritt einen Film an, und hinterher brachte Rex meinem Sohn die Herstellung von Papiermaché bei, etwas, was ich ihm nie verzeihen werde.

Solange sich dein Kind in deiner Liebe geborgen fühlt, wird es so ziemlich mit allen Situationen fertig. Das ist doch sehr beruhigend, oder? Denk immer daran, eines Tages wird dein Kind fortgehen und sein eigenes Sexleben führen.

Psychologische Raffinesse

Wenn du einen neuen Mann in dein Leben bringst, ändert dein Kind möglicherweise schlagartig sein Verhalten. Es ist bekannt, daß Kinder aus geschiedenen Ehen häufig sich die Schuld an der Trennung ihrer Eltern geben. »Wenn ich artiger gewesen wäre, wären Mami und Papi bestimmt noch zusammen. Wahrscheinlich haben sie's nicht mehr ausgehalten, weil ich die Milch über den Rücksitz geschüttet habe«, wird so ein armer Wurm vielleicht denken.

Also beschließt das Kind, die Ehe wieder zu kitten. Es erzählt Papi, welch schönes neues Kleid Mami hätte. Es informiert Mami, daß Papi sich eine tolle Bohrmaschine gekauft hat. »Warum rufst du ihn nicht an und läßt dir von ihm das Bücherregal in die Wand dübeln?«

Wenn Mami einen neuen Freund mitbringt, versucht das Kind alles Mögliche, um diesen Eindringling zu verjagen, der seine Pläne ruinieren könnte. Es wird Tinte auf Mamis neuen Hosenanzug gießen oder sich eine Blinddarmentzündung zulegen. Es wird Mamis Freund fragen, warum er eine so blöde Nase hat. Es wird überall im Haus Parfum versprühen, damit es wie in einem mexikanischen Puff riecht. Es wird Mami wichtige Hausaufgaben zur Korrektur vorlegen, wenn sie zu ihrem Rendezvous gehen will.

Ich kenne eine Fünfjährige, die jedesmal in Tränen ausbricht und nach ihrem Pappi wimmert, wenn der Freund ihrer Mutter auftaucht.

Ich kenne eine andere Kleine — etwas älter und raffinierter —, die jeden neuen Verehrer über die Zellulitis ihrer Mutter aufklärt.

Es hilft gar nichts, Kinder zu bestechen, obwohl wir's alle immer wieder versuchen. (»Wenn du heute abend lieb bist, Benno, dann fährt Mami mit dir auf die Bahamas.«) Als nächstes probieren wir's mit Manipulation. (»Wenn du heute abend nicht lieb bist, wird Mami ganz traurig und stundenlang weinen.«) In letzter Verzweiflung greifen wir sogar zu Drohungen. (»Wenn du heute abend nicht lieb und ruhig bist, mache ich dir dein ganzes Spielzeug kaputt.«)

Keine dieser Methoden hat Aussicht auf Erfolg. Erstaunlicherweise schafft man's manchmal viel besser mit schonungsloser Offenheit. Du setzt dich zu deinem Kind und sagst: »Hör mal, mein Liebling, dein Vater und ich werden nie wieder zusammen leben. Es hatte nichts mit dir zu tun, daß wir uns trennten. Und du kannst wirklich nichts tun, damit wir uns wieder so lieben wie früher. Also keine faulen Tricks mehr, okay?«

...und Hausfreund macht drei!

Was ist, wenn man als ledige Mutter plötzlich noch ein Kind hat, allerdings nicht im Kindesalter? Das Schlimmste, was einem widerfahren kann. Ich kenne einige ausgewachsene Männer, die sofort in den Zustand eines Zweijährigen zurückfallen, wenn sie sehen, daß ich meinem Sohn die Schnürsenkel zubinde.

»Da sie ihrem Sohn die Schuhe zuschnürt, kann sie's doch auch bei mir machen«, sinniert so ein großer starker Mann. »Und sie kann auch noch zwei, drei Lammkoteletts in die Pfanne schmeißen, da sie eh schon für ihr Kind kocht.«

Wenn sich dann herausstellt, daß ich nicht bereit bin, seine Schnürsenkel zuzubinden (natürlich nur im übertragenen Sinn), wird der große starke Mann griesgrämig. Er kann und will nicht begreifen, warum ich ihn nicht auch noch bemuttere.

Am besten ist in einem solchen Fall, du benimmst dich wie eine hysterische, ungezogene Dreijährige. Wenn er die Situation mit Humor meistert, ist noch nicht alles verloren. Mit ein bißchen Erziehung wird er vielleicht sogar der Richtige für dich.

Das Selbstmitleid der ledigen Mütter

Sei nicht traurig, wenn Männer sich zurückziehen, sobald sie erfahren, daß du Kinder hast. An solche Typen sollte man keinen Gedanken verschwenden.

Reiß dich am Riemen, falls du dich dabei ertappst, daß du verbittert und melancholisch wirst, falls du in Selbstmitleid schwelgst!

Du hast schließlich ein Kind, und Kinder sind etwas Wunderbares. Sie erzählen dir, wie hübsch du bist, wenn du dir gerade eingeredet hast, du seist ein fettes Scheusal. Sie spielen Monopoly mit dir und lassen dich meistens gewinnen. Sie sind ganz aus dem Häuschen, wenn's schneit. Sie leihen dir öfter mal ihren Teddybären. Sie lieben dich.

10.

Heikle Situationen

In diesem Kapitel habe ich die berühmte Wiener Psychologin Dr. Eva Rosa Anna von Sex Tips hinzugezogen, die sich großzügigerweise bereit erklärt hat, uns ihr unschätzbares Wissen mitzuteilen. Dr. von Sex Tips' Spezialität sind heikle Situationen im Leben der modernen Frau. Ich habe ihr eine Auswahl gängiger Situationen von der heiklen Art unterbreitet. Mal sehen, wie die alte Schachtel damit fertig wird.

LIEBE FRAU DR. SEX TIPS,
ein gräßlicher Heini hat sich in mich verliebt. Eigentlich ist er gar nicht so gräßlich, sondern ganz lieb, hat aber eine quälende Stimme und wiegt ungefähr ein Tonne. Ich dagegen schwärme für athletische Männer mit Baßbariton.

Ich will ihn nicht total vergraulen, da er im Kiosk an der Ecke arbeitet, wo ich immer meine Zigaretten kaufe. Sonst muß ich nämlich vier Häuserblocks weit laufen. Wie kann ich ihn auf elegante Weise abblitzen lassen?

C.J.

LIEBE C.J.,

Sie sollten sich mit solch vulgären und abwertenden Ausdrücken zurückhalten. Ihr Heini ist vielleicht der Traummann einer anderen Frau. Zufällig ist mir bekannt, daß Sie auf Cowboys mit Bauch und starkem Bartwuchs scharf sind. Ein Typ von Mann, auf den viele negative Bezeichnungen zutreffen würden.

Aber nun zur Taktik des »Abblitzenlassens«. Sie haben recht, daß Sie nicht sagen wollen: »Verpiß dich, du warziger Winzling, ich kann deine Fresse nicht leiden.« Das wäre weder zweckmäßig, noch freundlich.

Es gibt wirkungsvollere Möglichkeiten:

1. Spielen Sie verrückt. Erzählen Sie ihm, wie sehr Ihnen die vielen Mittagessen mit ihm gefallen haben. Fügen Sie hinzu, daß Ihr Therapeut, bei dem Sie sechsmal in der Woche sind, Ihnen vom Zusammensein mit ihm abrät. Hinterher sind Sie nämlich so überreizt, daß Sie wieder zu glauben beginnen, Sie seien doch eine Teekanne.

Sagen Sie ihm, daß Sie ihn für einen wundervollen Menschen halten und ihn nicht aufgeben wollen, aber Sie seien nunmal geisteskrank. Könne er Ihren Standpunkt verstehen und Ihnen verzeihen? Fände er es auch so komisch, daß Fliegen sich mühelos auf serbokroatisch unterhalten könnten?

Falls er immer noch nicht überzeugt ist, daß Sie irre sind, rufen Sie ihn am besten täglich um drei Uhr früh an und fragen ihn, warum so viele Leguane durchs Fenster herein- und herausfliegen.

2. Sagen Sie ihm, daß Ihr Herz nicht mehr frei sei. Es gehöre bereits Helmut, einem einsneunzig Meter großen Basketballspieler. Sonst würden Sie selbstverständlich auf seine schmeichelhaften Annäherungsversuche eingehen.

3. Behaupten Sie, Ihr Herz sei gebrochen. Sie schätzten seine freundschaftliche Zuneigung, seine Wärme, die Balsam auf Ihre Wunden sei. Aber Sie hätten erst vor kurzem so sehr gelitten, daß Sie sich nie mehr auf eine ernstere Beziehung einlassen wollten. Nein, nein, es täte Ihnen ja auch leid, aber es hätte einfach keinen Sinn. Sie kennen schließlich Ihr Herz, und das sei nunmal gebrochen. Sicher werde er allmählich liebevolle Gefühle für eine andere entwickeln. Daher sei es doch für alle Beteiligten am besten, jetzt gleich und für immer Schluß zu machen.

4. Gestehen Sie ihm, daß Sie leider lesbisch sind, so traurig

das auch sei. Mit dieser Begründung sollte man allerdings vorsichtig sein, denn viele dumme Heinis schlagen aus verletzter Eitelkeit zurück und prangern das betreffende Mädchen überall als Lesbe an. Das führt dann dazu, daß sich auf Parties nur noch Frauen an Sie ranmachen.

5. Versuchen Sie's mit der Wahrheit: »Bruno, ich habe lange nachgedacht. Sie sind ein netter Kerl, ein wahres Prachtstück. Aber irgend etwas fehlt einfach. Vermutlich liegt's daran, daß ich auf große, bärtige Cowboys fixiert bin. Meine Freunde halten mich sicher für verrückt, daß ich Ihnen einen Korb gebe, aber es bleibt mir nichts anderes übrig.«

Viele Männer werden zu eingebildet sein, um Ihnen zu glauben, aber es ist trotzdem einen Versuch wert.

Falls alles nichts nützt, bleibt noch eine letzte, endgültige Lösung:

Rufen Sie ihn drei-, vier- oder sogar fünfmal pro Tag an und erkundigen Sie sich, wie's ihm geht. Sagen Sie, daß Sie bald seine Mutter kennenlernen wollen. Vielleicht könnten Sie beide samt jeweiligen Müttern zusammen Rommé spielen? Fragen Sie weiter, ob er lieber gemustertes oder einfarbiges Porzellan mag. Hält auch er eine baldige Verlobung für das beste? Wie sehr liebt er Sie eigentlich? Weiß er's genau? Warum hat er dann nicht gestern abend angerufen, wenn er Sie so sehr liebt? Na schön, warum hat er's dann nicht öfter probiert? Was für Pläne hat er für den Sylvesterabend? Und wie ist es mit Neujahr? Wieviele Kinder will er haben? Hat er sich schon irgendwelche Namen ausgedacht? Wie wär's mit Cäsar und Nofretete? Oder mit Noah und Helena?

Jeder Mann, der noch einen Rest von Vernunft besitzt, wird auf solches Verhalten mit sofortiger Flucht reagieren.

LIEBE FRAU DR. SEX TIPS,
ich habe einen großen Fehler begangen.

Ich dachte an nichts Böses, als der Freund meiner besten Freundin mir plötzlich seine tiefe Leidenschaft gestand.

Ich war natürlich entsetzt. Aber auch geschmeichelt, das muß ich zugeben. Also ließ ich mich auf eine Affäre mit ihm ein.

Kurz darauf fand Fred *(der Name wurde geändert)* heraus, daß Berta *(der Name wurde geändert)* — welch Ironie des Schicksals! — ihn mit einem anderen Mann betrog.

Das hat Fred vollkommen umgehauen. Er drehte total durch. Um Berta zurückzukriegen, erzählte er ihr von unserer Affäre.

Ob Berta Schuldgefühle wegen ihrer eigenen Untreue empfindet, weiß ich nicht. Ich weiß nur, daß sie vor einem Monat versuchte, mich mit ihrem Auto zu überfahren. Wenn ich sie anrufe, hängt sie sofort ein. Kurzum, sie haßt mich.

Ich will aber nicht von ihr gehaßt werden! Fred, dieses Schaf im Wolfspelz, habe ich nicht wiedergesehen. Wie kann ich mit meiner besten Freundin Frieden schließen? Was kann ich tun, damit sie mir verzeiht?

MARIA

LIEBE MARIA,
sowas ist typisch für die heutige Zeit. Jeder tut, was er will, und ist dann beleidigt, wenn ihn jemand mit dem Auto zu überfahren versucht.

Wo sind Regeln und Anstandsformen geblieben?

Regel 1) Schlafen Sie nicht mit dem Liebhaber Ihrer besten Freundin. Das gehört sich einfach nicht. Stellen Sie sich den Liebhaber Ihrer besten Freundin als Eunuchen vor, oder als Wesen, das gar keinen Penis hat.

Wenn eine Frau in eine feste Beziehung einbricht, leidet sie letzten Endes immer am meisten. Selbst wenn Fred Ihretwegen Berta verlassen würde, hätten Sie immer noch Ihre beste Freundin verloren. Aber wahrscheinlich verläßt er sie sowieso nicht, und vielleicht wollen Sie's auch gar nicht. Was springt also bei der ganzen Konstellation für Sie raus? Nichts, wenn Sie ehrlich sind.

Regel 2) Lassen Sie's einem Mann nie durchgehen, daß er mit einer Affäre prahlt!

Fred ist ein Trottel, ein mieser Kerl oder beides. Man sollte ihn zur Strafe in heißem Öl sieden! Wenn er mit Ihnen schläft und es dann in alle Welt ausposaunt, verliert er automatisch jedes Anrecht auf anständige Behandlung. Er hat Sie wie einen Gebrauchsgegenstand benutzt und dann weggeworfen. Was kann man gegen ihn tun? Ihn lächerlich machen! Erwähnen Sie beiläufig Freunden und Bekannten gegenüber, daß er geschmacklose Netzunterwäsche trägt und eine widerliche Sorte von Minipudeln züchtet. Bestechen Sie die Portiers von schicken Lokalen, damit sie ihn nicht reinlassen. Sorgen Sie dafür, daß er möglichst oft auf Bananenschalen ausrutscht.

Nun zu Berta. Am besten eine Weile in Ruhe lassen! Sie können es ihr schließlich nicht verübeln, daß sie keine Lust hat, Sie zu sehen. Sobald anzunehmen ist, daß ihr Zorn etwas verraucht ist, rate ich zu folgendem Telegramm:

BERTA ICH VERMISSE DICH UND MUSS MIT DIR REDEN STOP WENN DU DICH WEIGERST MICH ZU TREFFEN LASSE ICH DIR JEDEN ABEND ZWANZIG PIZZAS IN DIE WOHNUNG SCHICKEN STOP WAS DANN? STOP ALLES LIEBE MARIA

LIEBE FRAU DR. SEX TIPS,
ich weiß nicht, was ich tun soll. Vielleicht mich umbringen? Oder lieber ihn? Ich weiß nur, daß jemand dran glauben muß. Aber sicher ist es besser, ich fange ganz von vorn an.

Ich bin seit acht Monaten mit Herwig liiert. Er hat immer behauptet, er würde nie eine andere Frau anschauen.

Aber genau das hat er getan. Als ich letzte Woche essen ging, sah ich plötzlich Herwig, der mit einer Blondine in einer lauschigen Nische saß. Ich war entsetzt, redete mir dann aber ein, es handle sich bestimmt um eine Kusine aus Hawaii, wo es Sitte ist, tiefe Ausschnitte bis zum Bauchnabel zu tragen. Zu meinem Entsetzen nahm Herwig dieses Weib aber plötzlich in die Arme und traktierte sie mit Zungenküssen.

Ein traumatisches Erlebnis! Zuerst war ich wie gelähmt, doch schließlich konnten mich meine Beine wieder tragen, und ich rannte schluchzend weg.

Seither ruft mich Herwig Tag für Tag an. Ich lege immer gleich auf, denn ich will ihn nie wiedersehen, obwohl ich ihn immer noch liebe. Deshalb möchte ich am liebsten sterben.
                                                                    HEIDI

LIEBE HEIDI
zuerst müssen Sie erkennen, daß Sie zwei (2) verschiedene Probleme haben: erstens einen Mann, der fremdgeht und zweitens unterdrückten Zorn. Am Zorn liegt's, daß Sie sterben wollen.

Das Dumme daran ist, daß Sie's verpfuscht haben. Sie waren am Schauplatz, hatten alle Beweise zur Verfügung, kriegten die Situation aber nicht in den Griff, sondern rannten einfach davon. Nicht gerade clever.

Wie verhält man sich in einer solchen Lage? Sie marschieren zu dem besagten Tisch hinüber und kippen ihn um. Wichtig ist dabei, daß mindestens drei Drinks, eine brennende Kerze und eine große Blumenvase dem Unhold in den Schoß fallen.

Es kann natürlich sein, daß Sie jede Gewalt ablehnen. Dann empfiehlt es sich, mit grimmigem Lächeln an den Tisch des Schürzenjägers zu treten und einige sarkastische Bemerkungen zu machen. Die wirken verheerender als fast alles andere.

Falls dieses miserable Geschöpf wieder anruft, sollten Sie nicht einfach auflegen. Sagen Sie ihm lieber, was Sie von seinem Benehmen halten. Kein Gewimmer und Geschluchze! Sprechen Sie mit kühler, distanzierter Stimme. Wimmern und Schluchzen deuten auf Schwäche hin und fordern den anderen auf, auch weiterhin ekelhaft zu sein.

Falls er's wagt, Ihnen Eifersucht vorzuwerfen, können Sie ruhig einen Schreikrampf kriegen. Eifersucht gehört zu den wenigen noblen Gefühlen, die wir heutzutage noch haben. Jemand, der angeblich nie eifersüchtig ist, lügt entweder oder hat einen Dachschaden.

»Natürlich bin ich eifersüchtig, du Schweinehund!« schreien Sie erbost. »Wag es ja nicht, mir auch noch Vorwürfe zu machen, oder ich spieße dich mit einer rostigen Mistgabel auf.«

Geben Sie ihm sofort den Laufpaß, falls er sich durch Lügen aus der unangenehmen Situation befreien will oder dreist behauptet, er hätte nichts Unrechtes getan. Ist er zerknirscht und verspricht, es in Zukunft mit der Treue ernster zu nehmen, soll er bei Ihnen ruhig noch eine Chance kriegen.

LIEBE FRAU DR. SEX TIPS,
ich lebe seit drei Jahren mit Francis zusammen. Das erste Jahr war das reinste Paradies. Francis ist gut, gescheit, treu und liebt mich über alle Maßen.

Aber ich langweile mich tödlich. Also habe ich angefangen, Briefmarken zu sammeln und gehe viermal pro Woche zum Friseur. Wenn Francis noch einmal sagt: »Willst du heute Denver sehen oder was sonst?« kann ich mich sicher nicht mehr beherrschen. Ich werde mit einem Fleischklopfer auf ihn losgehen.

Eine Zeitlang hatte ich Angst davor, ihn zu verlassen und allein zu leben. Ich hatte Angst, daß mit mir etwas nicht stimmt, und nicht etwa mit ihm.

Aber so ist es nicht. Ich bin ganz in Ordnung und will weg, weg, weg!

Ich schaff's aber nicht, ihm reinen Wein einzuschenken. Soll ich's ihm sagen, während er vergnügt summend seinen Morgenkaffee trinkt und die ewige langweilige Toastscheibe ißt? Soll ich's ihm sagen, wenn er gegen 19 Uhr 30 vom Fitneßcenter zurückkommt und fragt: »Was gibt's zu essen, Schatz?« Soll ich's ihm sagen, nachdem er um 21 Uhr 30 den Abfall runtertrug?

Alles in unserem Leben ist gräßlich normal und prosaisch. Ich kann mir nicht vorstellen, etwas so Dramatisches zu äußern wie: »Francis, ich verlasse dich.« Was soll ich tun?

ELISABETH

LIEBE ELISABETH,
es gibt keinen idealen Zeitpunkt, um mit jemandem zu brechen. Wann Sie's ihm auch sagen, Sie werden ihm garantiert den Tag ruinieren.

An Ihrer Stelle würde ich »Willst du heute Denver sehen?« als Stichwort nehmen.

»Nein, Francis«, würde ich sagen. »Heute schauen wir uns kein Denver an. Heute teilen wir unseren Philodendron und überlegen uns, wer was bekommt, wenn ich hier ausziehe.«

Vielleicht antwortet Francis: »Gott sei Dank, daß du's zur Sprache bringst. Ich quäle mich nämlich seit Monaten damit herum, hatte aber nie den Mut, es dir zu sagen.« Aber vermutlich wird er nicht so reagieren.

Viel eher wird er mit Selbstmord drohen, und dann müssen Sie so lieb und behutsam wie möglich mit ihm reden. Verlassen zu werden ist ein schrecklicher Schlag für jeden Mann. Wir können froh sein, daß uns niemand wegen Körperverletzung und Mißhandlung verhaftet.

Sie müssen unbedingt standhaft bleiben. Wenn Francis Sie behalten will, wird er jeden möglichen und unmöglichen Trick versuchen. Er wird sich im Bad einsperren und weigern, wieder herauszukommen. Er wird Sie im Bad einsperren. Er wird seine Mutter, seinen Vater, seine sämtlichen Verwandten vor Ihnen aufmarschieren lassen, damit sie Ihnen etwas vorweinen. Er wird Ihren Pfarrer anrufen, ins Bett pinkeln, die ganze Nacht durchsaufen und um zehn Uhr morgens vor Ihrer Wohnungstür zusammenbrechen. Er wird Heroin und andere Drogen nehmen. Er wird neue Sextechniken einführen wollen und Sie ständig mit nostalgischen Erinnerungen quälen.

All das darf Sie nicht mürbe machen! Seien Sie zwar weiterhin nett und freundlich zu ihm, mehr aber auch nicht. »Ja, Francis, natürlich erinnere ich mich an jenen Abend, als ich beschwipst war, mir einen Lampenschirm auf den Kopf setzte und mich von dir im Schneesturm nach Hause tragen ließ. Trotzdem muß ich gehen. Es ist sehr wichtig für meinen emotionalen Reifeprozeß.«

Ihr emotionaler Reifeprozeß kann ruhig öfter erwähnt werden. Sie wollen Francis ja keine Schuld zuschieben. Wenn er ein betrügerischer, gemeiner und brutaler Kerl wäre, sähe die Sache ganz anders aus. Aber Francis ist kein brutaler Kerl, sondern ein Langweiler. Also ist es gar nicht schlecht, viel über Ihre seelische Unreife zu faseln und über die dringende Notwendigkeit, mehr Freiraum zu haben.

Vielleicht nimmt er's Ihnen nicht ganz ab, hat dann aber wenigstens etwas, das er seinen Sportsfreunden erzählen kann. Das ist sehr wichtig. Falls sich jemand nach Ihnen erkundigt, wird er sagen: »Elisabeth braucht angeblich mehr Freiraum für sich. *Freiraum!* Frauen sind schon merkwürdige Wesen!« Dann nicken alle Sportsfreunde weise, geben ihren Senf dazu über die Psyche der Frau und fordern Francis zu einem anstrengenden Tennismatch heraus, damit der arme Kerl auf andere Gedanken kommt.

Wenn Sie die Bombe hochgehen lassen, müssen Sie ausziehen. Ihre Wohnung wird sonst zum Leichenschauhaus Ihrer Beziehung. Falls Sie nicht alle Habseligkeiten gleich mitnehmen können, dann wenigstens die Wertsachen, falls Sie welche haben. Bei verlassenen Männern muß man mit dem Schlimmsten rechnen. Es kann passieren, daß Sie zurückkommen, um Ihren Schmuck abzuholen, doch der liebe Francis hat ihn inzwischen eingeschmolzen.

Nach dem Auszug werden bald die ersten Zweifel kommen. Nach ca. zwei Wochen werden Sie wehmütig, wenn Sie an Francis (der gute, alte Francis!) mit dem Mülleimer denken. Sie werden sich fragen, was Ihnen eigentlich eingefallen ist, einen so netten Kerl zu verlassen. Und dann sehen Sie eines Tages auf der Straße Francis Arm in Arm mit einer hübschen Dunkelhaarigen. Wie Schuppen fällt es Ihnen von den Augen. Was für eine Idiotin sind Sie gewesen, als Sie sich von ihm trennten!

LIEBE FRAU DR. SEX TIPS,
kommt je was dabei heraus, wenn man eine Affäre mit einem verheirateten Mann hat?

Ich muß gestehen, daß ich's durchaus erwäge. Ich denke sogar ständig darüber nach. Um ehrlich zu sein, ich habe schon eine solche Affäre.

Bertram entspricht nicht dem typischen Klischee eines Ehemanns. Er versucht mir nie einzureden, daß seine Frau ihn nicht versteht. Er nimmt mich nie in billige Absteigen mit. Er betrinkt sich nicht sinnlos, schluchzt mir nichts vor und will mir auch keine Fotos von seinen Kindern zeigen. Er läßt mir nicht durch seine Sekretärin Blumen zuschicken.

Betram ist aufrichtig, sehr sexy, politisch in Ordnung, sensibel, intelligent und reich. Und verheiratet. O Gott, was tue ich bloß?

Was ist, wenn er seine Frau meinetwegen verläßt? Was ist, wenn er sie nicht verläßt?

GUDRUN

LIEBE GUDRUN,
manchmal empfinde ich (auch Frau Dr. Sex Tips hat nämlich Empfindungen!), daß verheiratete Männer, was unverheiratete Frauen betrifft, eine Geißel der Menschheit sind, die Pest schlechthin!

Zu anderen Zeiten bin ich milder gestimmt und empfinde sie nur als minimale Störfaktoren, winzige Krabbeltiere, die man mit dem Fuß zerquetschen muß.

Hier meine Begründung:

Sehr rasch wird ein verheirateter Mann — manchmal schon in den ersten zehn Minuten — Ihnen seine Liebe gestehen. Seine Augen werden wässrig und verträumt sein, und er wird Ihnen langstielige Rosen und eiskalten Champagner überbringen lassen. Ist er ein kluger verheirateter Mann, erwähnt er seine Frau und ihr Unverständnis für ihn gar nicht, denn solche abgeleierten Klischees könnten zu diesem Zeitpunkt katastrophal wirken, wie er weiß. Er wird Ihnen vorschlagen, gemeinsam nach Paris zu fahren. Er wird behaupten, noch nie jemanden wie Sie kennengelernt zu haben. Er wird Ihre Schönheit preisen, Ihnen seine lodernde Leidenschaft beichten, wird überlegen, wie Ihre Kinder wohl aussehen würden und sich vielleicht so weit versteigen, von benachbarten Grabstätten zu faseln.

Ein verheirateter Mann *kann* sehr intensiv und sehr draufgängerisch sein. Er ist zu gut und zu romantisch, um wahr zu sein. Selbst das vernünftigste Mädchen läßt sich von so einem Supermann mitreißen und träumt von einer gemeinsamen Zukunft.

Natürlich ist er tatsächlich zu gut, um wahr zu sein. Die Intensität eines verheirateten Mannes (er empfindet sie tatsächlich, darin lügt er nicht) wird ein Junggeselle nur selten aufbringen. Ein verheirateter Mann kann so intensiv werden, wie er will, denn er ist ja in Sicherheit. Heimlich lauert im Hintergrund immer seine Ehefrau.

Was heißt hier Ehefrau, höre ich Sie sagen, Sie ist nicht so hübsch wie ich, sie ist älter, zieht sich schlecht an. Sie hat eine doofe Frisur. Was hat sie denn, was ich nicht habe?

Sie hat einen Ehemann, ja, den hat sie. Den echten »ungeschminkten« Mann, der sich beim Frühstück bitter beklagt, weil er nur blaue Hemden hat, die er nicht ausstehen kann. Der Mann, der seine Brötchen in den Kaffee tunkt. Der Mann, der einen Wutanfall kriegt, wenn das Ei zu weich gekocht ist.

Eine Ehefrau dient dem Mann als Sicherheitsnetz. Mit Ihnen kann er aufregend, stimmungsvoll, romantisch und ein leidenschaftlicher Liebhaber sein. Ein Ausbund an Sensibilität! Warum? Weil er Sie nicht *braucht* ,denn er hat ja sein Frauchen zu Hause hocken, die ihm das Nest warm hält. Er hat nichts zu verlieren. Er hat alle Trümpfe in der Hand.

Vielleicht ist es Ihnen sogar egal. »Soll er doch ruhig beides haben«, denken Sie großmütig. Aber Sie müssen sich noch mit einem ganz anderen Problem herumschlagen.

Mit erzwungener Passivität.

Sie können einen verheirateten Mann nicht immer anrufen, wenn Sie wollen. Falls um drei Uhr früh ein Heer von Kakerlaken Ihre Wohnung überfällt, kriegen Sie wohl kaum einen verheirateten Mann dazu, Ihnen ritterlich zu Hilfe zu eilen. Jede Terminverschiebung ist schon ein kleines Drama.

Rechnen Sie mal aus, wieviel Zeit Sie mit Warten verbringen. Alles muß sich nach ihm richten. »Wann kannst du weg?« werden Sie dauernd fragen. Oder auch: »Ach, es klappt also doch nicht? Na ja, Filet Wellington läßt sich vermutlich ganz gut einfrieren.«

Solch erzwungene Passivität verursacht bei jeder Geliebten allmählich miese Stimmung. Sie verabscheut seine Ehefrau immer mehr, was sie wiederum ärgerlich auf sich selbst macht, da die Ärmste ja nichts dafür kann. Es ist sein verdammter Fehler! Wenn sie dann erkennt, daß es auch nicht seine Schuld ist, wird sie noch grantiger. Kein Mensch hat sie gezwungen, mit dem Kerl eine Affäre anzufangen.

Kommen wir zu Ihnen zurück. Bald werden Sie sich für einen Dummkopf, einen gutmütigen Trottel, einen Masochisten halten. Sie werden Löcher in die Luft starren und sich nach einer Welt sehnen, wo es überhaupt keine verheirateten Männer gibt. Ihrem Gefühl nach sind Sie nur noch »die andere« und vergessen ganz Ihre sonstigen Qualitäten.

Zu den immer stärker werdenden Zweifeln kommt eine neue Angst hinzu. Die Angst, er könnte seine Frau tatsächlich Ihretwegen verlassen und damit alles ruinieren.

Sobald ein Mann Ihretwegen seine Frau verlassen hat, verwandelt er sich in einen neuen Menschen, den Sie gar nicht kennen.

Verschwunden ist Ihr heißblütiger, romantischer Liebhaber. Die Blumen, die geflüsterten Zärtlichkeiten und die leidenschaftlichen Liebesnächte werden abgelöst vom Gemecker über blaue Hemden und zu weich gekochte Eier.

Niemand ist unsicherer und unausgeglichener als ein Mann, der gerade seine Frau verlassen hat. Er ist ängstlich, nervös, entwurzelt und hofft, bei Ihnen neue Sicherheit zu finden. Wenn ihm ab und zu der Gedanke kommt, er habe vielleicht einen Riesenfehler begangen, ruft er Sie garantiert an und will von Ihnen hören, wie sehr Sie ihn lieben.

Zu Anfang werden Sie vielleicht gerührt sein. Mit der Zeit bekommen Sie dann Erstickungsangst und würden am liebsten auf und davon rennen.

Was dann?

Wenn man sich unbedingt mit einem verheirateten Mann einlassen will, sollte man keine feste Bindung wollen. Etwas Zuneigung und eine gewisse Intimität müssen genügen.

Ich selbst habe so etwas einmal durchgemacht und mich ständig über meine Dummheit geärgert. Eines Tages wurde mein verheirateter Freund beim Monopoly sauer, weil ich irgend etwas Falsches gesagt hatte. Er schaute mich mißbilligend an. »Du hast doch im Moment nichts anderes laufen, oder irre ich mich?«

»Nein, es gibt keinen anderen«, gab ich wahrheitsgemäß zu.

»Dann halt gefälligst den Mund. Du kannst bei mir bleiben, bis dir ein besserer über den Weg läuft. Ich bin zwar mit einer anderen Frau verheiratet, liebe dich aber wenigstens.«

Mir klappte der Unterkiefer runter!

LIEBE FRAU DR. SEX TIPS

ich liebe einen Schwulen.

Genauer gesagt ist er nicht ganz schwul, denn er hatte immerhin zwei Affären mit Frauen.

In den letzten Jahren beschränkten sich seine sexuellen Aktivitäten allerdings auf Männer. Trotzdem glaube ich, daß er mich liebt. Wenn wir zusammen sind, schaut er mich unverwandt an, hält meine Hand, beugt sich zu mir und küßt mich. Er wird auch eifersüchtig, wenn er mich mit anderen Männern sieht. Und damit meine ich richtig eifersüchtig — mit Geschimpfe, Gebrüll, mit schlechter Laune.

Ich denke Nacht für Nacht an ihn. Unaufhörlich. Wir waren noch nie miteinander im Bett, aber er macht immer Andeutungen, daß er gern würde. Vermutlich hat er Angst. Wie kann ich ihn ermutigen?

SIGI

LIEBE SIGI

man sollte sich nie in einen Schwulen verlieben, bevor man mit ihm geschlafen hat.

Ich zweifle nicht im geringsten daran, daß er Sie liebt. Schwule verlieben sich häufig in Frauen. Vermutlich träumt Ihrer davon, wie Sie in durchsichtigen Gewändern durch blühende Sommerwiesen laufen. Aber wird's zwischen euch klappen?

Es gibt viele solcher Beziehungen. Der Schwule liebt eine Frau wegen ihrer Sensibilität, und sie liebt ihn wegen seiner. Sie lachen an denselben Stellen im Kino und hassen die gleichen dummen Witze. Sie verlieben sich. Manchmal schlafen sie sogar miteinander.

Meistens kommt es zu diesem Betterlebnis, weil die Frau solch eine ungewisse Situation nicht mehr länger erträgt. Also behauptet sie eines Nachts beim Verlassen einer Bar, sie hätte ihren Hausschlüssel verloren.

»Kein Problem. Dann übernachtest du eben bei mir«, meint

der Schwule. Die Frau stimmt zu. Sie fahren zu seiner Wohnung. Er zaubert in der Küche noch einen kleinen Imbiß, sie blättern gemeinsam in dem neuesten Kunstmagazin, bewundern seine Art-Déco Sammlung von Salzstreuern und ziehen das I Ging zu Rate.

Dann ist es Zeit, zu Bett zu gehen. Er zieht sich bis auf den Slip aus und schlüpft unter die Decke. Die Frau folgt gehorsam seinem Beispiel. Er legt ihr den Arm um die Schultern, sie kuschelt sich an ihn. Er streicht ihr übers Haar, sie befühlt anerkennend seinen Bizeps. Er schläft ein.

Eine meiner Klientinnen war jahrelang in einen Schwulen verliebt. Sie schilderte mir die unangenehmen Szenen, die es gab, wenn sie ihn am ewigen Einschlafen hindern wollte.

»Einen Schwulen dazu zu bringen, mit dir zu schlafen, ist kein angenehmes Erlebnis«, sagte sie bitter.

Auf jede Frau wirkt es wie eine brutale Zurückweisung, wenn ihr schwuler Partner keine Erektion zustande bringen kann oder will. Es nützt gar nichts, daß er ihr immer wieder versichert, wie sehr er sie liebt. Er ist auch nicht bewußt grausam, aber irgendwie ist er's eben doch. Wenigstens die Verführertypen unter den Schwulen sind's. Diejenigen, die so tun, als könnte es doch noch klappen.

Lassen Sie Ihren Schwulen lieber sausen. Falls er dann bei Ihnen auftaucht, Sie ums Bett herumjagt und Ihnen die Kleider vom Leib reißt, können Sie's sich ja immer noch anders überlegen.

LIEBE FRAU DR. SEX TIPS,
ständig wird einem gepredigt, man solle ja nicht mit einem Arbeitskollegen ein Verhältnis anfangen.

Stimmt das denn wirklich? Ich lebe in der Großstadt und lerne praktisch nur Männer kennen, die in meiner Firma arbeiten. Natürlich könnte ich auch in Discos gehen, aber die Idee behagt mir nicht besonders.

Seit kurzem fühle ich mich sehr von meinem Boß angezogen. Von Tag zu Tag kommen wir einander näher, werden vertrauter. Ich weiß, daß ich ihn nur ein klein wenig ermutigen muß, und schon hätten wir eine Liebesgeschichte.

Soll ich ihm diese Ermutigung geben?

BRIGITTE

LIEBE BRIGITTE,

das hängt von einer entscheidenden Frage ab. Können Sie's sich leisten, Ihren Job zu verlieren?

Haben Sie eine ältliche Mutter und drei unverheiratete Tanten, die Sie unterstützen müssen? Lieben Sie Ihren Job? Gibt er Ihnen inneren Frieden, verschafft er Ihnen Selbstbewußtsein und Geltung? Sind Sie nur auf Probezeit eingestellt?

Ja? Dann schlagen Sie sich Ihren Boß aus dem Kopf. Wenn's um Sex oder ums Überleben geht, muß man sich leider Gottes fürs Überleben entscheiden.

Falls Ihr Job aber nicht *so* wichtig für Sie ist, dann können Sie's ruhig auf einen Versuch ankommen lassen. Allerdings ist es immer besser, nur mit jemandem zu schlafen, der einen nicht feuern kann. Freunden Sie sich lieber mit einem aus der Buchhaltung an. Der kann Ihnen dann gleich bei Ihrer nächsten Steuererklärung helfen.

Hören Sie nicht auf die albernen Besserwisser, die behaupten, man solle sich mit niemandem am Arbeitsplatz einlassen. Was wissen die schon davon?

Wenn man sich täglich begegnet, können sich Beziehungen ganz zwanglos entwickeln. Natürlich hat das enge Aufeinanderhocken auch seine Nachteile. Ist eine Affäre beendet, kann man sich nicht einfach aus dem Weg gehen, wie man's gerne täte. Aber was soll's!

In einer Kleinstadt, wo jeder jeden kennt, ist es schließlich auch nicht viel anders.

11.

Sex Tips Teil C
— Deine Qualitäten
im Bett

Es schadet natürlich nichts, alle Sex-Tricks zu kennen, die je von Frauen angewandt wurden. Aber im Grunde sind nur zwei Eigenschaften wichtig, um eine sinnliche Frau zu sein: richtiges Benehmen und Leidenschaft.

Richtiges Benehmen

Unbekleidete Menschen neigen dazu, alles sehr persönlich zu nehmen. Da durch Nacktheit eine gewisse Zwanglosigkeit entsteht, muß man besonders strikt auf richtiges Benehmen achten.

Die goldene Regel (ich wiederhole sie, falls ihr sie vergessen habt: Sei zu anderen so, wie sie zu dir sein sollen!) muß unbedingt eingehalten werden. Sei höflich, sei liebenswürdig. Unhöflich ist es,
— lachend auf den Penis zu deuten
— in herzzerreißendes Schluchzen auszubrechen
— zu sagen, daß dein Mann es genauso macht
— über »wunde Punkte« zu diskutieren
— irgendeine Sexbombe zu imitieren
— zu schnarchen, wenn dein Partner noch den Kopf zwischen deinen Beinen hat
— zu fragen, ob er schon in dir drin ist.

Falls du die Beziehung zu einem Mann abbrechen willst, empfiehlt es sich, einen oder sogar mehrere der eben genannten Fehler zu begehen. Schon *ein* solcher Patzer läßt ihn Hals über Kopf flüchten, das garantiere ich.

Leidenschaft

Behalte deine Freude am sinnlichen Genuß nicht für dich. Ich erinnere mich an eine Bekannte, zu der ein Mann mal sagte, daß sie einmalig im Bett wäre.

»Warum denn?« fragte sie. »An mir ist doch gar nichts so besonders. Warum also?«

»Weil's dir solche Freude macht, gefickt zu werden.«

Denkt mal darüber nach. Nichts erregt uns so sehr wie ein Mann, der vor Begierde fast außer sich ist. Gibt uns ein Mann zu verstehen: »Wenn wir es jetzt nicht auf der Stelle machen, springe ich aus dem Fenster«, schmeichelt uns das sehr und heizt uns an.

»Wie drückst du deine Freude am Sex denn aus?« erkundigte ich mich neugierig bei dieser Bekannten.

»Na ja, ich stöhne, schreie und winde mich ziemlich viel. Manchmal beiße ich vor Lust auch zu. Dann wieder bitte und flehe ich um mehr . . .«

»Du bittest und flehst tatsächlich?«

»Klar. Das Bett ist der einzige Ort, an dem du ruhig gierig sein kannst. Also sage ich meinem Partner, er dürfe nicht aufhören oder ich würde sterben. Ach ja, da fällt mir noch was Wichtiges ein. Ich mache ihm klar, daß ich nicht etwa bei jedem Mann so geil bin wie bei ihm.«

»Stimmt das denn?«

»Ja. Nur bei ihm stöhne, schreie und bettle ich um mehr. Er ist nämlich der tollste Liebhaber, den man sich nur vorstellen kann, und das soll er ruhig wissen.«

»Wie ist seine Telefonnummer?« fragte ich.

Trotzdem gibt's einige »Liebestechniken«, die eine Frau beherrschen sollte:

Oraler Sex

Nimm den Penis in deinen Mund und sauge daran.

Guter Oraler Sex

Es ist wirklich wie bei der Sprache. Damit es Spaß macht, mußt du es beherrschen. Und um es gut zu können, brauchst du neben einer positiven Einstellung (laß es dir nie aufdrängen!) und einer gewissen Begabung (die jede hat, die ein Eis lutschen kann) doch auch einiges Wissen und vor allem viel, viel Praxis.

Zuallererst muß man ein Verständnis für die Psyche des Penis entwickeln.

Ein Penis ist auf dem Weg zum Höhepunkt fest, standhaft, zielstrebig und rücksichtslos, gleicht aber in den ersten Stadien der Erektion eher einem zarten Pflänzchen. Du mußt sanft und behutsam mit ihm umgehen, mußt ihn aufpäppeln, bis er groß und stark wird.

a) Beginn damit, ihn liebevoll zu lecken. Der Kopf des Penis wird freudig erregt werden, wenn er mit einer Art sachter Kreiselbewegung geleckt wird.

b) Nachdem du deine Aufmerksamkeit der Eichel gewidmet hast, wirst du auf der Unterseite einen länglichen Wulst entdecken, dem du genauso viel Zeit widmen solltest. Wenn die Zunge an dieser Stelle leckt und drückt, fängt der Penis vor Erregung an zu pulsieren. Der Penisbesitzer wird unzusammenhängendes Zeug stammeln, aus dem du heraushörst, daß er dir einen Smaragdring schenkt, wenn du nur ja nicht aufhörst.

c) Hör plötzlich auf und nimm den Penis so weit in den Mund, wie's geht. Er wird sich wundern, warum er nicht selbst auf diese Idee gekommen ist. Saug zärtlich daran, als wäre er ein besonders wohlschmeckender Lollypop.

Inzwischen müßte der Penis eigentlich voll erigiert sein. Falls nicht, wiederhole a), b) und c).

d) Verstärk dein Saugen, wenn er dem Aussehen nach steif genug ist. Der durchschnittliche Penis — im Gegensatz zur durchschnittlichen Klitoris — verlangt nach einer guten Dosis Druck. Er ist irritiert, wenn er nur mit zarten, ätherischen Bewegungen gestreichelt wird. Saug also ruhig so fest, wie du nur magst. Ist er zu groß, um ganz in deinem Mund Platz zu haben (was hoffentlich der Fall ist), kannst du deine Hand zu Hilfe nehmen. Dem Penis gefällt das gut. Er wird sich wunderbar verwöhnt vorkommen — die Eichel in deinem Mund, der Rest liebevoll von deiner Hand massiert.

e) Laß dich von deiner Leidenschaft mitreißen. Deine Hände sollten sich auch mit den umliegenden erogenen Zonen beschäftigen, laß aber bitte deine Zähne aus dem Spiel. Die meisten Männer bekommen Angst, wenn sie spüren, wie an ihrem Prachtstück herumgeknabbert wird. Du könntest ja plötzlich durchdrehen und zubeißen...Angst wirkt ausgesprochen dämpfend auf die Erregung. Verzichte also auf ausgeklügeltes Penisnagen, es sei denn, du wirst *schriftlich* von deinem Partner dazu aufgefordert.

f) Die Hoden haben es auch sehr gern, ein bißchen gestreichelt und geleckt zu werden. Sie werden sogar sauer, wenn du dich überhaupt nicht um sie kümmerst. Geh aber behutsam mit ihnen um.

g) Inzwischen ist es soweit, daß du dir eine entscheidende Frage stellen mußt: »Beschränke ich mich jetzt darauf, die beste Französisch Nummer der Schöpfung zu bieten oder ist mir danach, größere und weitaus phantastischere Dinge geschehen zu lassen?« Oder kürzer gesagt: »Will ich, daß mein Geliebter in meinem Mund kommt?«

Wenn nicht, darfst du ihn nur spielerisch liebkosen. Festes, rhythmisches, immer rascheres Saugen bringt einen Penis völlig aus der Fassung, und er wird explodieren, bevor er weiß, wie ihm geschieht.

Es gibt einen Moment vor dem Finale, wo du dich noch einigermaßen taktvoll zurückziehen kannst. Der Moment, von dem aus es kein Zurück mehr gibt, ist gekommen, wenn der Penis ums Doppelte anzuschwellen scheint und immer fordernder wird, während die Hoden klein, fest und schrumpelig werden. Wenn es *soweit* ist, mußt du dich aufs Schlucken gefaßt machen.

Schlucken

Für manche Frauen ist Sperma-Schlucken ein Schmaus, für andere ist es nichts Besonderes und manche ekelt schon der Gedanke. Sie haben Angst, sich übergeben zu müssen, wenn's dazu kommt.

Diese Angst ist nicht ganz unbegründet. Du mußt ja auch würgen, wenn du dir einen Finger in den Hals steckst. (Es gibt Mädchen, die sowas tun, nachdem sie einen ganzen Schokoladenkuchen verschlungen haben.) Läßt man dem Penis seinen Willen, benimmt er sich wie der besagte Finger — er wird tief in deine Kehle stoßen.

Deshalb mußt du ihm gleich zeigen, wer hier Herr und Meister ist. Sobald der Penis versucht, einen weiteren Zentimeter an Terrain zu gewinnen, stoppst du mit der vorgewölbten Zunge und durch Zurückziehen deines Kopfes seinen Vormarsch.

Wenn die berühmte Flut dann endlich kommt — keine Panik! Versuch nicht, sofort zu schlucken. Werde dir erst mal über die Situation klar! Laß das Sperma einen Moment im Mund, damit du kapierst, daß es kein Liter ist, wie du anfangs befürchtetest. Es ist lediglich ein Eßlöffel einer leicht herb schmeckenden Flüssigkeit. Stell dir ja nicht vor, wie winzige, kaulquappenartige Spermatozoen in deinem Mund herumwuseln! Denk lieber, du kostest von einem exotischen Gelee (immerhin sollen nach neuesten Forschungen außer allen möglichen Eiweiß- und Zuckerschleckereien sogar Goldspuren enthalten sein...). Dann wird das Schlucken keine großen Schwierigkeiten mehr machen. Du kannst ja vorsorglich mal mit Austern üben.

Und noch eins muß man heutzutage wohl hinzufügen: Wenn der Mann gesund ist, ist's auch sein Sperma. Wenn du dessen nicht ganz sicher bist oder ihn sowenig kennst, daß du es gar nicht beurteilen kannst: Laß es lieber ganz bleiben!

Manche Mädchen spucken das Sperma aus — denen fehlt der richtige Sportsgeist. Dein Partner ist bestimmt tief deprimiert, wenn du grün im Gesicht wirst, die Augen verdrehst und in einen Zipfel der Bettdecke sabberst.

Französisch für Fortgeschrittene

Wir sprachen von einer wirklich großartigen Geschichte, als wir anfingen. Die wird es dann, wenn du zu diesem Zeitpunkt nicht nur ans Schlucken denkst. Denke wieder an den Penis. An seine Psyche. Wenn du ihn abrupt verstößt, wird er traurig sein. Er liebt es unendlich, nach einer kleinen Pause (während der du ihn *ganz ruhig* im Mund behältst — denn für einen Moment ist er total überempfindlich und verträgt keine weiteren Reizungen mehr) ganz zart abschleckst und ihm klar machst, daß du dir auch keinen einzigen Tropfen entgehen läßt ... Sobald der Mann wieder bei Bewußtsein ist, wird er dir sagen, wie einzigartig du bist.

Deep Throat

Deep Throat war der Titel eines berühmt-berüchtigten Films. Seither ist er ein fester Begriff und geistert noch immer durch die Pornoszene.

Bewerkstelligt wird's mit Spiegeln. Wenn der Pornoregisseur »Aufnahme!« schreit, legt sich die spärlich bekleidete Hauptdarstellerin unter das pulsierende Glied des männlichen Stars und schiebt den Penis geschickt hinter ihrer Wange vorbei. Die Heerscharen geiler Gaffer, die sich solche Filme anschauen, werden durch diesen Trick total eingeseift.

Die einzigen menschlichen Wesen, die einen Penis tief in sich hineinsaugen können, sind Schwertschlucker. Da diese Burschen meistens verschwitzt und auch noch tätowiert sind, verzichtet der durchschnittliche heterosexuelle Mann vermutlich lieber darauf, sich mit ihnen einzulassen.

Wie man einen Mann zum oralen Sex verführt

Manche Männer lieben oral-genitalen Sex und werden bei der kleinsten Ermunterung tief hineintauchen. Falls du einen solchen Mann kennenlernst, behandle ihn gut. Stopf ihn mit Kaviar und Champagner voll und sorg dafür, daß deine Freundinnen ihn nicht zu sehen kriegen.

Viel häufiger trifft man auf einen Mann, der davor zurückschreckt. Er wird im entscheidenden Moment verstohlen auf die Uhr sehen und von irgendwelchen wichtigen Verabredungen faseln. Es ist geradezu Pflicht jeder Frau, solche Männer zu bekehren.

Hier einige Vorschläge:

— Verrat ihm, daß Burt Reynolds bekannt dafür sei, lieber zu sterben, als einem Mädchen nicht diesen Gefallen zu tun.

— Schau träumerisch in die Ferne und sag: »Du bist ein Schatz, Bruno, und ich mag dich sehr gern. Aber leider wird mich wohl kein Mann ganz befriedigen können. Obwohl ... Vor Jahren gab's mal einen Mann, der darin ideal war. (Ein kleines wehmütiges Lächeln wäre jetzt nicht schlecht!) Er steckte den Kopf zwischen meine Beine und, oh, er leckte so wunderbar. Ich war halbverrückt vor Lust, Bruno. Ich wurde zu einem willenlosen Geschöpf, so einmalig war es. Ich kann mir nicht vorstellen (das nächste wehmütige Lächeln!), daß ich je wieder solche Leidenschaft empfinde.«

— Behaupte ihm gegenüber kühn, du hättest irgendwo gelesen — vielleicht in »Capital« —, daß nur solche Männer Spitzenpositionen in der Industrie bekämen, die perfekt Französisch können.

— Bummle mit deinem Partner die Straße entlang und warte ab, bis du ein Prachtstück von Mann erblickst. Deute auf ihn und sag: »Sieht Marcello nicht toll aus? Kein Mensch käme auf die Idee, daß er schon siebenundsechzig ist. Du etwa? Die Ärzte waren anfangs auch ganz ratlos, fanden dann aber heraus, daß die Vagina ein spezielles Enzym ausscheidet, das verjüngend wirkt. Seltsamerweise kann es vom menschlichen Organismus nur aufgenommen werden, wenn die Zunge die Klitoris leckt. Je mehr man die Zunge in raschen, leichten Bewegungen einsetzt, desto besser kann das Enzym vom Blutkreislauf absorbiert werden. Marcello hat dieses Enzym seit Jahrzehnten eingesaugt.«

— Leg dich mit dem Kopf ans Fußende des Bettes.

— Behaupte, daß jeder Spieler der Bundesliga, der Cunnilingus nicht beherrscht, geächtet und aus der Mannschaft verbannt wird.

Falls das alles nichts nützt, kannst du immer noch bitten und flehen.

Gespräche über deine sexuellen Bedürfnisse

1. Sei taktvoll.

Wenn du eine Freundin triffst, wirst du das Gespräch beginnen, indem du sie fragst »Wie geht's?« und auf ihre Antwort warten. Üblicherweise wird sie nun sagen: »Gut — und wie geht's Dir?« Dann — und erst dann — wirst du ihr berichten, daß dein Friseur Amok gelaufen ist und du ernsthaft überlegst, dich von dieser Welt zu verabschieden.

Es gibt überhaupt keinen Grund, anders vorzugehen, wenn du deinen Liebhaber darüber aufklären willst, daß er auf deinen Brustwarzen nicht länger wie auf Kaugummi herumbeißen soll. Frag ihn erst mal, wie's bei ihm aussieht. »Soll ich irgend etwas anders machen, damit's für dich noch schöner wird, Liebling?«, ist ein guter Einleitungssatz. Vielleicht rückt er tatsächlich mit einigen Wünschen heraus, die du dir gut merken solltest. Dann wird er dich fragen, ob du denn mit ihm als Liebhaber zufrieden seist. Aber selbst wenn er nicht fragt, kannst du nun ruhig loslegen.

2. Geh psychologisch geschickt vor.

Bücher über Kinder- und Jugendpsychologie schärfen uns immer wieder ein, nicht negativ zu sein. Statt zu sagen: »Nicki, du bist ein Idiot, wenn du dieses Wort nicht lesen kannst!« sollen wir sagen: »Nicki, bisher hat's ja wunderbar geklappt, vielleicht strengst du dich jetzt noch ein klein wenig mehr an ...«

Vergeßt nie, daß die meisten Erwachsenen die reinsten Babies und augenblicklich den Tränen nah sind, wenn sie offen kritisiert werden. »Hör endlich auf, meine Brustwarzen wie Kaugummi zu malträtieren, du unsensibler Klotz!« bringt dich bestimmt nicht so weit wie: »Es ist wunderbar, wenn du so zärtlich und sanft an meinem Ellbogen lutschst. Meine Brüste sind besonders empfindlich und würden sooo gern genauso behandelt werden.«

3. Sei nicht neckisch!

Wie gräßlich ist ein Mädchen, das plappert: »Oh, du süßer Schlimmer, die liebe kleine Susi mag's gar nicht gern, wenn du ihre Liebesknöpfchen so hart drückst.«

4. Laß Kritik überhaupt bleiben, wenn's nicht dringend nötig ist. Faß dich beim Liebesspiel möglichst kurz, wenn du irgendwelche Wünsche äußerst. »Komm mit deiner Zungenspitze hierhin«, ist okay. »Ich möchte mich jetzt lieber auf dich setzen«, geht ebenfalls.

Willst du jedoch lange, komplizierte Wünsche mitteilen, dann heb sie für später auf. Der beste Zeitpunkt für solche Diskussionen ist, wenn ihr euren dritten Cuba-Libre an einer Bar getrunken habt und der Barkeeper außer Hörweite ist. Übertreibt aber nicht und trinkt fünf Cuba-Libre, sonst werdet ihr euch hinterher an nichts mehr erinnern.

Gibt es sexuelle Langeweile?

Ja.

Schwer zu glauben, aber es gibt sie, diese Momente, wo selbst das sinnlichste Mädchen keine Lust hat und sagt: »Wozu?«

Maßnahmen gegen sexuelle Langeweile

Auch hier geht mal wieder die Meinung der Experten auseinander. Manche behaupten, du solltest die Tageszeit variieren, zu der's bei dir zum Sex kommt. Andere sind dafür, du müßtest die Stellungen variieren. Wieder andere schlagen vor, du änderst am besten deine Persönlichkeit. Und viele meinen, du müßtest nur deinen Outfit variieren, und dann sei wieder alles okay.

Da du ein scharfsichtiger Mensch bist, wirst du in den eben aufgezählten Ansichten eine Art Leitmotiv feststellen. Dieses Leitmotiv besagt, daß Variation die nötige Würze beim Sex ist. Also los!

Variiere die Tageszeit!

Morgens. Wie jeder weiß, ist morgens der allerbeste Zeitpunkt für Sex. Die Vögel zwitschern, das Sonnenlicht strömt durchs Fenster, und der Mann, der neben dir aufwacht, hat bereits einen steifen Schwanz.

Nachmittags. Unzählige Menschen verzichten dummerweise auf die Liebe am Nachmittag.

Machen wir uns ruhig mal Gedanken über den Nachmittag — eine höchst langweilige Tageszeit, die häufig für Waschmaschine oder Bügeln reserviert ist.

Warum nicht lieber Sex? Sex am Nachmittag hat so was Lazives, Enthemmtes, »Sündiges« und ist deshalb besonders reizvoll. Leg dich mit nassen Haaren im Bademantel vor deinen Fernseher. Ruf deinen Freund an und bitte ihn, sich augenblicklich um deinen kaputten Föhn zu kümmern. Sonst würdest du eine Kopfgrippe bekommen und zwei Wochen unerreichbar für ihn im Bett liegen. Während er dir den Kopf abtrocknet, wirst du dafür sorgen, daß er den Föhn vergißt.

Abends. Unglücklicherweise treiben es heutzutage viele Leute am Abend, nachdem sie in einem Nouvelle-Cuisine-Restaurant gegessen und hinterher den neuesten Steven Spielberg Film angeschaut haben. Vielleicht glauben diese Leutchen, es sei eine ganz gute Vorbereitung für Sex, aber da irren sie sich. Nouvelle cuisine bringt den besten Magen total durcheinander, der dann bis tief in die Nacht hinein protestiert. Und Steven Spielberg Filme lassen einen garantiert im unpassendsten Moment an E.T. denken.

Versuch's mal anders. Wenn dein Rendezvouspartner dich zu den eben erwähnten Vergnügungen abholen will, bist du einfach noch nicht ganz fertig.

Nachdem du die duftenden Rosen in eine Vase gestellt und deinem Freund ein Bier eingeschenkt hast, erklärst du, du müßtest nur noch deine tollen neuen Spitzenstrümpfe anziehen. Stolzier ein bißchen vor ihm auf und ab und frag ihn, wie sie ihm gefallen. Dabei mußt du natürlich den Rocksaum ziemlich hochziehen...

»Wirklich toll«, erwidert er mit belegter Stimme.

»Oh, aber um die Knöchel werfen sie scheußliche Falten«, beklagst du dich. »Ich muß sie wohl noch mal aus- und wieder anziehen.«

»Komm lieber einen Moment zu mir«, flüstert er heiser.

»Nein, ich muß mich erst um meine Strümpfe kümmern«, sagst du kokett.

»Ich helfe dir dabei. Bitte!«

Und schon wird der reservierte Tisch ohne euch auskommen müssen.

Nachts. Wieviele von uns sind schon nachts mit einem unstillbaren Verlangen aufgewacht!

Schrei dem Mann neben dir bitte nicht »Feuer!« ins Ohr und sag dann, wenn er erschreckt hochfährt: »April, April, ich hab' nur Spaß gemacht, laß uns ficken.« Du könntest auf diese Weise die ganze Nacht verpatzen.

Wie weckst du einen Mann richtig auf, mit dem du vögeln willst? Streichle ganz sanft seinen Penis und flüstre ihm kaum hörbare Liebesworte ins Ohr. Er wacht auf, was bleibt ihm schon anderes übrig, dem armen Kerl. Tu so, als seist du in tiefem Schlaf und würdest von einem Traum gequält, so daß du dich hin und her windest. Versuch dich so zu legen, daß dein Popo sich an seine Lenden schmiegt. Winde dich dann noch ein bißchen weiter wie eine Schlange. Falls er der Kerl ist, für den wir ihn halten, wird er in diesem Moment schläfrig nach deinen Brüsten greifen, worauf du sinnlich stöhnst und dich unter der Bettdecke verkriechst. Sobald du unter der Decke verschwindest, kommt er bestimmt auf Ideen. Laß ihm seinen Spaß. Wenn er dann deinen Kopf sanft aber entschieden noch tiefer drückt, kannst du ja ruhig die Erstaunte spielen.

Variiere die Stellungen!

Zu Anfang probiert ihr vermutlich erst mal die gute alte Missionarsstellung aus. Viele »Trendsetter« lehnen diese Position als altmodisch ab, doch das ist Quatsch, auf den sie nicht mal selbst reinfallen. Die Missionarsstellung ist große Klasse. Ihr könnt euch tief in die Augen schauen, wenn ihr wollt, und mit den Beinen hast du volle Bewegungsfreiheit. Du kannst deine Hacken um seine Knöchel schlingen oder um seinen Nacken, du kannst die Füße gegen seine Brust stemmen, die Beine um seine Taille winden. Jedes dieser Manöver ist angenehm für beide Beteiligten.

Wenn du dich auf ihn setzt, bist du vielleicht eine Frau, die gern das Tempo selbst bestimmt. Da er deine Erregung noch steigern will, wird er sicher deine Brüste streicheln. Falls nicht, kannst du's selbst tun.

Sex im Stehen kann auch sehr schön sein, aber du darfst es nicht zu raffiniert treiben. Komm bloß nicht auf die Idee, ihm plötzlich die Arme um den Hals, und die Beine um die Taille zu schlingen. Ein normaler Mann kann sich bei einem solchen Zwischenfall leicht beide Beine brechen. Du solltest sowas also nur — wenn überhaupt! - mit einem wahren Felsen von Mann ausprobieren, der nicht wankt und weicht. Oder aber du mußt dich mit dem Rücken an einer Wand abstützen können. Es klappt auch, wenn er hinter dir steht.

Es gibt eine Position, die in Amerika den Beinamen »doggie-style« hat. Für Mädchen durchaus nicht ohne Reiz. Bei dieser Stellung, wo dein Partner von hinten kommt, siehst du ihn nicht und kannst dir folglich jeden dich antörnenden Liebhaber vorstellen, wie weit dich deine Phantasie auch treibt. (Napoleon und Rasputin sind angeblich Favoriten.) Du kannst das ganze noch erheblich steigern, wenn du dir z.B. einbildest, dein Partner sei Fidel Castro und du Maggie Thatcher. Es gibt da jede Menge Spielmöglichkeiten.

Variiere deine Persönlichkeit

Kennt ihr auch diesen dummen Spruch: Eine Sexgöttin ist eine Frau, die sich in eine heißblütige Kokotte oder errötende Jungfrau oder verkommene Schlampe oder elegante Kurtisane oder raffinierte Nutte verwandeln kann — und zwar blitzschnell. Männer sollen sowas lieben.

Männer lieben das ganz und gar nicht. Im Gegenteil! Es zermürbt einen Mann total, wenn er beim Klingeln nicht weiß, ob ihm heute Mata Hari oder aber Lolita die Tür öffnet.

Die Welt wimmelt geradezu von Schizophrenen. Falls ein Mann Lust *darauf* hätte, könnte er sich problemlos in der nächsten Heilanstalt eine aussuchen.

Kostümierungen

Da wir moderne, befreite Wesen sind, wissen wir genau Bescheid über die sexuelle, emotionale und ökonomische Unterdrückung der Frau. Deshalb sind wir ständig auf der Hut vor der imperialistischen männlichen Dominanz. Dazu gehört auch, daß wir uns gegen chauvinistische Sexualphantasien der Männer wehren müssen.

Also darfst du nicht mal erwägen, die folgenden Dinge in den Tiefen deines Kleiderschranks aufzubewahren:
— Eine durchsichtige Schwesternuniform mit weißen Söckchen und weißen Häubchen.
— Ein Funkenmariechen-Kostüm, zu dem rote Stiefelchen und ein neckischer Dreispitz gehören.
— Die »Arbeitskleidung« einer französischen Zofe. Also ein schwarzes Minikleid, eine winzige Rüschenschürze, Spitzenhäubchen, Staubwedel aus Federn, schwarze hochhackige Pumps, kein Höschen, dafür aber Netzstrümpfe.
Hast du irgendwas davon doch? Verrat's nicht!

12.

Diäten

Wenn eine Frau dick oder sogar sehr dick ist, gehört sie meist in eine von vier Kategorien:

1. *Die ängstliche Dicke. (Ä.D.)*

Viele schlaue Leute behaupten, Angst stecke hinter den meisten täglichen Gepflogenheiten. Angst brachte die Menschen dazu, sich die Hand zu geben, zu tanzen, zu singen, zu heiraten. Dieselben schlauen Leute vergaßen zu erwähnen, daß Ängste heutzutage auch eine der Hauptursachen für Übergewicht sind. Angst bringt Hunderttausende dazu, nicht mehr voll zu leben, sondern lieber zu fressen.

Beim Heranwachsen hat sich solch eine Ä.D. das dumme Sprichwort zu Herzen genommen: »Vorsicht ist besser als Nachsicht.« Es setzte sich in ihr fest und machte aus ihr einen ängstlichen Schwächling. Statt wirklich zu leben, womit nunmal einige Risiken verbunden sind, frißt so eine Ä.D. lieber eine Schachtel Pralinen. Essen ist die einzige Art von Abenteuer, die sie sich zugesteht. Sie wird alles tun, um jedes Risiko zu vermeiden, das größer ist als eine dreifache Portion Spaghetti.

Besondere Merkmale der Ä.D.

— Sie haßt ihren Job aus tiefstem Herzen, kann ihn aber nicht aufgeben, weil ihr sonst das Geld für ihre teuren Lebensversicherungen fehlt.

— Wenn in der Firma die Mittagspause eingeläutet wird, stürzt Ä.D. allen voran in die Kantine und häuft sich ihr Tablett voll. Beim ersten Bissen fühlt sie sich gerettet und wunderbar eins mit dem Universum.

— Sie liebt es, nach der Arbeit vor dem Fernseher mehrere Drinks und eine Tafel Schokolade zu verdrücken.

— Sie liest Selbsthilfebücher und nimmt sich den Rat von Älteren sehr zu Herzen.

— Ab und zu hat sie Anfälle von Selbsthaß und probiert eine rigorose Diät aus, bei der man nur Ananas essen darf. Sie begreift nicht, warum ihre Abmagerungsversuche immer erfolglos bleiben.

— Sie unterhält sich mit ihren Freunden häufig über Kochrezepte und Restaurants.

Viele Ä.D. waren früher mal ganz normale Leute, aber irgendein traumatisches Erlebnis — häufig eine unglückliche Liebesgeschichte — hat sie dazu bewogen, sich lieber aus der Arena des Lebens zurückzuziehen.

Nehmen wir z.B. mal mich. Mit neunzehn wog ich 125 Pfund und verliebte mich in den charmantesten Mistkerl auf Erden. Ich lebte damals wie ein Hippie, war auf Abenteuer aus und übernachtete, wo's mir Spaß machte. Männer waren eine nette Abwechslung, bis ich diesen gräßlichen Kerl kennenlernte, der mir das Herz brach. Ich war am Boden zerstört.

So sehr am Boden zerstört, daß ich innerhalb eines Jahres meine unkonventionelle, spannende Lebensweise aufgab und einen netten, durchschnittlichen Mann heiratete. Wir zogen in einen Vorort. Ich wurde fett.

Ich meine damit nicht rundlich, sondern ich spreche von 162 Pfund. Für mein Leben gern aß ich Plätzchen. Ich mampfte sie in mich hinein, bis ich am liebsten gekotzt hätte. Das wirkliche Leben jagte mir so viel Angst und Schrecken ein, daß ich kaum noch etwas unternahm.

Als mir mein Mann mal zum Valentinstag nicht die gewünschte Zweipfundpackung Pralinen schenkte, bekam ich einen Tobsuchtsanfall. Ich werde es nie vergessen.

»Was fällt dir ein, du mieser Geizkragen!« schrie ich ihn an.

»Hast du noch nicht bemerkt, daß draußen ein Schneesturm tobt«, erwiderte er besänftigend. »Man kann keine zwei Schritte weit gehen, ohne schneeblind zu werden.«

»Das ist mir doch egal. Egal, völlig egal, hörst du! Ich will meine Pralinen!«

Gräßlicherweise bekam ich sie tatsächlich. Gegen halb fünf Uhr früh wachte ich aus einem quälenden Alptraum auf, in dem ich als Schwein im rosa Pyjama die Hauptrolle gespielt hatte. Vor mir ein Trog voller Pralinen, aber ich durfte nie meinen Koben verlassen.

Ich war schweißgebadet und hatte Herzklopfen. Wie hatte es mit mir bloß so weit kommen können?

Ruhelos wälzte ich mich herum und grübelte nach, bis mir die Erleuchtung kam: Der Kummer über die fatale Liebesgeschichte hatte mich in einen Superfeigling verwandelt.

Welch heilsamer Schock! Ich übersiedelte nach London, kam bei einer Theatertruppe unter und begann, wieder zu leben. Richtig zu leben!

Natürlich kannst du nicht immer nach London ziehen, wenn du dick wirst. Aber jeder Mensch hat die Möglichkeit, sein Leben drastisch zu ändern.

Gehörst du etwa zu den Ä.D.? Dann solltest du deine Wohnung wechseln. Wenn nicht, dann kündige deinen Job. Wenn nicht, dann verlaß Ehemann oder Freund. Irgendwie, irgendwo mußt du wieder anfangen, Risiken einzugehen. Irgendwann stirbst du ja sowieso, und dann hast du deine endgültige totale Sicherheit.

2. Die zornige Dicke (Z.D.)

Die Z.D. bekam als Baby nicht genug Muttermilch und ist unterbewußt immer noch zornig darüber.

»Scheiße, denen werd' ich's zeigen!« denkt die Z.D. »Ich esse soviel, wie ich will, wann ich will und was ich will. Kein Mensch kann mich daran hindern.« Es kommt ihr gar nicht in den Sinn, daß seit zwanzig Jahren niemand versucht hat, sie daran zu hindern.

Da die Z.D. zum erstenmal zornig wurde, als sie nicht genug zu essen bekam, reagiert sie auf alle schwierigen Situationen mit Freßlust. Wann immer sie eine Auseinandersetzung mit ihrem Boß hat, ißt sie ein Pfund Spaghetti, um es ihm heimzuzahlen.

Sie meint auch, sich selbst belohnen zu müssen, wenn sie etwas gut gemacht hat, da keiner dieser Mistkerle es tun wird. Manchmal ist sie so gut, daß sie einen ganzen Schokoladenkuchen verdient hat.

Besondere Merkmale der Z.D.
— Statt Streit anzufangen, ißt sie lieber.
— Sie ist überzeugt davon, ein härteres Leben als alle anderen zu haben.
— Sie redet immer noch nicht mit ihrer Mutter.
— Sie traut keinem und versteckt Nahrungsmittel an den unmöglichsten Stellen. In ihrer Aktenablage Kekse, in der Schublade mit Unterwäsche Gläser mit Schokoladensyrup, im Arzneischränkchen Sahnetrüffel.
— In der Öffentlichkeit nippt sie nur wie ein Vögelchen, rast dann aber nach Hause und plündert das Arzneischränkchen.
— Sie verbringt viel Zeit im Bett, denn die Kombination aus unterdrücktem Zorn und Zucker-Überfütterung läßt sie chronisch depressiv sein.

Hast du den Verdacht, eine Z.D. zu sein? Dann mußt du lernen, deinem Zorn Luft zu machen, statt ihn durch Fressen zu kompensieren. Hast du schon wieder Lust auf eine Praline? Nimm lieber einen Hammer und schlag aufs nächstbeste Kissen ein. Schrei laut: »Ich werd's dir zeigen, du Mistkerl!« Schrei bei jeder denkbaren Gelegenheit. Leg dich auf den Boden, strample mit Armen und Beinen und halt die Luft an, bis du fast blau anläufst. Du wirst dir vielleicht nicht ganz normal vorkommen, aber mit deinem Gewicht geht's abwärts.

Vielleicht legst du dir auch noch eine große Babyflasche zu, an der du in schwierigen Momenten nuckeln kannst. Das wird deine Gesichtsmuskeln auf Vordermann bringen — ein wichtiger Pluspunkt beim Sex. Laß die Flasche aber zu Hause, wenn du zu einem Einstellungsgespräch gehst.

3. Die männerhassende Dicke (M.D.)

Sie hat Angst vor Sex und Männern, will's aber nicht zugeben. Also wird sie dick, da sie vermutet, daß ihr Wanst die schrecklichen Männer auf Distanz hält.

Der auffallendste Charakterzug der M.D. ist tiefe Bitterkeit. Manche werden radikale Feministinnen, aber aus ganz falschen Gründen. Deshalb kommt es zwangsläufig zu üblen Streitigkeiten mit ihren feministischen Schwestern, und sie ziehen sich beleidigt ins nächste Feinkostgeschäft zurück. Manche werden lesbisch — wieder aus ganz falschen Gründen — und liefern sich mit ihren Partnerinnen ständig Kräche.

Bist du etwa eine M.D.? Dann mußt du tief in dein Unterbewußtsein vordringen, wenn du herausfinden willst, wann sich deine Abscheu gegen Männer entwickelte. Begann es damals, als dein Vater dich aus dem Fenster warf? Oder damals, als Vetter Fritz dir alle Kleider wegnahm und dich in der Speisekammer einsperrte? Versuch endlich zu kapieren — es wird nicht rasch gehen —, daß dich nicht alle Männer aus dem Fenster werfen oder in die Speisekammer sperren wollen. Manche nehmen dich viel eher ins Theater mit. Na also!

4. *Die rundherum zufriedene Dicke (R.Z.D.)*

Von manchen Menschen erwartet man fast, daß sie dick sind, und das sind sie dann auch meistens. Eine R.Z.D. ist mit ihrem Los vollkommen zufrieden.

Besondere Merkmale der R.Z.D.

— Sie gibt Spargel mit sauce hollandaise oder mousse au chocolat für niemanden und nichts auf der Welt auf.
— Sie tanzt leidenschaftlich gern.
— Sie zieht sich modisch, manchmal sogar auffallend an und ist sich ihres Aussehens gar nicht bewußt. Allerdings würde sie auf Befragen bereitwillig gestehen, daß sie keine Dirndlkleider trägt, weil die ihre Kurven zu sehr betonen.
— Sie schläft so viel mit Männern wie jede andere von uns.
— Sie hat einen ausgeprägten Sinn für Humor, macht aber keine anzüglichen Bemerkungen über sich selbst.
— Sie trinkt gern Alkohol und fände es gräßlich, damit aufzuhören.
— Ihr Selbstvertrauen grenzt schon an Arroganz.
— Der Gedanke an Gymnastik erfüllt sie mit Abscheu. Gymnastik mag ja ganz gut für die anderen sein ... Für sie reicht es dagegen vollauf, zur nächsten Ecke zu spazieren und eine Zeitung zu kaufen.
— Dick ist besser als langweilig! Das ist ihre feste Überzeugung.

Wirklich interessant ist an der R.Z.D., daß ihre Korpulenz gar nicht so sehr auffällt. Woher kommt das? Die anderen Typen der Dicken laufen meist mit traurigem Gesicht, hängenden

Schultern und gräßlicher Kleidung herum. Sie weigern sich auch, auf Parties zu tanzen. Da es fast jedem Menschen diebischen Spaß macht, sich über andere lustig zu machen, ist jede unsichere Dicke eine beliebte Zielscheibe für verletzende Witze.

Anders bei den R.Z.D. Da sie fest überzeugt sind, daß mit ihnen alles in bester Ordnung ist, treten sie selbstbewußt auf und werden von anderen respektiert.

Fazit: R.Z.D. sind herzerfrischend, aber leider selten.

Erkennst du dich in den zuletzt Geschilderten wieder?

Wahrscheinlich nicht. Wie 88 von 100 Frauen denkst auch du viel eher, daß dein Dicksein dir nur noch mehr Sorgen macht, als du eh schon hast.

So geht's uns fast allen. Wir schauen unsere Taille an, eine schöne schlanke Taille, und glauben plötzlich, daß sie besser zu einem Elefanten paßt. Wir mustern unsere Oberarme und fragen uns verzweifelt, wieso es Gott gefiel, sie so wurstartig zu schaffen. Und dabei ist niemand so fett, wie er sich manchmal fühlt.

Hier ein Tip, um herauszukriegen, ob du wirklich dick bist oder nur spinnst. Geh in einer Einkaufsstraße mit vielen blanken Schaufenstern spazieren. Schlendre langsam dahin, denk an dies oder das und wirf dann plötzlich einen Blick in die nächste spiegelnde Schaufensterscheibe. Schau rasch wieder weg und überleg, was du soeben gesehen hast. Spiegelten sich da irgendwelche fetten Frauen? Hatte eine von ihnen etwa ein grünes Kleid an wie du?

Eine andere Methode ist der Oberarm-Zwicktest. Du mußt mit Zeigefinger und Daumen das Fett zusammendrücken. Falls du's tun kannst, ohne bei diesem Anblick in Tränen auszubrechen, bist du nicht dick.

Bitte weiterlesen, falls doch.

Welche Diät?

Die meisten Abmagerungskuren nützen nichts, absolut nichts. Selbst die Nulldiät nützt nichts, da man hauptsächlich Wasser verliert. Andere Diätprogramme wie die Atkins Diät bescheren einem erhöhte Acetonwerte im Urin, was keine Frau brauchen kann. Jede Abmagerungskur hat Nachteile. Alle sind zu einseitig und haben gewisse Nebenwirkungen, die wenig erfreulich sind.

Ich weiß, daß ich mich jetzt sehr unbeliebt mache, aber du mußt Sport und Gymnastik treiben, wenn du abnehmen willst. Dadurch werden erstens viele Kalorien verbrannt. Noch wichtiger ist aber etwas anderes. Wenn dein Körper aus mehr Muskeln und weniger Fett besteht, hast du einen besseren Stoffwechsel und kannst folglich mehr essen, ohne zuzunehmen.

Fett ist gern in Gesellschaft. Wenn du deinem Körper eine Nougatstange gibst, wird er sie fröhlich umarmen, dem ganzen angrenzenden Fett vorstellen und in deinen Hüften eine Willkommensfeier veranstalten. Muskeln sind eher snobistisch. Stell einem Muskel eine Nougatstange vor, und er wird sich angewidert abwenden. »Mein Gott, was für gräßliches Zeug heutzutage Körpern zugemutet wird«, lautet vermutlich sein Kommentar.

In Kapitel 13 gibt's einige gymnastische Übungen.

Wenn du ernsthaft mit Übungen anfängst, bist du auch mehr in Laune, nach Diät zu leben. Es ist erstaunlich, wie vital der Körper werden kann, wenn man ihn nur ein klein wenig dazu ermutigt. Es gibt Leute, die nach Fitneßprogramm und Diät soweit sind, sogar Zigaretten, Alkohol und Tabletten aufzugeben. Da kann man nur Bauklötze staunen.

Die »Profil«-Diät

Eine gute Diät für den Anfang, da sie einem nicht zuviel abverlangt. Es ist höchste Zeit für diese Diät, wenn dir kurz vor dem Einschlafen dein Schutzengel erscheint.

»Hallo, Dickerchen«, flüstert er dir ins Ohr.

»Meinst du etwa mich?« antwortest du beleidigt.

»Sonst ist doch niemand da, oder? Seit Monaten kriegt kein Mann deinen nackten Körper zu sehen. Ich hab' deshalb gründlich über dich nachgedacht, Schätzchen. Du mußt ein paar Kilo loswerden. Seit letztem Sommer paßt du nicht mehr in deine tollen schwarzen Jeans, stimmt's?«

»Tja, da ist leider was dran, du kleiner Teufel.«

»Engel, wenn ich bitten darf! Also laß alle Süßigkeiten mal für eine Weile bleiben. Nicht zuviel Butter. Keine Liköre, kein Eis mit Schlagsahne. Hörst du mir überhaupt zu?«

Nein, du hörst ihm leider nicht zu, da du inzwischen eingeschlafen bist. Doch am nächsten Morgen wachst du voller guter Vorsätze auf. Du genehmigst dir nur eine halbe Grapefruit und einen Toast zum Frühstück, vielleicht noch ein bißchen Weißkäse (Magerstufe). Du bist ungeheuer stolz auf dich und deinen heroischen Verzicht.

Ungefähr zwei Stunden später wird der Hunger an dir nagen. Croissants, dick mit Butter und Marmelade bestrichen, tauchen immer wieder vor deinem geistigen Auge auf. Essen ist wichtiger als Sex oder gutsitzende schwarze Jeans, wirst du denken. Essen ist wichtiger als alles andere!

Damit bist du an einem kritischen Punkt in deinem Diätversuch angelangt. Falls du jetzt das Falsche tust, bist du verloren.

Wenn der Hunger dich derartig quält, mußt du etwas essen!

Nimm dir noch einen Toast. Diesmal mit etwas Butter. Trink ein Glas Apfelsaft. Ja, das gehört alles zum Programm dieser speziellen Diät, und genau deshalb ist sie so prima.

Wenn du eine herkömmliche Diät ausprobierst, versuchst du so zu tun, als hättest du bisher gar keine Unmengen von Spaghetti und Eisbecher mit Sahne gegessen. Dein Körper weiß es aber besser! Der Magen ist an große Nahrungsmengen gewöhnt, der Blutkreislauf geradezu abhängig von überhöhter Zuckerdosierung. Falls du dir vornimmst, deinen Magen in einem Tag schrumpfen zu lassen und ganz auf Zucker zu verzichten, bist du bald dem Selbstmord nahe.

Geh's langsam und ruhig an. Konzentrier dich im ersten Monat darauf, Vollkornbrot statt Croissants und Früchte statt Kuchen zu essen. Täglich sechs bis acht Gläser ungesüßter Flüssigkeit! Alle Obstsäfte mit Wasser verdünnen. Vitamintabletten nicht vergessen!

Natürlich wirst du irgendwann mal durchdrehen und drei Bountys an einem Nachmittag verschlingen. Bei einer strengen Diät wäre das genau der Augenblick, wo du aufgibst. »Tja, jetzt habe ich leider alles ruiniert«, sagst du mit einer Mischung aus Selbstmitleid und Verachtung. Dann wickelst du genüßlich ein viertes Bounty aus. »Jetzt kann ich's genauso gut ganz aufgeben.«

In unserem Fall gehören solche Ausrutscher mit zum Programm. Es soll schließlich keine Quälerei sein. Aber hab immer das Bild vor Augen, wie deine schicken schwarzen Jeans wieder perfekt sitzen.

Innerhalb von zwei bis vier Wochen verkleinert sich dein Magen, deine Gier nach Zucker läßt nach, und du kommst so richtig in Schwung. Nun kannst du ruhig das Tempo erhöhen. Inzwischen macht's dir nämlich schon Spaß, auf eine Mahlzeit zu verzichten, statt zu essen. Du bist wie hypnotisiert von der Vorstellung, wie gut du bald wieder aussehen wirst.

Dreh bloß nicht durch und iß gar nichts mehr! Sonst kippst du am Ende mitten auf der Straße um.

Vorsicht vor'm absichtlichen Erbrechen! Es gibt viele Mädchen, die nach einem besonders kalorienreichen Essen in die Toilette laufen und sich den Finger in den Hals stecken. Das ist ungesund und wird leicht zur schrecklichen Gewohnheit. Es gibt für dieses Leiden auch einen Namen — Bulimie. Diese Unsitte wird man nur sehr schwer wieder los. Es soll Leute geben, die bis zu 50.000 Kalorien bei einer Mahlzeit zu sich nehmen und dann alles wieder erbrechen. Einfach gräßlich.

Verzichte nur dann völlig auf Schokolade, wenn du leidenschaftlich verliebt und glücklich bist. Schokolade scheint nämlich so eine Art von »Glücksenzym« zu enthalten, das vom Körper nur dann ganz von selbst produziert wird, wenn's der Psyche blendend geht. Dieses Enzym bringt dich dazu, singend und pfeifend die Staße lang zu laufen und gelegentlich sogar Wildfremde zu umarmen.

Hast du genug abgenommen, um in deine schwarzen Jeans zu passen, dann kannst du mit der Diät aufhören. Mit Hilfe von Sport und Gymnastik wirst du wohl kaum wieder zum Dickerchen werden. Aber probier ruhig immer wieder mal die Jeans an, um jedes Risiko zu vermeiden.

»Ich möchte aber in zwei Tagen zehn Pfund verlieren«, höre ich dich schon sagen. »Gib's zu, du kennst sicher noch irgendwelche geheimen Tricks. Heraus damit!«

»Nein, kenne ich nicht. Keine Ahnung!«

»Du schwindelst«, höre ich dich weiterreden. »Du hast noch etwas in der Hinterhand, das merken wir. Deine Leserinnen sind keine Trottel.«

Na gut, ich las mal in einer Leihbücherei das Buch »Richtig essen, um fit zu bleiben«, als ich plötzlich zwischen den Seiten 100 und 101 ein zusammengefaltetes Papier entdeckte.

Ich strich es glatt und begann die winzige Handschrift zu ent-
ziffern. Nach kurzem merkte ich, daß ich auf die verrückteste Abmagerungskur gestoßen war, die man sich nur vorstellen kann.

Ich habe keine Ahnung, ob sie funktioniert und würde sie
selbst nie ausprobieren. Empfehlen kann ich sie auch keinem.
Aber trotzdem . . . hier ist sie:

Die Sex & Rock'n Roll Diät

Du mußt schon in reichlich merkwürdiger Stimmung sein,
wenn diese Diät wirken soll. Hier ist ein Quiz, damit du dir über
deinen Seelenzustand klar wirst.

Vor die Wahl gestellt, willst du dann
a) der erste weibliche Papst der Welt sein,
b) eine von jenen Frauen sein, denen Männer als »kleine Überra-
   schung« ein Gramm Kokain und aufregende Dessous mitbringen,
c) im Frühling ganz allein mit einem Maserati eine kurvige Stras-
   se entlangrasen,
d) vor einer Riesenmenge mit Mick Jagger Duett singen?

Was ist? Falls dir all meine Vorschläge hinreißend vorkommen, dann bist du reif für die Sex & Rock'n Roll Diät.

Die Anordnungen müssen genau befolgt werden!
1. Kauf die folgenden Dinge ein: ein durchsichtiges Negligé, Essen für eine Woche aus dem Reformhaus, eine Packung Vitamintabletten, heiße Rock'n Roll Platten, eine Dose original
   italienischen Espresso und im Taschenbuchladen »Joy of Sex«
   von Alex Comfort.
2. Schau dich nach jemandem um, mit dem du schlafen willst.
   Eine nicht ganz einfache Angelegenheit. Du suchst einen Typen, der humorvoll, blitzgescheit, exzentrisch und künstle-
   risch ist, der keinen Schlaf braucht und sich auf jedes Wagnis
   einläßt. Solch ein Mann ist schwer zu finden, da das einzige
   noch lebende Exemplar dieser Gattung auf einem Sechstau-
   sender im Himalaya dünne Luft atmet. Also mußt du dich leider mit einem zufrieden geben, nach dem du *halbwegs* verrückt bist. Sehr wichtig ist natürlich, daß er dir sympathisch
   und außerdem sportlich fit ist.

Jetzt kann's losgehen.

Erster Tag:
Spring morgens aus dem Bett und genehmige dir einen doppelten Espresso und einen ungesüßten Joghurt.

Geh in ein Fitneßcenter, das auf Gymnastik zum Abnehmen spezialisiert ist. Geh die Übungen mit Schwung an!

Dann an die Arbeit. Verzichte in deiner Firma auf lange Gespräche mit Kollegen, behalt deine Pläne für dich. Falls dich unbändige Lust auf Pralinen überkommt, trink einen doppelten Espresso, verschwinde auf die Toilette, tu deiner Muschi etwas Gutes und bring dich auf Touren.

Nach der Arbeit suchst du dir deinen Lover. Er ist mit einiger Sicherheit derjenige, der gerade am Fluß entlangschlendert und im Kopf einen neuen Song zusammenreimt. Gelingt es dir, mit deiner Hand in seine Hose zu kommen, wird er dir auf der Stelle bis zu deiner Wohnung folgen.

Vor'm Zubettgehen ißt du soviel gesundes Zeug, wie du runterwürgen kannst. Außerdem eine Vitamintablette.

Wenn möglich, solltest du bis 18 Uhr mit deiner Neuerwerbung geschlafen haben. Wenig später beginnt nämlich dein Tag.

Um Mitternacht stehst du auf, trinkst den nächsten Espresso, legst entweder zu Hause Platten auf und tanzt wie eine Wilde, oder du gehst in eine Disco und tanzt dort wie eine Wilde. Vielleicht fahrt ihr auch in eine weit entfernte Stadt (unterwegs haltet ihr mehrmals am Straßenrand an, um zu vögeln) und besucht dort eine Disco. Singen ist auch nicht schlecht.

Spätestens ab zwei müßt ihr wieder eine bequeme Unterlage haben. Geht die ersten vier Stellungen durch, die ihr in »Joy of Sex« findet. Das sind, wenn ihr's gewissenhaft treibt, rund 500 Gramm Gewichtsverlust. Stellt den Wecker auf zwei Stunden später. Schlaft und geht dann die nächsten vier Stellungen an. (Du siehst, ein richtiger Sportskamerad sollte es schon sein, den du dir aussuchst.) Es wird auch nötig sein, dir am nächsten Nachmittag einen neuen zu suchen. Männer halten eine solche Kur nicht lange durch. Vergeß zwischendurch den Espresso nicht!

Zweiter Tag:
Das gleiche wie am Tag zuvor.

Befolge dieses Tagesprogramm eine Woche lang. Wenn der Muskelkater am ganzen Körper in den ersten Tagen heftig ist, keine Vermeidungsstrategien! Ein guter (sympathischer!) Masseur und ein warmes Bad — und ab in die nächste Runde. Du nimmst dabei ca. zehn Pfund ab. Wenn's soweit ist, mußt du eineinhalb Tage durchschlafen, oder du kippst glatt um und stirbst.

Wie gesagt, ausprobiert hab ich es selbst nicht. Aber was kann passieren? Schlimmstenfalls krempelst du deinen Lebensstil um, wiegst 10 Pfund weniger und hast Unmengen von Spaß (und nach drei Wochen nie mehr Muskelkater...)

Merkt euch: Leute, die wirklich aufregende Dinge erleben, sind meistens schlank und haben strahlende Augen.

13.

Fitness-Training

»Warum Training?« denkst du vielleicht unwillig. »Warum soll ich nicht lieber in der Hängematte liegen, einen Drink nach dem anderen schlürfen, dem fernen Plop von Tennisbällen lauschen, Zigaretten rauchen und spannende Liebesromane lesen?

Da ist schon was dran. Jedenfalls dann, wenn du noch über die folgenden Vorzüge verfügst:

1. Du bist schlank und wendig. Man vergleicht dich oft mit einer Gazelle.
2. Für deinen Körper ist Zellulitis ein Fremdwort.
3. Deine Oberarme sind über jede Kritik erhaben.
4. Du hast nie Kopfschmerzen.
5. Du hast nie Rückenschmerzen.
6. Du kannst mit einem Partner drei Stunden durchtanzen.
7. Mousse au chocolat läßt dich völlig kalt.
8. Du kannst eine schwere elektrische Schreibmaschine fünf, sechs Häuserblocks weit tragen, ohne zu ermüden.
9. Du kannst dich bis zur Bewußtlosigkeit betrinken und wachst trotzdem mit klaren Augen und guter Laune auf.
10. Du kannst mehrere Stunden mit einem Mann schlafen, ohne daß deine Kinnmuskeln erschlaffen oder dein Becken protestiert.

Falls diese Eigenschaften so auf dich zutreffen, daß du dich perfekt porträtiert fühlst, darfst du ruhig in deiner Hängematte liegen bleiben. Falls nicht, kommst du in Zukunft nicht an Kniebeugen vorbei.

Also Kinn hoch, Zähne zusammengebissen! Sei tapfer! Was kann dir schon passieren? Höchstens lacht jemand, wenn du in flotten Boxer-Shorts im Fitneßcenter auftauchst und nach der dritten Kniebeuge schlappmachst.

Wenn ich's geschafft habe, dann schaffst du's erst recht. Ich war der Prototyp eines Schlappis, der bei jeder Art von Gymnastik Gänsehaut bekommt. Als meine Schenkel eines Tages wie zwei fette Schinken aussahen, wurde meine Verzweiflung größer als meine Furcht. Ich begann also regelmäßig zu trainieren und kann nun mit einem niedlichen Bizeps aufwarten. Beim Ringkampf mit Zwölfjährigen gewinne ich sogar ab und zu.

Heimtraining

Auf den ersten Blick eine verführerische Idee, aber das täuscht. Vielleicht überkommt dich eines Tages tatsächlich der ungestüme Drang, noch mehr für dich zu tun, und du kaufst alle möglichen Hanteln, Hüpfseile, Expander, Impander und jede Menge Lehrbücher.

Du nimmst dir vor, jeden Morgen hart zu trainieren, aber Pustekuchen! Wenn dein Eifer länger als drei Tage anhält, müßtest du eigentlich heiliggesprochen werden. Gymnastik in den eigenen vier Wänden ist eine entmutigende Angelegenheit. Die Bücher wirken verwirrend, die Übungen kommen dir zu anstrengend vor. Du verlierst die Lust und beschließt, wieder ins Bett zu gehen und weiterzuschlafen.

Es ist viel besser, eine nette Trainingsgruppe zu finden, in der man sich wohlfühlt. In einer idealen Gruppe gibt's einige fortgeschrittene Schüler, die als Vorbild dienen. Es müssen aber auch ein paar Anfänger wie du herumhüpfen, damit du nicht gleich den Mut verlierst.

Mit der Zeit kannst du's dann auch allein tun, da Training süchtig macht. Sobald dein Körper sich an regelmäßige Gymnastik gewöhnt hat, bekommt er schlechte Laune, wenn er drauf verzichten muß. Kaum zu glauben, aber wahr.

Damit du ein rankes, schlankes »Muskelwunder« wirst, braucht dein Körper drei Sorten von Training.

Aerobic

Vermutlich hast auch du eine ganz falsche Vorstellung von Aerobic. Ja? Dann denkst du sicher, du müßtest dich in ein widerwärtig glänzendes Synthetik-Trikot zwängen, wie ein wildgewordener Orang-Utan grinsen und kretinhafte Tanzbewegungen zu dröhnender Discomusik machen. Und einige behaupten gar, Aerobic sei gut. Ganz falsch!

Was out ist, ist der Moderummel und die einseitig übertriebene Version, mit der einige Filmschauspielerinnen ihre Popularität für ein Extra-Geschäft genutzt haben.

Aerobic ist vielmehr ein Training, bei dem dein Herz munter klopft, deine Lunge in guter Laune bleibt, und dein Blut hurtig durch die Adern strömt. Aerobic verhindert übrigens auch, daß du sehr zunimmst. Im Ernst! Regelmäßiges Aerobic verwandelt dich in eine Frau, von der die Herzogin von Windsor bestimmt gesagt hätte: »Dieses Mädchen ist der lebende Beweis für meine Behauptung, daß man nie zu reich oder zu dünn sein kann.«

Wie funktioniert Aerobic? Jeder Muskel steckt voller Glukose (schlichter Zucker). Wenn du herumhüpfst, wird der Zucker abgebaut. Deine Muskeln fühlen sich beraubt und wissen nicht, was sie tun sollen. Schießlich kommt ihnen die Erleuchtung, und sie beginnen deine Fettzellen zu plündern. Und siehe da, schon bald bist du ein schlankes Reh.

Außerdem wirkt Aerobic irgendwie auf den Stoffwechsel deines Körpers ein. Wie, das weiß ich auch nicht so genau. Auf jeden Fall kannst du dann mehr essen, ohne gleich wieder zuzunehmen.

Die folgenden Beschäftigungen zählen auch zum Aerobic-Training:

Radfahren
Schwimmen
Seilhüpfen
Squash
Übungen auf dem Trampolin

Intensiver Sex
Imitation von Mick Jagger

Mick Jagger zu imitieren, ist die raffinierteste Form von Aerobic. Natürlich darfst du Mick nicht etwa imitieren, wenn er nur herumliegt, fernsieht oder einen Joint raucht. Nein, du mußt ihn imitieren, wenn er Songs wie »Shattered« oder das berühmte »Satisfaction« vorträgt.

Wenn du acht bis zehn Songs schaffst, ohne schlappzumachen, bist du fit.

Stretching

oder Beweglichkeitstraining. Du nimmst es vorläufig noch nicht besonders ernst, stimmt's? Es ist etwas, das man morgens beim Aufwachen ganz automatisch tut, mehr nicht. Doch dann bestaunst du irgendwann eine Tänzerin, die ihren Fußknöchel umfaßt und ganz nonchalant hinter den Nacken legt. Da begreifst du plötzlich, warum alle Männer immer von Tänzerinnen schwärmen.

Stretching hält die Muskeln elastisch, stark und gesund. Als Ergänzungstraining unbedingt zu empfehlen! Stell dir mal vor, du könntest die Füße hinter den Kopf legen, wenn du gerade mit einem Mann schläfst. Das wäre doch aufregend, oder?

Hanteltraining

Zuck bitte nicht vor Abscheu zurück, denn selbst Hanteltraining kann Spaß machen. Na schön, vielleicht nicht gerade Spaß, aber so mies ist es nun auch wieder nicht. Um feste Muskeln zu kriegen, gibt's gar nichts Besseres. Natürlich wirst du nie solch ein Muskelpaket wie Arnold Schwarzenegger, da du zu wenig Testosteron hast. Wenn du mich fragst, ist das auch verdammt gut so, da dieses Testosteron nicht nur schwellende Muskeln, sondern auch starke Gesichtsbehaarung beschert.

Du kannst dir im Fitneßcenter aussuchen, ob du lieber mit Geräten oder mit Hanteln arbeitest. Die Wirkung ist so ziemlich dieselbe.

Versuch nicht, bei dir zu Hause fünf Pfund schwere Tomaten-
büchsen zu stemmen. Das macht dich rasch mutlos. Du mußt
das ganze viel profihafter angehen.

Es gibt einen herrlichen Trick, um sich das Training zu versüs-
sen. Stell dir bei jedem Stemmen vor, du hebst gerade einen
treulosen Liebhaber oder deine ekelhafte Chefin hoch, um
ihn/sie die Treppe runterzuwerfen.

Verhalten in der Gruppe

Da all diese Übungsprogamme anfangs am besten in Gruppen
absolviert werden, muß man sich einige Gedanken über richtiges und falsches Verhalten machen.

Geh in einem angeschmuddelten rosa oder fleckigen weißen
oder trostlos grauen Trikot voller Löcher zum Training. Die Leg-
warmers müssen ausgefranst sein. Falls du schick und adrett
auftauchst, wirst du verbannt und mußt im Vorraum einsam
herumturnen.

Lern als erstes, richtig zu atmen. Deine Lehrerin wird dir vermutlich signalisieren, wann du ein- oder ausatmen mußt. Sie
klärt dich aber sicher nicht darüber auf, daß du wie ein überak-
tiver Heißwasserboiler klingen sollst. Üb das also vorher bei dir
zu Hause ein.

Man muß beim Training häufig grunzen, jaulen und stöhnen,
sonst glauben die anderen nicht, daß du's ernst meinst. Wenn
du zwischen den Kniebeugen Zigaretten rauchst, mußt du dich
auf angewidertes Naserümpfen gefaßt machen.

Falls ein anderer stolpert und auf die Schnauze fällt, darfst du
ja nicht kichern!

Dafür darfst du endlich mal ein Stirnband tragen. Dies ist die
einzige Gelegenheit im Leben, wo du's tun solltest.

Wie oft?

Geh mindestens zweimal pro Woche zum Training, oder du
kannst es gleich sein lassen. Deine Muskeln sind begeistert,
wenn du sie richtig auf Trab bringst, und bilden neue Kapillarge-

fäße, um die extra Arbeit zu bewältigen. Wenn du sie 72 Stunden vernachlässigst, verlieren die Muskeln den Mut und beginnen zu verkümmern. Die Kapillargefäße vertrocknen wie ein stillgelegtes Flußbett. Natürlich geschieht das nicht von heute auf morgen. (Die durchschnittliche Verkümmerungsrate beträgt ca. 1% pro Tag.)

Du kannst es aber auch übertreiben. Wenn du täglich stundenlang Gymnastik machst, ermüden deine Muskeln und machen dir Scherereien. Ergebnis: Du bekommst Kopfschmerzen, kannst nicht mehr schlafen, essen oder vögeln.

Wie lange?

Falls du richtig schlaff bist, brauchst du acht bis zwölf Monate, um dich in eine Amazone zu verwandeln. Je älter du bist, desto länger dauert es. Verlier trotzdem nicht die Geduld! Denk dran, wie lange es brauchte, bis Rom erbaut war. Du mußt dich nur ungefähr fünf Stunden pro Woche aufbauen. Das ist doch so gut wie gar nichts, oder?

Zellulitis

Zellulitis ist kein Grund, um den Kopf in den Gasherd zu stecken. Die meisten Frauen haben Zellulitis, und jede einzelne ist davon überzeugt, daß ihre am schlimmsten sei.

Irgendwer hat irgendwo tatsächlich die schlimmste Zellulitis, aber die Chancen stehen gut, daß du's nicht bist.

Zellulitis ist ein beschönigender Ausdruck für Fett mit Dellen. Die Kosmetikindustrie hat unsere Komplexe ausgebeutet und Millionen mit fragwürdigen Produkten verdient, die alle nichts helfen. Training wird deine Figur verbessern und das Wabbelfett straffen, doch nur radikaler Gewichtsverlust beseitigt Zellulitis vollständig. Halbverhungert siehst du aber auch nicht gerade attraktiv aus.

Den Durchschnittsmann stört Zellulitis lange nicht so sehr, wie du glaubst. Warum wohl? Weil er viel zu sehr mit eigenen

Figurproblemen beschäftigt ist. Folglich sollte man die ganze Zellulitis-Angelegenheit lässig behandeln. Sonst schleichst du dich verklemmt nur noch rückwärts aus einem Zimmer, wenn du nackt bist, oder du genierst dich, unter der Dusche zu vögeln. (Man sollte sich allerdings vor starkem Oberlicht hüten. Es macht aus weiblichen Schenkeln die reinste Mondkraterlandschaft.)

Sex und Training

Es wird wohl keinen überraschen, daß Sex ein ideales Training ist. Man schwitzt, keucht, bringt den ganzen Kreislauf in Schwung. Die Schenkel werden geschmeidiger, der Unterleib wird belastbarer.

Es versteht sich wohl von selbst, daß du nicht einfach nur so daliegen darfst. Setz dich oft auf deinen Partner oder treib's in verschiedenen Positionen, die Schenkel- und Wadenmuskeln beanspruchen, z.B. auf dem Küchentisch oder beim Bodenschrubben. (Du tust natürlich nur so, als ob . . .) Auf einem Stuhl ist es auch zu empfehlen, an der Duschstange hängend kann sehr gut für den Trizeps sein. Vielleicht bittest du mal deinen Arzt um Rat.

Zweimal Sex pro Tag müßte eigentlich genügen, um dich in Form zu halten. Schlecht ist es allerdings, wenn dein Liebhaber an Ejaculatio praecox leidet. Dann müßt ihr's wohl viermal täglich treiben.

Oralverkehr und Wangenknochen

Oralverkehr bringt deine Gesichtsmuskeln auf Vordermann. Wenn du's oft genug tust, bekommst du sogar hohe Wangenknochen wie eine Tatarenschöne. Hast du keinen Mann zur Verfügung, tut's auch ein Dauerlutscher.

Keine Sorge, die meisten Männer stellen sich liebend gern zur Verfügung. Versuch's aber nicht mit dem Liebhaber deiner besten Freundin, sonst ist ein gebrochenes Kinn der ganze Erfolg.

158

Sport

Manche Sportarten sind gut für deine Figur, andere nicht. Eishockey ist zwar gut für die Figur, aber schlecht für die Zähne. Jede Art von Kampftraining (Judo, Jiu-Jitsu, Karate) ist ausgezeichnet — für Körper und Seele. Dann kannst du dir sogar den Totschläger in der Handtasche sparen.

Rückfälle

Es kommt ein Zeitpunkt, wo dein neues Körperbewußtsein dich bei dem Gedanken lachen läßt, du könntest wieder in deinen alten, ungesunden Schlendrian zurückfallen. »Wer, ich?« fragst du ungläubig. »Ich soll wieder schlapp in der Hängematte rumliegen? Niemals! Ich bin ein ganz neuer Mensch. Ich weiß jetzt Bescheid. Habe ich dir schon meinen tollen Bizeps gezeigt? Ach ja? Möchtest du ihn nicht noch mal sehen?«

Und doch passiert's auch den Besten unter uns, daß sie die Dinge wieder schleifen lassen. Alles kann Auslöser eines solchen Rückfalls sein. Ein zu anstrengender Job, eine unglückliche Liebesgeschichte, eine latente Virusinfektion.

Bloß keine Schuldgefühle! Dadurch wird alles nur noch schlimmer. Auch die temperamentvollsten, lebenslustigsten Frauen verlieren manchmal alle Lust und verkriechen sich im Bett.

Gönn dir eine Ruhepause. Denk zwei oder sogar vier Wochen lang nicht mehr ans Training. Mit der Zeit meldet dein Körper wieder Rechte an, und du reißt dich zusammen. Hier ein kleiner Trick, falls sonst nichts mehr hilft. Stell dir plastisch vor, wie du im Bikini am Strand liegst. Dann springst du nämlich sofort auf und tust wieder was für dich.

14.

Äußere Aufmachung

Beim Kleiderkauf hat dein Unbewußtes den besten Geschmack der Welt. Es weiß besser als du, was dir steht. Es weiß, ob dieses aparte grüngelb dich wie eine unreife Banane oder wie eine geheimnisvolle, tragische Schöne wirken läßt. Es weiß auch, daß du mit deiner Taille kein Dirndl tragen darfst.

Das Unbewußte ist etwas Wunderbares. Es weiß nicht nur, daß quergestreift fett macht, es weiß auch über die Geheimnisse des Universums Bescheid. Es weiß, warum das Gras grün ist und warum Hunde es manchmal fressen. Es weiß, warum du verrückt auf Sahnetrüffel bist, warum Söckchen ständig im Waschcenter verloren gehen und warum Sterne existieren.

Natürlich verrät es dir all das nicht so einfach. Es ist reichlich verschwiegen, dein Unbewußtes. Es läßt sich auch nicht aushorchen: »Hör mal, Schätzchen, was glaubst du, warum ich diesen scheußlichen Schal gekauft habe, in dem ich wie meine eigene Großmutter aussehe?« Darauf antwortet das Unbewußte garantiert nicht.

Es ist nämlich der (richtigen!) Meinung, daß es einige Dinge gibt, die es dir am besten verschweigt.

Beim Kleiderkauf ist allerdings das Gegenteil der Fall. Es ist unfair, daß dein Unbewußtes mit jedem Kleidungsstück, das du anziehst, aller Welt deine unbewußten Träume und Wünsche kundtut. Jeder, der dich sieht, kann in dir wie in einem Buch lesen, nur du hast keine Ahnung, was du alles verrätst.

Um das zu verhindern, mußt du häufig in den Spiegel schauen. Pflege diplomatische Beziehungen zu deinem Spiegel, behandle ihn wie deinen besten Freund. Ein klein wenig Narzißmus ist gut für Seele und Körper. Es wäre allerdings übertrieben, stundenlang in den Spiegel zu starren und alles ringsum zu vergessen.

(Vor allem nie in der Öffentlichkeit! Beau Brummel, jener legendäre Salonlöwe, verbrachte Stunden vor dem Schlafzimmerspiegel, um den Sitz seines Halstuchs zu perfektionieren. In Gesellschaft gönnte er seinem Spiegelbild keinen Blick. So etwas tat man einfach nicht!)

Mach dir klar, was du vor dir hast, wenn du in den Spiegel schaust. Dann erkennst du nämlich, daß du häufig ein verfälschtes Bild von dir projizierst.

Hier einige typische Projektionen von Frauen. Vielleicht wirst du dich darin wiedererkennen.

Das kleine Mädchen

Rosa ist Trumpf! Selbst zuviel Rosa ist noch nicht genug. Sie schwärmt für Spitzen und Puffärmel, sie hat viele Söckchen, die zum Teil mit niedlichen Kornblumen bestickt sind. Auch als erwachsene Frau liebt sie Hängerkleidchen mit Rüschen am Saum oder Handgelenk. (Am liebsten trüge das kleine Mädchen auch noch Zöpfe.)

Sie vermittelt dadurch die Vorstellung, daß sie immer noch im Sandkasten spielt und keine Verantwortung tragen kann. Sie hält ständig nach jemandem Ausschau, der sich um sie kümmert. Zwar kann sie schneller als jeder Lastwagenfahrer einen Reifen wechseln, tut aber immer auf hilflos.

Das kleine Mädchen hat Angst, jemandem zu nahe zu treten (wahrscheinlich hat sie eine miese Mutterbeziehung) und versucht krampfhaft, ihre Stärke oder gar Sexualität zu verbergen.

Das kleine Mädchen schläft nur selten mit Männern. Die sind nämlich auf der Hut und denken: »Bevor ich sie ins Bett kriege, muß ich sicher ihr Badezimmer streichen.« Falls ein Mann nicht total verknallt ist, hat er auch keine Lust, sich durch die vielen Rüschen, Spitzen und Schleifen zu arbeiten, um herauszufinden, ob das kleine Mädchen ihm auch nackt gefällt. Insgeheim hat er den Verdacht, daß sie ihren Körper verbirgt, weil er nicht schön ist.

Es gibt einen Männertyp, der sich vom kleinen Mädchen so magisch angezogen fühlt, wie ein Lemming von Meer. Nein, nicht der große, starke Bauarbeiter, der ein zartes Frauchen zum Beschützen sucht. Ihr Verehrer ist der »kleine Junge«, der endlich (!) sein Traummädchen gefunden hat. Sie gehen zusammen in den Zoo und schluchzen vor Rührung über ein Bärenjunges. Als Pärchen sind die beiden für ihre Umwelt unerträglich.

Die Verführerin

Die Verführerin glaubt, über die Männer Bescheid zu wissen. Ihr ist klar, daß sie möglichst viel Busen, Bein und Po (in knallengen Jeans) sehen wollen. Sie weiß das nicht nur, sondern handelt auch danach.

Häufig ist die Verführerin Kellnerin oder Barfrau oder einfach bekloppt. Gewisse Kellnerinnen und Barfrauen ziehen sich schon immer so an, daß ihre Kurven gut zur Geltung kommen, da es meistens die Männer sind, die ein großzügiges Trinkgeld geben. Bekloppte Frauen sehen in Männern sowieso nur ein spendiertes Mittag- oder Abendessen.

Obwohl die Verführerin andere Frauen meist als Konkurrenz behandelt und dementsprechend eklig sein kann, sollte man die Bekanntschaft mit ihr pflegen. Sie hat nicht nur ein profundes Wissen über Neigungen und Schwächen der Männer, sondern ist häufig auch eine witzige Gesprächspartnerin.

Welche Männer fühlen sich von der Verführerin angezogen? Arbeiter und Gangster! Beide lieben es, mit einer auffallenden Frau (eine Sexbombe wäre ihnen am liebsten) aufzutreten. Wie ein protziger Brillantring gibt ihnen eine solche Frau ein Gefühl von Sicherheit.

Doch da ist noch ein kleines Problem. Männer halten sie oft für austauschbar gegen eine andere Verführerin und manchmal sogar für billig, wenn sie bereit ist, schon nach dem ersten spendierten Martini — von einem teuren Essen ganz zu schweigen — Fellatio zu machen.

Die Domina

Die Domina trägt schwarz. Am liebsten schwarzes Leder!

An ihr ist nichts Verspieltes. Sie will dominieren, will gefährlich wirken. Es soll nicht ausgeschlossen sein, daß sie eine Peitsche bei sich trägt.

Ganz zufällig geriet ich mal in diese Rolle. Ein Freund schenkte mir seinen Motorradanzug, der ihm nicht mehr paßte. Ein aufreißerisches Ding aus schwarzem Leder mit unzähligen Reißverschlüssen.

Jedesmal, wenn ich mich so verkleidete, wurde ich von Männern belagert. Es waren sogar nette Männer, nicht etwa nur arme Perverse. Erfolgreiche Anwälte, Lehrer, Zahnärzte. Schwarzes Leder und Reißverschlüsse machten sie total verrückt.

Ich kann nur vermuten, was dahinter steckt. Vielleicht hat's was mit Aggression zu tun, der heimlichen Krankheit der Achtziger Jahre. Vor allem Männer verfügen tonnenweise über Aggressionen — gegen Zeitungsverkäufer, die zu wenig Wechselgeld rausgeben, gegen rücksichtslose Fahrer, die sie auf der Autobahn schneiden, gegen jeden, der ihnen den Job klauen will, gegen unverschämte Frauen, die in der Liebe und der Arbeit Gleichberechtigung fordern. Aber besonders gegen sich selbst. Sie sind verdammte Chauvis und wissen es auch. Wenn sie also ein Mädchen in gemeinem schwarzen Leder sehen, reagiert etwas in ihnen sofort darauf. Sie wissen aber nicht, was.

Vorsicht ist geboten! Woher sollen die Männer ahnen, ob du's harmlos oder ernst meinst? Am Ende wollen sie noch, daß du sie tatsächlich auspeitschst.

Die Designer-Type

Die Designer-Type ist eine unsichere Frau, die schwere Identitätsprobleme hat. Ihre Seidentücher, Handtaschen, Schuhe, sogar Sonnenbrillen, tragen Initialen, aber nicht ihre eigenen. Einer Designer-Type ist es egal, wie sie aussieht, Hauptsache, sie sieht teuer aus. Sie schafft es, knallrot mit orange zu tragen, und merkt es nicht einmal.

Eigentlich will die Designer-Type vermitteln, daß sie viel Geld und Schick hat. Ihr Unbewußtes sagt aber etwas ganz anderes.

»Ich weiß nicht, wer ich bin«, signalisiert es. »Kannst du's mir bitte verraten?«

Nach dem ersten Blick auf das vielsagende »YSL« an ihrer Jacke denkt sich der sadistische Männertyp: »Prima, hier habe ich eine Frau ohne Selbstwertgefühl. Die kann ich wie den letzten Dreck behandeln. Ich lasse sie morgen meine Fenster putzen, während ich mich mit einer anderen amüsiere.«

Hört mal her, ihr Designer-Typen. Wenn ihr gut behandelt werden wollt, dürft ihr nie andere Initialen tragen, als eure eigenen — wenn überhaupt! (Kein diskretes »G« auf euren Schuhen und auch kein fast unsichtbares »Dior«, das ins Nachthemd eingewebt ist.)

Der Hippie-Typ

Es war einmal . . . In den Sechziger Jahren war jeder ein Hippie, der was darstellte, nur nannte man sich nicht so.

Inzwischen leben wir einige Jahrzehnte später, und »Hippie« bedeutet etwas ganz anderes. Früher war ein Hippie jemand, der bereit war, in der Welt herumzugondeln, abenteuerliche Dinge zu tun, jede Droge auszuprobieren und mit jedem zu schlafen. Heute backt ein sogenannter Hippie sein eigenes Brot und stillt sein Baby, das ist alles.

Die Kleidung des Hippie ist selbstverständlich handgewebt. Schals, Hosen und Blusen aus Indien mit kleinen Spiegelplättchen sind der Hauptbestandteil der Garderobe.

Ein Hippie ist für Geschäftsleute, Studenten und andere Hippies attraktiv. Der Geschäftsmann glaubt, daß sie ihm all die freie Liebe schenkt, die er sich erträumt. Über ihre Versuche, ihn zu gesunder Ernährung zu bekehren, lacht er sich kaputt.

Der konservative Typ

Falls du zu den Frauen gehörst, die auf Nadelstreifenanzüge mit Westen schwören, dann liest du das falsche Buch. Leg's weg und widme dich lieber wieder deiner Jahresabrechnung.

Hast du erkannt, welchen Typ du verkörperst? Gut, dann versuch ihn loszuwerden. Kleidung ist ein Spiegel der Seele, und deine Seele ist bekanntlich facettenreich und zu komplex für Worte. Wieso sollst du dich auf einen Typ festlegen, wenn du dich in einer Minute wie Jane Fonda und in der nächsten wie Brooke Shields fühlst?

Lösung? Zieh dich immer für den Moment an. Das ist keine so leichte Aufgabe, wie es sich vielleicht anhört. Richtige Kleidung kann jeden Tag deines Lebens erleichtern oder erschweren.

Grundregel: Man soll immer passend angezogen sein. (Natürlich kannst du in uralten Klamotten zum Zigarettenautomaten an der Ecke laufen. Oder wohnt im Nachbarhaus jemand, auf den du scharf bist? Das passierte mir mal. Der reinste Alptraum! Manchmal brauchte ich zwanzig Minuten, um das richtige T-Shirt auszusuchen. Zum Glück zog er bald in ein anderes Viertel.)

Sich passend anziehen heißt nicht etwa graue Flanellhosen für den Supermarkt und Seidenkleider für ein Abendessen zu zweit. Sich passend anziehen heißt, daß du am liebsten ein Lied singen oder ein paar Tanzschritte machen möchtest, so wohl fühlst du dich.

Eine Freundin von mir schwärmt heute noch von jenen Zeiten, als sie im Minikleid aus Silberlurex, einer silberbeschlagenen Fliegerkappe aus schwarzem Leder, einem roten Trenchcoat und Netzstrümpfen nach London zu fliegen pflegte.

»Kommt mir reichlich aufgedonnert vor«, meinte ich zweifelnd.

»Na und! Ich fühlte mich einfach super. Riesig! Mir konnte es gar nicht besser gehen. Und das ist doch das Wichtigste, oder?«

Recht hat sie. Los, kauft euch ein paar dufte Klamotten.

Wie soll man einkaufen?

1. *Leg dich hin.*

Wenn man was Wichtiges vorhat, ist es immer gut, sich ein Weilchen auf den Bauch zu legen. Träum vor dich hin, hör dir eine Platte an. All das bringt dein Unbewußtes dazu, sich dir etwas zu öffnen. Plötzlich kapierst du, daß du die Tweed-Anzüge nicht leiden kannst, die du wegen deines seriösen Jobs trägst. Du möchtest viel lieber in einen lässigen, knallroten Overall schlüpfen.

2. *Behalte diese Wunschvorstellung in deinen Gedanken.*

Vergiß keinen Moment, wie du in Zukunft aussehen möchtest. Das ist sehr wichtig, wenn du eine Boutique betrittst. Die raffinierten Verkäuferinnen schwatzen dir sonst garantiert etwas anderes auf.

Du weißt schon, welche Typen ich meine. Sie haben lange blonde Mähnen, schmale Hüften und sind immer perfekt angezogen. Sie wirken, als ob sie gerade aus Paris oder Mailand hergeflogen seien und nur aushilfsweise in der Boutique arbeiten, um etwas zum Kichern zu haben. (Beim Mittagessen mit einer ebenso gestylten Freundin sagen sie dann z.B.: »Du kannst dir nicht vorstellen, Angela, was für ein Trampel heute in den Laden kam. Garantiert über fünfzig Taillenweite. Man stelle sich das vor!«)

Vor solchen Kreaturen muß man flüchten wie vor einem Versicherungsvertreter. Leichter gesagt als getan. Kaum betrittst du das Geschäft, da stürzt sich die Verkäuferin schon auf dich, als seist du ihre wiedergefundene Schwester. Sie macht dir mit leicht französischem Akzent ein Kompliment über dein Aussehen und lotst dich zu dem nächstbesten Ständer mit sündteuren Klamotten.

»Dies ist der Hit der Saison«, flötet sie. »Es hat so was, je ne sais quoi. Und es bringt Ihre Taille perfekt zur Geltung.«

Wie bitte? Welche Taille? Du drehst dich um, da sie bestimmt jemand anders meint. Aber nein, sie meint dich und schiebt dich schon zur Umkleidekabine. Ihre Hand an deiner Taille gleicht einer Eisenklammer.

3. *Denk an Leute wie Lester Bangs.*

Lester war ein brillanter, leicht verrückter Schriftsteller, der mal sagte: »Stil ist Originalität, Mode ist Faschismus. Beide sind unvereinbar.« Denk an solche oder ähnliche Worte, wenn du wie Schlachtvieh zur Kabine geschleppt wirst. Wehr dich!

Lächle die Verkäuferin charmant an und sag etwas wie: »Nein danke, Chérie. Das Kleid ist schick und sicher der letzte Schrei, aber das interessiert mich nicht. Mich interessiert der rote Overall dort drüben viel mehr.«

Sie macht ein Gesicht, als sei ihr eine Spinne in den Ausschnitt gefallen, aber das kann dir ja egal sein. Zum Teufel mit ihr!

Noch etwas: Selbst nette, unaufdringliche Verkäuferinnen versuchen einem immer einzureden, daß alles mit Gürtel besser aussieht.

Du stehst vor dem Spiegel und versuchst dich mit einem Kleid anzufreunden, das locker und lässig sitzt. Die Verkäuferin mustert kritisch dein Spiegelbild und versichert dir dann, daß du toll aussiehst, mit Gürtel aber unwiderstehlich wärst. Sie verschwindet und kommt mit einem wahren Scheusal von Gürtel zurück. Falls du nicht sehr selbstbewußt bist, wird dich das ganze Manöver so verwirren, daß du Kleid samt Gürtel kaufst.

Zu Hause stellst du dann fest, daß es dir mit oder ohne Gürtel nicht steht. Um kein kompletter Trottel zu sein, redest du dir ein, daß du den Gürtel gut gebrauchen kannst. Du hängst das Kleid in den Schrank, vergißt es zwei Jahre lang und schenkst es schließlich deiner Kusine, die's auch nicht anziehen wird.

4. *Kauf nur etwas, in das du dich auf Anhieb verliebt hast.*

Solch ein Kleidungsstück müßte eigentlich vom Bügel gleiten, dir die Arme um den Hals schlingen und rufen: »Ich gehöre zu dir.« Warte eine solche Gelegenheit geduldig ab. Kauf nie, falls du im Zweifel bist!

Die Schränke von Frauen sind angefüllt mit Fehlentscheidungen. Du kaufst dir z.B. eine Bluse mit doofen Perlenknöpfen, weil deine beste Freundin in ihrer so hinreißend aussieht. Tu's nicht. Entweder bist du ein Typ für Perlenknöpfe, oder du bist's nicht.

5. *Laß dir nicht durch Sonderangebote den Kopf verdrehen!*

Dieser Blazer von Armani wurde von 800 DM auf 150 DM herabgesetzt? Na wenn schon. 150 DM sind immer noch viel zuviel für etwas, das aus dir einen weiblichen Gorilla macht.

6. *Geh Shopping!*

Drei, vier Stunden Shopping bringen dich in gute Laune. (Ideal ist es, wenn du nichts Bestimmtes kaufen mußt.)

Ausgiebiges Shopping kann dich vor vielen Irrtümern bewahren. Manchmal spielt nämlich dein Geschmack verrückt, und du bildest dir plötzlich ein, du müßtest unbedingt einen blauen Blazer haben. Beim nächsten Einkaufsbummel stellst du fest, daß dieses verdammte blaue Ding überall in den Schaufenstern herumliegt und von jeder dritten Frau getragen wird. Du begreifst nicht mehr, was du je an einem blauen Blazer finden konntest.

7. *Bloß kein Polyester!*

Polyester hat für mich was Widerliches. Natürlich weiß ich auch, daß es pflegeleicht ist, aber das kann mir gestohlen bleiben. Polyester verschafft seiner Trägerin Minderwertigkeitskomplexe. Warum? Weil jeder Kunststoff so tut, als sei er etwas ganz anderes, z.B. Seide. Manche Leute fallen sogar darauf rein, aber du kennst ja die traurige Wahrheit. So etwas schlägt sich auf deine Laune.

8. *Kauf gutklassige Sachen.*

Du fühlst dich in gut genähter Kleidung viel besser als in irgendeinem billigen Fummel, der nur auf den ersten Blick gut aussieht.

Falls du Geld hast, gibt's da keine Probleme. Hast du's nicht, dann sind anspruchsvolle Second-hand-Läden deine Rettung. Auch Trödelmärkte können manchmal wahre Goldminen sein. Aber kauf dir keine bombastischen Sachen, mit denen du besser in ein Wachsfigurenkabinett passen würdest als auf die Straße.

9. *Drei Paar Schuhe genügen völlig.*

Schwarze Stiefel, weiße Slipper und rote hochhackige Pumps — alles übrige ist Luxus.

Die Stiefel sollen aus gutem, strapazierfähigem Leder sein. Keine zu niedrigen Absätze, sonst hast du einen plumpen Gang!

Weiße Slipper müssen nicht teuer sein. Allerdings haben billige Exemplare aus Kaufhäusern häufig die fatale Neigung, dir die kleinen Zehen einzuzwängen.

Natürlich brauchst du im Grunde keine hochhackigen roten Pumps. Aber sie sind gut für's Selbstbewußtsein, glaub mir! Wenn du rote Pumps trägst, tanzt du wie Laura del Sol und singst wie Milva.

Kauf keine aufwendigen, hochmodischen Schuhe mit Silberbeschlägen, Plastikschnallen, goldenen Schnürsenkeln oder sonstigem Schnickschnack. Je modischer sie sind, desto rascher sind sie auch wieder altmodisch.

Erinnerst du dich? Im Herbst 1981 gaben neun von zehn Frauen einen Wochenverdienst für silbrige oder goldfarbene Stiefeletten aus, die der letzte Schrei waren. Im Winter 1981/82 versteckten dieselben Frauen diese Scheußlichkeiten verschämt im tiefsten Dunkel ihres Kleiderschranks. Im Frühling 1982 gab's in jedem Second-Hand-Laden eine extra Ecke für metallisch glänzende Stiefel, das Paar zu 20 DM.

Bequemlichkeit ist sehr wichtig. Spazier also ruhig so lange im Geschäft herum, bis die Verkäuferin glasige Augen kriegt und zu gähnen anfängt. Glaub nicht, daß Schuhe sich später ausweiten und perfekt passen, wenn sie beim Kauf drücken. Ich habe neulich sechs Paar tolle Schuhe dem Roten Kreuz gestiftet, und mir tun jetzt schon die armen Frauen leid, die sie tragen müssen. Kunstleder ist übrigens das Allerschlimmste und läßt sich keinen Millimeter weit dehnen.

Schuhe mit »Guckloch« sind nur dann zu empfehlen, wenn du schön geformte und makellos lackierte große Zehen hast.

Silikon Sprays hindern das Leder am Atmen und verwandeln es quasi in Vinylleder.

Es ist total passé, sich über seine großen Füße aufzuregen. Wer will denn niedliche kleine Füßchen haben? Eine gute Freundin von mir, eine wahre femme fatale, fand ihre Schuhe nicht mehr bequem genug und kaufte sie von da an um zwei Nummern größer. Wahre Kähne, aber was soll's? Ihre Füße sind ihr ewig dankbar.

Welche Kleidung gefällt Männern?

Als junge Journalistin interviewte ich mal Walter Matthau, einen wahren Schatz. Etwas an mir weckte seine Beschützerinstinkte, und er erkundigt sich während des Gesprächs telefonisch bei allen möglichen Brüdern und Vettern, ob sie nicht einen passenden Mann für mich hätten.

Nach dem Interview schaute er mich noch einmal von Kopf bis Fuß an und schüttelte bekümmert den Kopf. Ich fand mein Twinset und meinen Plisseerock schick, aber Walter war da anderer Meinung.

»So, wie Sie angezogen sind, wird kein Mann Sie verführen«,

sagte er offen. »Sie brauchen ein schwarzes Kleid, Stil vierziger Jahre. Und lassen Sie Ihre verdammten Haare nicht einfach so ins Gesicht hängen. Hochfrisur ist besser für Sie.«

»Geh zum Teufel«, dachte ich voll feministischer Empörung.

Kurz darauf befolgte ich jedoch insgeheim seine Vorschläge und merkte erstaunt, daß die Männer ihre Aufmerksamkeiten verdoppelten.

Wenn du auf Sex aus bist, mußt du dich den Männern auch sexy präsentieren. Das bedeutet nicht, daß du dich für Männer extrem aufzäumen mußt. Aber etwas aufregend soll deine Kleidung schon sein.

Leider wissen wir nicht genau, was auf Männer sexy wirkt. Elvis Presley war angeblich auf weiße Baumwollhöschen scharf. Ein Anwalt, der über mir wohnt, wird bei hochhackigen Schuhen und Söckchen geil.

Fast alle Männer sehen gern weibliche Kurven, 97% mögen Stöckelschuhe und alle lieben schwarz. Denk also immer daran, ein kleines sündiges Schwarzes auf Vorrat zu haben — für alle Fälle.

Noch etwas. Schulterpolster sind eine tolle Erfindung der Menschheit. Sie lassen dich schmal und zerbrechlich wirken. Du siehst dann so aus wie Lauren Bacall, als sie zu Humphrey Bogart jene zwei kleinen Sätze sagte, die voller Erotik waren: »You know how to whistle, don't you? Just put your lips together and blow.«

Vernachlässigung

Es kommen immer wieder Momente im Leben einer Frau, wo ihr jeder Gedanke an Kleider oder Aufmachung zuwider ist. Haarewaschen, Augenbrauenzupfen und Schminke machen einen fast melancholisch.

Manchmal kommt man sich wie ein Opfer vor, wenn man ständig was für sein Aussehen tun soll. Solch ein Gefühl kann absolut beherrschend werden. Es überfällt dich unvermittelt, du kannst dich nicht dagegen wappnen. Vielleicht hast du gerade eine hinreißende Affäre mit einem Mann, der dich normalerweise dazu animiert, dich toll herzurichten und tief ausgeschnittene

Kleider anzuziehen. Doch plötzlich kriegst du eine Gänsehaut, wenn du irgendwo ein Seidenkleid siehst.

Was tun? Zieh dir sofort bequeme Jeans und ein altes T-Shirt an. Verzichte auf jedes Makeup, wasch dir nicht die Haare.

Du wirst so erleichtert sein, wie's deine Urgroßmutter war, wenn sie abends ihr Korsett loswurde. Geh mit deinem Partner ins Bett, falls er den »Schlamplook« nicht leiden kann. Stört's ihn dann immer noch, ist er ein geistloser Langweiler, der kein Gespür für die tausend Facetten deiner geheimnisvollen Persönlichkeit hat.

Allmählich wirst du dann wieder Lust darauf kriegen, dich hübsch herzurichten. Aber laß dir ruhig Zeit.

15.

Dessous

Dessous und Kleidung sind zwei ganz verschiedene Dinge. Kleidung hat Nützlichkeitswert. Sie hält dich warm, schützt dich vor Nässe und verhüllt gnädig etwaige körperliche Mängel. Sie hat Taschen, in denen du Geld, einen Totschläger oder dein Diaphragma verstauen kannst.

In diesem Sinne sind Dessous ohne Nutzen — mit einer Ausnahme: Sie sorgen für jenes Prickeln, das den Unterschied zwischen Banalitäten und Frivolitäten ausmacht (höchste Zeit, das 1. Kapitel noch 'mal zu lesen!). Zugestanden, der BH hält deine Brüste auf einer Linie mit deinen Blusenknöpfen, und dein Slip verhindert Scheidenentzündungen. Wir reden hier aber nicht von normaler Unterwäsche. Wir reden von Spitzenhöschen, Petticoats, Tangas, Strumpfgürteln und -bändern, Korsagen, Negligés und durchsichtigen Nachthemden.

Denk an geile Sachen mit Männern, wenn du Dessous kaufst. Bloß keine Komplexe, weil du sowas tust. Es ist absolut okay. Törnst du einen Mann bis zum Äußersten an, habt ihr immer beide euren Spaß.

Auch beim Thema Dessous sind Männer unberechenbar. Manche wollen, daß du blütenweiß, taufrisch und jungfräulich aussiehst. Bei anderen sollst du so wirken, als kämst du gerade aus einem Bordell in Amsterdam. Ein Mann gestand mir mal, daß er auf gestreifte Reizwäsche abfährt, da er diese Streifen mit Gefängnis assoziiert. (So schnell habt ihr mich noch nie weglaufen sehen.)

Kauf also ruhig, was du am Aufregendsten und Tollsten findest. Der richtige Slip kann manchmal (in sexueller Hinsicht) ebenso wichtig sein wie schöne Beine.

Merk dir, daß nur perverse und gestörte Männer Strumpfhosen leiden können. Strumpfhosenliebhaber sollen schon öfter unschuldige alte Damen erwürgt haben. Nicht genug damit! Sie haben auch keine Ahnung vom Ficken. Na schön, eine vage Vorstellung haben sie vielleicht. Das sieht dann so aus: Sie legen sich ein, zwei Minuten auf dich und konzentrieren sich fieberhaft auf Fußballergebnisse. Dann rollen sie von dir runter und schlafen mit offenem Mund ein.

Strümpfe und Strumpfgürtel sind Trumpf! Sie vermitteln dir das Gefühl, eine femme fatale zu sein. Du bist dann eine Frau, die über alle Raffinessen Bescheid weiß, aber darüber schweigt. Du bist eine Frau, der berühmte Schlager gewidmet werden.

Strümpfe sind übrigens auch hygienischer. Strumpfhosen sind bekannt dafür, daß sich in ihnen alle möglichen Bakterien pudelwohl fühlen.

Kauf dir zwei schwarze Strumpfgürtel und vielleicht noch einen knallroten oder pinkfarbigen. Einen Strumpfgürtel mit aufgedruckten komischen Sprüchen oder den Wochentagen kannst du dir sparen.

Schwarz ist absoluter Favorit — vor allem in der Strumpfabteilung. Schwarz ist eigentlich fast immer richtig.

Denk nur an Anna Magnani in dem Film »Die tätowierte Rose«. Sie sah zuerst nach gar nichts aus, die gute alte Anna. Als sie dann einen schwarzen Spitzenunterrock und schwarze Strümpfe trug, war sie auf einmal eine sehr begehrenswerte Frau.

Netzstrümpfe sind genau richtig, wenn du dich mal leicht verworfen und sündig fühlen willst. Gemusterte Strümpfe sind auch nicht schlecht, aber man darf's weder mit Farben, noch mit Mustern übertreiben. Die Strümpfe müssen lang genug sein, da sich sonst dein Hüftgürtel so tief runterzieht, daß du die Blutzirkulation in deinem Popo abschnürst. Und der ist bekanntlich eine ausgesprochen erogene Zone, wenn er nicht völlig »taub« ist.

Oben sollten die Strümpfe eine bequeme Weite haben, da sie sonst deine Schenkel rausquellen lassen. Männer stören solche quellenden Schenkel allerdings nicht. Manch einer gerät sogar völlig aus dem Häuschen und fängt vor Begeisterung zu jaulen und zu sabbern an wie ein Dobermann, wenn er Einbrecher stellt. Da hilft dann nur noch ein Krug mit Eiswasser.

Strümpfe mit Naht sind nicht gerade subtil, erfüllen aber bestens den gewünschten Zweck. Trag sie lieber nur mit einem Mann, mit dem du schlafen willst. Sie sind nämlich so etwas wie eine deutliche Aufforderung: »He du, reiß mir bitte bald die Kleider vom Leib.« Wenn du die Lust deines Begleiters noch steigern willst, mußt du ab und zu die Nähte geradeziehen. Strümpfe mit Naht bitte nie zu flachen Schuhen — das funktioniert nicht.

Slips immer *über* den Hüftgürtel anziehen, nie umgekehrt. Sonst muß der ganze Zauber runter, bevor es zum Sex kommt.

Ein bißchen Tarnung ist erlaubt. Falls du dicke Schenkel oder einen Hängepopo hast, dann zieh ruhig einen hübschen Halbunterrock an, der wirkt auch verführerisch. Mit kleinem Busen empfiehlt sich ein BH mit Spitzen oder ein Hemdchen mit Spaghettiträgern und Spitzen am Ausschnitt. Falls es dir an Taille fehlt, kannst du dich in eine aufregende Korsage zwängen.

Übertreib's aber nicht mit der Tarnung. Eine freie und erfüllte sexuelle Beziehung kann nicht zustandekommen, wenn du dich weigerst, dich nackt zu zeigen.

Gib kein Vermögen für altmodische seidene Unterwäsche aus, denn die reißt bei der geringsten Belastung. Wenn du mit einem temperamentvollen Mann ins Bett steigst, ist das Zeug in zwei Minuten kaputt. Vielleicht bereitet es ihm großes Vergnügen, dir die Sachen vom Leib zu fetzen, aber du denkst da sicher anders darüber.

»Liebling, es ist so wundervoll«, murmelt er.

»Schon wieder zweihundert Mark zum Teufel!« erwiderst du mürrisch.

Ein klassisches Mißverständnis!

Wie sorgst du dann für Ersatz?

Wenn sich ein vielversprechender Mann mit dir verabreden will, schlägst du ihm vor, sich schon gegen 17 Uhr zu einem Drink zu treffen. Such eine Bar aus, in deren Nähe es ein schönes Wäschegeschäft gibt.

Nach ein paar Longdrinks schleppst du ihn dann in Richtung Wäscheladen ab.

Ein Mann solo im Wäschegeschäft ist ein Mann, den man nur

bedauern kann. Er wird rot, stammelt und ist davon überzeugt, daß die lächelnde Verkäuferin glaubt, er wolle den roten Hüftgürtel für sich selbst. In einer solchen Situation kommt es durchaus vor, daß er stolpert und mit dem Kopf voran im Schaufenster mit Tangas landet.

In Begleitung einer Frau fühlt sich jeder Mann im Wäscheladen wie ein King. Er lächelt strahlend und verschmitzt, signalisiert, daß er ein toller Kerl ist, ein wahrer Draufgänger bei den Frauen.

Er nickt begeistert, wenn du einen BH und passenden Slip aus Spitzen hochhebst und ihn fragst, was er davon hält. Ihm wird heiß, wenn du verkündest, daß du den BH schnell mal anprobieren möchtest. Während du dich im Spiegel der Ankleidekabine bewunderst, überlegt er fieberhaft, wie er sich ums Kino drücken und dich sofort in seine Höhle schleppen kann.

Das erinnert mich daran, wie ich mal mit einem heißgeliebten Freund in einem teuren Dessousladen einkaufen ging. Die Verkäuferin sagte zu mir: »An Ihrer Stelle würde ich diesen knallroten BH nehmen (er bestand eigentlich nur aus einem schmalen Rand, der die Brüste stützt, aber fast nackt läßt), der Ihren Busen prächtig zur Geltung bringen wird. Mit dem Hüftgürtel ergibt das eine sehr aufregende Kombination...«

Mein Freund war ungewöhnlich still, als er mich heimfuhr.

»Ich dachte, wir wollten noch unterwegs was essen«, sagte ich zu ihm. Meine Einkäufe lagen in einem duftigen Päckchen auf meinem Schoß.

»Das verschieben wir auf morgen«, erwiderte er fast schroff. »Wir müssen nach Hause.«

»Aber ich habe Hunger.«

»Nein, hast du nicht.«

»Wieso nicht?«

»Du weißt verdammt gut, daß du keinen hast. Wir halten nirgends, sondern fahren schnurstracks heim. Dort angekommen, machst du keinen Schinkentoast oder telefonierst oder schaltest den Fernseher ein, mein lieber Schatz. Wir gehen sofort ins Schlafzimmer, wo du deine Neuerwerbungen anziehst. Und ich ziehe sie dir dann wieder Stück für Stück aus. Okay?«

Seht ihr, es wirkt also tatsächlich.

16.

Schönheitstips

Jede Frau auf der Welt hat die Möglichkeit, schöner und jünger auszusehen, als sie es sich träumen läßt.

Und dazu braucht sie nur eine einzige, allerdings sehr wichtige Regel zu beherzigen:

Führe nie ein vernünftiges Leben!

Sobald du beschließt, endgültig erwachsen zu sein und nichts Unvernünftiges mehr zu tun (z.B. die ganze Nacht durchtanzen oder hemmungslos flirten), verlierst du den Zauber der Jugend.

Schau dich um, wenn du mir nicht glaubst. Schau dir die Leute an, die lieber in Banken als in Bars gehen, die jedes Risiko scheuen, die den gewohnten Trott lieben. Schau sie dir an, und du wirst mir rechtgeben. Jeder einzelne hat einen steifen Nacken.

Kennst du eine Frau, die stolzer auf ihre blitzblanke Küche als auf ihre aufregenden Dessous ist, und trotzdem noch attraktiv auf Männer wirkt? Nein? Na also!

Ein gutes Beispiel für meine Theorie ist eine dreiundvierzig-jährige Journalistin. Sie sah wie achtundzwanzig aus und hatte nie Haarprobleme. Dann zog sie in einen Vorort von Washington und ging von einer Cocktailparty zur nächsten. Innerhalb von Tagen bekam sie Fältchen um die Augen, und ihr Haar verlor seinen Glanz.

»Es war unheimlich«, gestand sie mir später. »Plötzlich war ich nur noch eine alte Schachtel. Ich sagte meinem Mann, wir müßten unbedingt wieder in die Stadt zurückziehen, und zwar prestissimo.«

Das gleiche gilt übrigens für Männer. Ich kenne einen Kneipenwirt von fünfundvierzig Jahren, der drei Kinder aufzog und täglich eine Kiste Bier trank. Dieser Mann sieht so blendend aus, daß Bruce Springsteen Komplexe bekäme, wenn er im gleichen Raum mit ihm wäre. Aber das war nicht immer so. Er zeigte mir mal einen Schnappschuß aus früheren Zeiten.

»Wer ist denn dieses fette Scheusal mit dem lächerlichen Bart?« erkundigte ich mich.

»Das bin ich, als ich noch als Jurist arbeitete. Ich haßte meinen Beruf, glaubte aber, es müßte sein. Allmählich wurde es mir unerträglich, und ich beschloß, meine Karriere sausen zu lassen. Ich zog nach Vermont, und von da an hatte ich plötzlich Spaß am Leben.«

Hier einige Ratschläge, damit du auch weiterhin gut aussiehst.

— *Denk unaufhörlich an Liebe und Sex!* Wünsch dir, mit einem Mann im Bett zu liegen. Wenn irgendwann mal fünfzehn Minuten verstrichen sind, ohne daß du an etwas Frivoles gedacht hast, wird es kritisch.

— *Hör nicht auf, dir Rock'n Roll und alle Sorten aufputschender Pop-Musik anzuhören.* Verzichtest du darauf, ist das für dein Aussehen noch verheerender als übermäßiges Sonnenbaden. Und nicht bloß immer die Rolling Stones. Bleib auf dem Laufenden!

— *Sei nie davon überzeugt, daß dein Leben unverrückbar in Ordnung ist.* Falls dein Dasein auf Jahre hinaus in schöner Eintönigkeit vor dir liegt, kriegst du bestimmt bald Hängebacken.

— *Laß nichts Aufregendes aus.* Ein Mädchen, das nicht bereit ist, über einen hohen Zaun zu klettern, um mit ihrem Liebsten im Mondschein zu baden, braucht sicher bald eine Brille.

— *Sei immer in jemanden verliebt.* Es muß ja nicht die große romantische Liebe sein, obwohl die natürlich am besten wäre. Aber selbst die Zuneigung zu einem Vetter oder alten Schulfreund ist gut für deine Haut. Mangel an liebevollen Gefühlen verschafft dir Falten um den Mund und eine zerfurchte Stirn.

— *Hüte dich vor Geiz und Gier.* Wenn dein Leben nur noch darin besteht, dir goldene Klunker um den Hals zu hängen und einen Rolls-Royce in der Garage zu haben, kannst du dich gleich in ein Altersheim einweisen lassen.

Genug von der Kosmologie, höre ich dich schon sagen. Wie steht's mit der Kosmetik? Was ist mit Feuchtigkeitsmasken, was mit Haarpflegemitteln?

Haarpflege

Da Haare eine Art sekundäres Geschlechtsmerkmal und deshalb von großer Bedeutung sind, müssen sie mit ehrfurchtsvollem Respekt behandelt werden. Verwöhn sie, verhätschle sie, gib ihren Launen nach, laß ihnen viel Freiraum.

Sauberkeit ist Trumpf! Denk bitte nie: »Ich habe trockenes Haar, also muß ich es eine Woche lang nicht waschen.« Denk noch viel weniger: »Ich habe fettiges Haar, also wasche ich's lieber selten, damit die Fettdrüsen nicht gereizt werden und noch mehr produzieren.«

Wasch dein Haar täglich mit einem milden Shampoo. Verdünne es mit Wasser, da die meisten Produkte zu aggressiv sind. Hinterher ein milder Haarfestiger.

Lieber kämmen als bürsten, lautet der Rat einer erfahrenen Friseuse. Wenn die Haare zerzaust sind, darfst du dich nicht in einen Wutanfall steigern und hektisch bürsten, sonst gleichst du bald einem Zulukrieger.

(Ich habe Rita und Cleo hier, die mir ihre besten Schönheitstips verraten sollen. Aber sie sind mir keine große Hilfe, da sie dauernd über Männer reden wollen. Moment mal, jetzt quasseln sie sogar über Pferde, was noch schlimmer ist. Nein, jetzt sind sie wieder beim Thema Männer gelandet. Hoch zu Roß... Ich werde noch verrückt!)

»Blondinen sollten ihre Haare immer mit Kamille waschen.« Na wunderbar, der erste brauchbare Tip von Cleo.

»Jeder sollte wenigstens einmal im Leben eine Blondine sein«, meint Rita, eine rassige Rothaarige. »Sie haben mehr Spaß und Erfolg, da Männer sie leichter im Dunkeln finden.«

Ritas Witze waren auch schon mal besser. Na ja. Falls du also tatsächlich erblonden willst, darfst du nicht dein ganzes Haar bleichen lassen. Ungefähr zehn Minuten später beginnen sich schon wieder die dunklen Haarwurzeln zu zeigen. Du glaubst mir nicht? Es stimmt aber so ungefähr.

Laß dein Haar lieber aufhellen. Das hält monatelang. Bitte keine gelbe Tönung und schon gar nicht platinblonde Strähnchen im relativ dunklen Haar. Sowas finden nur Frauen aus der Provinz schick.

»Laß deine Haare nie dunkelrot färben«, lautet der nächste Tip meiner Freundin Rita. »Falls du unbedingt was Verrücktes tun willst, kannst du eines von diesen Sprays verwenden, die man wieder herauswaschen kann. Außerdem ist dunkelrot sowieso passé.«

Hör nicht auf Rita. Damit meine ich, daß du dir keine Sorgen machen sollst, ob etwas passé ist oder nicht. Falls du meinst, daß eine bestimmte Haartönung aus dir eine Schönheit macht, dann laß dich nicht beirren.

Nimm dir vor allem keine Modezeitschriften zu Herzen. Ich weiß genau, daß die keine Ahnung haben.

»Was sollen wir diesmal unseren Leserinnen raten? Was sollen sie bloß mit ihrem Haar tun?« jammert der Leiter des Schönheitsressorts bei Redaktionsbesprechungen.

»Was weiß denn ich?« murmelt die Redakteurin, die für Schuhe zuständig ist.

»Wir können vorschlagen, daß sie sich wie wilde Tigerinnen frisieren sollen«, schlägt schüchtern ein Redaktionsassistent vor.

»Blödsinn, das hatten wir doch schon im letzten Monat.«

»Wie wär's mit glatthaarigen, jungfräulichen Göttinnen?«

»Das kam vor drei Monaten dran«, seufzt der Leiter vom Schönheitsressort. »Ach, zum Teufel! Warum raten wir ihnen nicht, sich die Haare abzurasieren?«

Rita ist natürlich wieder anderer Ansicht. »Lange Haare sind viel besser. Dann kannst du deine Mähne aufreizend schütteln, wenn ein Mann in der Nähe ist.«

Lange Haare sind Geschmackssache. Vermeide aber unbedingt eine Frisur, wie sie Frauen mittleren Alters bevorzugen. Du weißt schon, welche ich meine. Betonierte Locken oder Haare ohne erkennbare Form. Selbst das hübscheste Mädchen sieht damit hausbacken und ältlich aus.

Am besten legt man sich gar keine »richtige Frisur« zu, denn die läßt einen immer wie jemand anders aussehen. Ich werde nie das Ende der Siebziger Jahre vergessen, als die eine Hälfte der weiblichen Bevölkerung wie Farrah Fawcett frisiert war, die andere Hälfte wie Dorothy Hamill.

»Wer um Himmels willen ist Dorothy Hamill?« fragt Rita.

Wie kannst du feststellen, daß du keine »richtige Frisur« hast? Du studierst gründlich dein Spiegelbild und überzeugst dich davon, daß du niemand anders gleichst, sondern nur dir.

Wie finde ich den richtigen Friseur für mich?

— Geh nicht in den kleinen Salon an der Ecke, weil er so schön nah liegt. Es mag ja bequem sein, aber dann siehst du vielleicht aus wie Königin Elizabeth an einem ihrer schlechten Tage.

— Wenn du ein Mädchen mit toll geschnittenen Haaren siehst, muß du alle Schüchternheit vergessen. Halt sie am Handgelenk fest und frag sie nach Namen, Adresse und Telefonnummer ihres Friseurs. Falls sie's dir nicht verraten will, kannst du ruhig in Tränen ausbrechen. Das hilft fast immer.

— Lebst du in einer Stadt, wo Zeitschriften herausgegeben werden? Wunderbar! Wenn dir eine abgebildete Frisur besonders gut gefällt, schaust du nach, ob der Name des Coiffeurs angegeben ist. Meistens nämlich schon. Ruf ihn an und lüg das Blaue vom Himmel herunter. Hauptsache, es klingt so, als seist du jemand Wichtiges. Coiffeure müssen snobistisch sein, sonst werden sie aus der Friseurinnung ausgeschlossen.

— Hüte dich vor jedem Coiffeur, der sich von dir Anweisungen geben läßt. Wenn du einem Friseur ein Foto mitbringst und erklärst, solch eine Frisur möchtest du haben, müßte er dich eigentlich rausschmeißen. Falls er tut, was du willst, mußt du ihn meiden wie die Pest.

— Nicht-schwule Friseure mußt du ebenfalls meiden. Sie haben nämlich immer eine Idealfrau im Sinn und verpassen dir deren Frisur. Das ist an sich schon schlimm genug, aber wer weiß, wie diese sogenannte Idealfrau aussieht!

— Halt dich in Friseursalons lieber an Frauen oder Schwule. Die identifizieren sich mit dir. Die verstehen dich auch, wenn du sagst, daß du wie eine Mischung aus Herzogin und teurem Callgirl aussehen möchtest.

— Beobachte deinen Friseur. Überzeug dich davon, daß er dich und nicht etwa sein eigenes Spiegelbild betrachtet. Prüft er deine Haarqualität und die Art, wie dein Haar fällt, bevor er Vorschläge macht?

Wie kann man seinen Friseur in den Griff kriegen?

»Kein lautes Wort«, meint Rita.

»Falsch! Schrei ihn ruhig an, falls nötig«, widerspricht Cleo.

Wenn er dich mit angewidertem Ausdruck fragt, wer dir denn diesen Haarschnitt verpaßt habe, sagst du reizend: »Sie, mein Lieber. Vor genau zwei Monaten.«

»Droh ihm, daß du seiner Mami verrätst, wo er sich am Montagabend rumgetrieben hat, falls er dich nicht gut frisiert«, schlägt Rita vor.

Gib ihm ein fürstliches Trinkgeld, wenn du wiederkommen möchtest. Nichts steigert die Kreativität eines Friseurs mehr als eine finanzielle Ermunterung.

Hautpflege

Haut sehnt sich nach viel mehr Aufmerksamkeit, als sie bekommt. Vor allem dann, wenn du jünger als fünfundzwanzig bist und keinen Gedanken an Hautpflege verschwendest. Einziges Problem kann Akne sein. Dann geh zu einem Hautarzt.

»Geht aber ja nicht zu einem vor der Sorte, der wie ein Archäologe in deinem Gesicht herumgräbt«, wirft Rita in die Debatte. »Ich habe noch heute Narben von einem solchen Sadisten.«

Nach dem fünfundzwanzigsten Lebensjahr weißt du ja wohl, ob du trockene oder fettige Haut hast. Trockene Haut muß du mit milder Seife waschen und mit Feuchtigkeitscremes verwöhnen, sonst bist du mit dreißig schon faltig. Besonders dann, wenn du Sonne und Wind liebst.

Bei fettiger Haut cremst du nur Augenumgebung und Oberlippe ein. Benutze fettlose Teintgrundierung und keine Feuchtigkeitslotions. Feuchtigkeitscremes verstopfen fettige Haut und lassen sie schlaff werden. Am wichtigsten ist absolute Sauberkeit. Benutze Kleenextücher zum Abtrocknen des Gesichts, wechsle häufig die Handtücher und wasch deine Makeup-Pinsel. Sonst kriegst du schnell Mitesser, die nicht gerade appetitlich sind.

Auf Gesichtsmassagen kannst du ruhig verzichten. Selbst fachmännische helfen nicht viel. Bei unsachgemäßer Behandlung wird die Haut ausgedehnt und bildet leicht Falten.

»Es gibt nichts Besseres als eine Spermamaske, die wirkt nämlich adstringierend — ein altes Geheimrezept der Mexikanerinnen«, behauptet Cleo. »Richte den Penis gegen deine Wange, bevor's zur Ejakulation kommt. Reib das Sperma in sanften Kreisbewegungen in deine Haut ein. Laß es fünf Minuten einwirken und spül es mit reichlich kaltem Wasser ab. Dann ist deine Haut straff, erholt und sexuell befriedigt.«

»Hör nicht auf diese Irre«, protestiert Rita, »Teebeutel sind Spitze, wenn du einen Kater hast. Die helfen gegen geschwollene Augenlider.«

»Mir sind Gurken lieber«, meint Cleo. »Falls du gerade kein Sperma zur Verfügung hast, kannst du übrigens auch Eiweiß nehmen. Reib es sanft in deine Haut ein. Dann folgt die gleiche Prozedur wie mit dem Sperma . . «

Makeup-Tips

Makeup gleicht Greta Garbo darin, daß es nie richtig gesehen werden sollte. Es muß immer ein Geheimnis bleiben. Zu dick aufgetragene Lidschatten sind unmöglich — für Rouge gilt das gleiche. Zuviel Mascara macht aus Wimpern die reinsten Eisendrähte. Wenn man's mit dem Lippenstift übertreibt, sehen Lippen nicht mehr wie Lippen aus, und die rote Schmiere landet unweigerlich auf den Vorderzähnen.

Sei tagsüber zurückhaltend mit Makeup, wenn du nicht vorhast, lasziv auf dem Sofa herumzuliegen. Keine schlechte Idee übrigens, doch die meisten modernen Frauen bilden sich ein, sie müßten tausend Dinge erledigen und immer auf Trab sein. Je mehr Makeup du auflegst, desto größer ist die Gefahr, daß gegen Abend dein Rouge fleckig ist und die Wimperntusche zwei schwarze Halbkreise unter deinen Augen bildet.

Abends kannst du dich ruhig so stark schminken, wie du willst. Oder sogar noch mehr! Ich habe das einmal getan und . . .

»O Gott«, stöhnt Cleo. »Schon wieder eine von ihren Geschichten!«

»Mach's wenigstens kurz, Schätzchen«, rät mir Rita. »Deine Leserinnen sind vielbeschäftige Frauen.«

Ich wollte nur sagen, daß man gerade bei einem Mann, den man sehr attraktiv findet, häufig tiefstapelt. »Nein, heute abend ziehe ich nicht das aufregende Kleid mit Schlitz an, sonst merkt er gleich, daß ich's auf ihn abgesehen habe«, denkst du kritisch. »Und mit dem Eyeliner halte ich mich auch lieber zurück.«

Eines Abends traf ich mich mit solch einem attraktiven Mann nach einer Theateraufführung, in der ich eine kleine Rolle hatte. Mir blieb keine Zeit, um die Bühnenschminke zu entfernen. Als er mich sah, war er überwältigt...

»War das der Mann, mit dem du nach Monte Carlo durchgebrannt bist?« wirft Cleo dazwischen.

Einer von Cleos dummen Witzen! Ich war nämlich noch nie in Monte Carlo. Fest steht jedenfalls, daß es einer Frau nicht schadet, ab und zu mal etwas draufgängerisch zu sein.

Hier noch einige Tips von Cleo und Rita:

Brauner Eyeliner ist besser als schwarzer, weil's natürlicher aussieht.

Rouge mit einem Kleenextuch verwischen!

Lippenkonturen nachziehen, dann erst voll ausmalen.

Augenbrauen nie zu einem dünnen Strich zupfen!

Lidschatten (wenn überhaupt) in der Augenfarbe.

Keine orangenen Lippenstifte!

Zu Hause kannst du nach Lust und Laune herumexperimentieren. Laß dich ruhig auch mal von einem Visagisten (z.B. in Kosmetikabteilungen von Kaufhäusern) schminken, da er als unparteiischer Beobachter vielleicht Ideen hat, auf die du nicht mal im Traum kämst. Er verrät dir auch bestimmt, daß mauvefarbener Lidschatten dich eher makaber als ätherisch aussehen läßt, wie du angenommen hattest.

Mit der Zeit bekommst auch du natürlich die ersten Falten, selbst wenn du ein superfrivoles Leben führst. Sobald eine Frau das Alter erreicht, wo gleichaltrige Männer als »interessant zerfurcht« charakterisiert werden, soll sie nur noch minimal Makeup auflegen. Eine ältere Frau ist genauso attraktiv wie ein älterer Mann, solange sie ihre Fältchen mit Würde trägt und nicht versucht, sie hinter dicken Makeup-Schichten zu verstecken.

Haarentfernung

Bitte nie die Augenbrauen rasieren! Enthaarungscremes haben fast alle einen unangenehmen Geruch, und die Härchen wachsen rasch nach.

Epilation mit Wachs beschert dir sekundenlang scheußliche Schmerzen, doch dann hast du ca. sechs Wochen lang Ruhe. Die Wachsmethode tut in der »Bikinizone« derart weh, daß du's lieber läßt, wenn du nicht übermäßig behaart oder übermäßig eitel bist.

»Elektrolyse der Bikinizone sollte man nur mit Vollnarkose wagen,« meint Cleo.

Elektrolyse ist immer schmerzvoll! Jeder, der dir was anderes weismachen will, hat sicher insgeheim einen Groll gegen dich. Außerdem mußt du die Prozedur mehrmals über dich ergehen lassen, da beim ersten- oder zweitenmal nicht alle störenden Härchen beseitigt werden können. Wenn's endlich geschafft ist, hast du's allerdings für immer hinter dir. Bis ans Lebensende brauchst du dann keine Augenbrauen mehr zu zupfen.

Körperhygiene

Die einzigen Frauen, denen es gestattet ist, sich nicht täglich zu duschen, sind die, die sich im Endstadium einer Depression befinden. Du kannst natürlich auch baden. Gib aber kein Heidengeld für teure Badezusätze aus, die im Nu aufgebraucht sind. Misch lieber Baby-Öl mit deinem Lieblingsparfum — das tut's auch.

Regelmäßiges Zähneputzen ist gut fürs Zahnfleisch und wird übrigens auch nicht als bourgeois oder reaktionär verdammt.

»Was ist mit Intimduschen?« fragt Rita.

»Wieso senkst du so verschämt die Stimme?« wundert sich Cleo.

Nur zweimal die Woche, falls der Arzt nichts anderes verschreibt. Bitte keine Kräuter-Früchte-Blüten-oder-sonstiges-Tinkturen. Essig und Wasser (zwei Eßlöffel auf einen Liter warmes Wasser) genügen und kurieren Infektionen.

»Wenn du nach Ammoniak, Sauerteig oder einer alten Makrele riechst, ist klar, daß du eine Scheidenentzündung hast«, sagt Cleo.«

»Und wer spricht jetzt plötzlich viel leiser?« spöttelt Rita.

Keine Deodorant-Tampons oder ähnlichen Unfug!

»Sprüh nie Eau de Cologne auf empfindliche Körperregionen«, sagt Rita und zuckt noch in der Erinnerung schmerzhaft zusammen.

Jede Frau hat einen normalen Geruch und den hat uns Mutter Natur in ihrer grenzenlosen Weisheit mit gutem Grund gegeben. Die meisten Männer mögen euren Duft jedenfalls.

Bestätigung

»Wie sehe ich aus?« fragt eine Frau jeden, den sie trifft. Und dann lauscht sie gebannt der Ansicht von Gemüseverkäufern oder dreijährigen Knirpsen. Sehr unklug, da Verkäufer für eiserne Dauerwellen schwärmen, und Dreijährige ekelhaft kritisch sein können, wenn sie ihren Mittagsschlaf noch nicht hatten.

Trotzdem braucht jede Frau ab und zu einen guten Rat, da sie sich sonst in geschmacklicher Hinsicht total verrennen kann.

Auf wen soll man hören?
— Auf jeden Ex-Liebhaber, mit dem man immer noch gut Freund ist.
— Auf schwule Ober in schicken Restaurants, da sie fast allwissend sind.
— Auf jede Freundin, die als Single lebt. Ausnahme: Wenn du zu einer Party gehen willst, auf der's angeblich mehrere vielversprechende Junggesellen gibt. Da wird dann schon mal ein falscher Rat gegeben...
— Auf jede verheiratete Freundin, deren Mann gerade verreist ist.
— Auf Mick Jagger, falls du ihn mal zu fassen kriegst.

Auf wen soll man nicht hören?
— Auf jeden entfernten Verwandten. Selbst ein Vetter dritten Grades wird aus dir eine seriöse Frau machen wollen.
— Auf Bauarbeiter, die immer dann begeistert hinter dir herpfeifen, wenn du schlampig oder leicht nuttig aussiehst.
— Auf Fremde in der U-Bahn. Wer weiß schon, woher sie kommen?
— Auf deinen derzeitigen Lover, da schon die kleinste Kritik von ihm sich dir für alle Zeiten unauslöschlich einprägt.

17.

Sex Tips Teil D
Sexuelle Verirrungen

Gibt's sowas überhaupt? Ja. Die Welt steckt voller sensationslüsterner Menschen, die auf der Suche nach immer neuen orgiastischen sexuellen Erlebnissen aus dem Gleichgewicht geraten sind.

Wie sehen diese Abartigkeiten aus?

Schwer zu sagen, da eigentlich täglich neue und immer abartigere Abartigkeiten auf den Markt kommen, aber ich kann ja mal einige »highlights« aufzählen. Ich rate zu keinem von ihnen. Manche sind nur idiotisch, manche sogar gefährlich.

1. *Fesseln.*

Eine weit verbreitete Technik. Seile, Ketten, Hanfstricke, Kordeln, Süßholzwurzeln, Schuh- und Haarbänder, Nylonstrümpfe, Gürtel, Schals, Bandagen oder das unverwüstliche seidene Halstuch kommen als Fesseln in Frage.

Man kann den Partner an Tische, Stühle, Bettpfosten, Regenrinnen, Treppengeländer, Garderobenständer, Fitneßgeräte, Klavierfüße, Heizungen, Terrassenmöbel, Bushaltestellen oder — für romantischere Gemüter — am Rosenspalier festbinden.

Der Aktive zieht aus dieser »Bestrafung« Lustgewinn. Er hat seine(n) Geliebte(n) ganz in der Gewalt. Das ist vielleicht dann besonders reizvoll, wenn der (die) andere vorher die Zahnpastatube versteckt, das letzte Stück Kuchen weggegessen oder nicht bemerkt hat, daß man gerade beim Friseur gewesen war. Der Aktive kann seinen aufgestauten Groll, Zorn oder auch Kummer abreagieren.

Als Gefesselte(r) kann man Passivität und Unschuld heucheln. Wenn dir alle möglichen »schlimmen Dinge« zugefügt werden, kannst du dir sagen: »Wer, ich? Das ist alles nicht meine Schuld. Ich dachte an nichts Böses, bis ich plötzlich komische Schnüre um die Handgelenke hatte. Wenn er es so will, kann ich nichts dagegen tun. Natürlich macht's mir gar keinen Spaß, keine Sekunde lang. Ich bin nur ein hilfloses Lämmchen. Ein armes kleines Lämmchen, ein winziges, armes, klitzekleines, hilfloses Lämmchen . . .«

2. *Geschlechtsverkehr, während jemand zuschaut.*

Obwohl dies in der Phantasie vieler respektabler Leute eine große Rolle spielt, tun es nur sehr wenige.

Aber einige gibt's doch, die das Phantasiestadium hinter sich lassen und zur Tat schreiten. Dabei wär's wirklich besser, sie würden's lassen.

Anscheinend schaut nämlich genau den Leuten, die's gern vor den Augen anderer treiben würden, kein Mensch gerne zu. Solche Typen sieht man in miesen Shows des Kabelfernsehens auftauchen und schaltet schnell auf einen anderen Sender um. Ab und zu kann man sie auch in Fleisch und Blut auf halbprivaten Orgien antreffen.

Der Prototyp des männlichen Exhibitionisten hat einen dicken Bauch, jede Menge Haare auf Brust und Rücken, einen

Vollbart und ein Goldkettchen um den Hals.

Der weibliche Prototyp ist entweder viel zu dünn oder viel zu dick. Er hat einen Hängebusen, dünnes fettiges Haar und verschwenderisch viele blaue Flecken auf dem Körper.

3. *Andern beim Geschlechtsverkehr zuschauen.*

Ein beliebter Zeitvertreib — vor allem für Männer. Wenn man's hautnah vor sich sieht, kann es aber ausgesprochen enttäuschend und manchmal auch eklig (siehe oben) sein. Lieber schaut man sich sowas im Kino an, wenn's unbedingt sein muß. Die Darsteller aus Pornofilmen sind zwar auch nicht gerade hinreißend schön, entsprechen aber immerhin einem gewissen Mindeststandard ihrer Branche.

Irgendwie finde ich's auch beruhigend, daß sie's zum Geldverdienen tun, und nicht nur deshalb, weil sie einfach Schweinigel sind.

4. *Unterwäsche aus Leder.*
Die zieht nun wirklich kein Mensch an.

5. *Unterwäsche aus Gummi.*
Kein Mensch, den du je kennenlernen möchtest, tut sowas.

6. *Peitschen.*
Aus unerfindlichen Gründen werden Männer lieber ausgepeitscht als Frauen. Firmenbosse, Reeder und Besitzer von Mietshäusern reißen sich angeblich darum; Elektriker, Schlosser und Kellner eher nicht. (Warum wohl? Man wagt kaum, es laut auszusprechen.)

Frauen, die gern ausgepeitscht werden, haben häufig eine streng katholische Erziehung hinter sich, die anscheinend das Schmerz-Lust-Gleichgewicht aus dem Lot bringt.

Peitschen gibt's in jeder Form und Größe. Außerdem können sie aus allen möglichen Gebrauchsartikeln gebastelt werden. (Siehe Joan Crawford in einem Film, wo sie wie ein Profi mit Kleiderbügeln aus Draht zuschlug.)

Es wäre unklug, sich mit einem Mann anzufreunden, an dessen Wohnzimmerwand Peitschen aufgereiht hängen.

7. *Goldduschen oder Watersports.*

Falls du sowieso schon weißt, worum es sich dabei handelt, ist es okay. Falls nicht, erkundige dich bei jemand anders. Mir ist nicht danach.

8. *Gruppensex.*

Beim Gruppensex gibt's unendliche Varianten: zwei Männer, eine Frau. Zwei Frauen, ein Mann. Zwei Frauen, zwei Männer. Fünf Männer, eine Frau. Fünf Männer, eine Frau, ein Schaf. Fünf Männer, eine Frau, ein Schaf, ein Schäferhund. Fünf Männer, eine Frau, ein Schaf, ein Schäferhund, ein Huhn. Zwei Hühner, ein Schaf, ein Schäferhund etc.

Spaß beiseite. Gruppensex ist normalerweise auf Menschen beschränkt und gehört entweder zur spontanen oder zur nicht spontanen Art.

Spontaner Gruppensex kann vorkommen, wenn alle zuviel getrunken oder irgendwelche Aufputschmittel genommen haben. Der Morgen danach ist meist unerfreulich. Da wacht ein verkatertes Grüppchen von Leuten inmitten weit verstreuter Unterwäsche und schmutzigem Geschirr auf. Meistens ist die Badewanne voller Wasser, obwohl sich keiner erinnern kann, gebadet zu haben. Genau genommen erinnert sich sowieso niemand mehr an Einzelheiten, aber jeder hat so seine Vermutungen.

In einer solchen Situation ruft man am besten ein Putzunternehmen an und bestellt Putzfrau oder Putzmann für dringenden Notfall. (In diesen Momenten darf man keine Kosten scheuen!) Alle Partygäste wandern inzwischen ins nächstbeste ruhige Café zu einem ausgiebigen Frühstück. Das Lokal sollte rosa gestrichene Wände und warmes Licht bieten, um die grünlich-bleiche Gesichtsfarbe zu kompensieren. Heiß zu empfehlen sind scharf gewürzte Bloody-Marys.

Unverfängliche Gesprächsthemen: das Wetter, die neue Herbstmode und gute Bücher. Verbotene Themen: Geschlechtskrankheiten, Scheidungsrecht und Zellulitis.

Vielleicht ist ein Partygast am Rande eines Nervenzusammenbruchs, rauft sich die Haare und murmelt immer wieder: »Was habe ich getan? Wie konnte ich nur!« Die übrigen müssen ihn sofort auf andere Gedanken bringen, indem sie z.B. versprechen, eine Sammlung zu veranstalten und ihm eine Eigentumswohnung zu schenken.

Falls das Frühstück ein voller Erfolg ist und viele Bloody-Marys getrunken werden, findet sich die Gruppe hinterher vielleicht dort wieder, wo sie vor kurzem war: inmitten verstreuter Unterwäsche. Es geht dann weiter wie oben beschrieben.

Nicht-spontaner Gruppensex ist stinklangweilig und eigentlich auch längst passé. Teilnehmer solcher zweifelhaften Vergnügungen nennen sich mit Vorliebe »Swinger«. Solche Swinger stammen häufig aus Vororten oder vom Land. Die Männer können dir nicht gerade in die Augen schauen und haben klebrige Stimmen. Ihre weiblichen Gegenspieler tragen hochtoupierte Frisuren und ein Schafslächeln.

9. *Partnertausch.*

So ziemlich dasselbe wie »Swinging«, allerdings noch deprimierender.

10. *Sodomie.*

Das ist nur etwas für abgestumpfte Stallburschen und abartige russische Zarinnen. Vielleicht schaut man sich mal wohlgefällig einen hübschen Labrador an, sollte aber unter keinen Umständen zur Tat schreiten.

11. *Sex mit riskanter Note.*

Riskant ist nicht ganz das richtige Wort, da der Reiz nicht darin liegt, sein Leben aufs Spiel zu setzen. Reizvoll ist vielmehr die Gefahr, erwischt zu werden. Das gibt dem ganzen eine extra Würze und mehr Pfiff. Hier haben wir nun eine Methode, gegen die nichts einzuwenden ist, wenn sie diskret praktiziert wird.

Ihr solltet behutsam anfangen. Sucht euch Plätze aus, die etwas unkonventionell sind, z.B. auf dem Teppichboden oder unter dem Küchentisch. An der Wand stehend, auf der Badewanne sitzend. Unter der Dusche, auf der Treppe.

Steigert das ganze allmählich. Treibt es im Gang eures Mietshauses, auf dem Rasen, dem Dach oder dem Rücksitz eures Autos.

Habt ihr das hinter euch, könnt ihr so richtig loslegen. Treibt es auf dem Rasen, dem Dach, im Auto anderer Leute. In einem Taxi, Bus, Flugzeug oder Zug. Im Wald, am Strand. Im Meer, im Swimmingpool. Auf dem Balkon oder im Wintergarten eurer Schwester. Im Museum. Im Treppenhaus von Bürogebäuden.

Hinter Supermärkten. Auf dem Billardtisch, auf Kinderspielplätzen (natürlich erst abends, wenn keine Kinder mehr da sind. Kennt ihr die chinesische Geschichte mit der Schaukel?). In Schränken auf Parties. In Aufzügen und Sitzungssälen. Am Rand einer Klippe.

Wenn ihr sowas vorhabt, zieht ihr am besten weite Röcke an, die man im Nu hochheben und wieder runterlassen kann. Wichtig ist auch, keinen Slip zu tragen, sondern höchstens Strümpfe und Hüftgürtel. Vergeßt nicht, euren Partner darüber aufzuklären. Der Satz: »Na sowas, jetzt habe ich wieder mal vergessen, mein Höschen anzuziehen«, müßte eigentlich jeden Mann auf die Gedanken bringen, die du ihm suggerieren willst.

Sex und Drogen?

Manche Leute glauben, daß Drogen zu allem und jedem passen. Wenn man Sex und Drogen kombiniert, sollte man allerdings lieber vorsichtig sein. Es ist nämlich viel komplizierter und erfordert mehr Meisterschaft, als man glaubt. Bücher darüber landen ganz fix auf dem Index und werden dann nur noch unter dem Ladentisch verkauft. Hierzu also ausnahmsweise mal keine Tips. Sorry.

Sex und Alkohol

Bitte nur mäßig! Zwei Drinks pro Nase vor dem Essen und dann eine Flasche Wein zu zweit sind genug. Ein betrunkener Mann gleicht einem lüsternen Tier mit glitzernden, dreisten Augen. Er wird dich mit Komplimenten überschütten und dir alle die schlimmen und aufregenden Sachen schildern, die er mit deinem Körper machen will. Dann wird er auf dir einschlafen, bevor er in dir drin ist.

Gibt's Impotenz und Ejaculatio praecox seltener, seit der Sex so viel freier geworden ist?

Nein. Aber wenigstens kommt's seither auch nicht häufiger vor. Oder?

Können wir Impotenz und Ejaculatio praecox heilen?

Impotenz in der ersten Nacht ist meist nervös bedingt und folglich kein Problem. Klappt's auch in der zweiten Nacht nicht, ist das immer noch kein Grund zur Besorgnis. Falls es sich um langwierige chronische Impotenz handelt, spricht allerdings einiges dafür, daß du einen schuldbewußten Mann in deinen Armen hältst.

Häufig sind Männer nämlich nur deshalb impotent, weil sie mit einer anderen verheiratet sind und ein schlechtes Gewissen haben. Der Penis kennt die Zehn Gebote und macht seinem Besitzer einen Strich durch die Rechnung.

»Finger weg von diesem Mädchen«, befiehlt der Penis.

»Aber ich möchte so gern«, bettelt der Mann.

»Mir doch egal«, erwidert der Penis. »Es kommt nicht in Frage, alter Junge. Du weißt genau, daß dein liebes Frauchen daheim auf dich wartet.«

»Nur dies eine Mal. Wo ich doch schon kurz vor'm Ziel bin«, versucht der Mann zu feilschen.

»Nein! Wenn ich dir diesmal deinen Willen lasse, willst du's noch einmal und dann noch einmal und bald wissen wir nicht mehr, wo wir sind.«

»Ich weiß genau, wo du wärst, wenn's nach mir ginge«, sagt der Mann bitter.

»Fehlanzeige. Dahin bringt du micht nicht. Es ist einfach nicht okay. Jetzt hör endlich mit dem Unfug auf, und laß uns heimgehen.«

Vielleicht ist der Mann nicht verheiratet, lebt aber mit einer Frau zusammen. Vielleicht bist du verheiratet — mit seinem besten Freund. Oder mit seinem Bruder. Oder sein bester Freund ist in dich verschossen. Oder er ist auf seine Mutter fixiert. Wer weiß?

Du weißt nur eines ganz genau: Da kannst du *nichts* machen. Ein Mann mit schweren Potenzproblemen ist nicht *dein* Problem.

Du kannst ihn nicht kurieren. Natürlich sollst du lieb und verständnisvoll sein und jeden Fellatio-Trick versuchen, den's gibt. Nimm's aber nicht persönlich, wenn's trotzdem nicht klappt. Falls doch, wirst du dich bald schuldig fühlen und dir einbilden, daß du etwas falsch machst oder nicht attraktiv genug bist. Das ist Unsinn! Schließlich geht kein Mann mit einer Frau ins Bett, die für ihn unattraktiv ist — es sei denn, sie zahlt einen Haufen Geld dafür.

Wenn du ihn liebst, schickst du ihn am besten zu einem Psychologen oder machst für euch beide einen Termin bei einem Sexualtherapeuten aus.

Hier noch ein kleiner Alternativvorschlag. Du sagst zu ihm: »Ja, ich treffe mich gern mit dir. Aber ins Bett kriegst du mich heute garantiert nicht.« Das bewirkt manchmal Wunder.

Ejaculatio praecox kann viele Ursachen haben. Ärger zählt auch dazu.

«Zum Teufel mit ihr«, sagt das männliche Unbewußte. »Warum soll ich ihr Lust bereiten? Hauptsache, ich hab' meinen Höhepunkt. Sie ist mir egal.«

Häufig hat ein Mann von alledem keine Ahnung. Er weiß nur, daß er sich nicht zurückhalten kann und deshalb immer mehr in Panik gerät.

Ein saftiger Streit ist nicht die schlechteste Methode, um dieses Problem in Griff zu kriegen. Such dir irgendeinen Anlaß aus, wie z.B. seine Haare und abrasierten Bartstoppeln im Waschbecken. Oder daß er immer so geizig mit Trinkgeldern ist. Wie gesagt, jeder beliebige Anlaß ist recht. Wenn du deine Rolle gut spielst, hast du ihn bald so weit, daß er herumbrüllt und Schaum vor'm Mund hat. Vielleicht packt er dann endlich mal aus und verrät dir, was sein wirklicher Kummer ist. Auf jeden Fall kannst du dich auf eine heiße Liebesnacht gefaßt machen.

Hat die Penisgröße
Einfluß auf die Lust einer Frau?

Wende dich an irgendeine Passantin auf der Straße und frag' sie, ob die Penisgröße für sie wichtig ist. Sie wird dich garantiert verwundert anschauen.

»Überhaupt nicht«, antwortet sie. »Schließlich kommt's nicht darauf an, was man hat, sondern wie man's einsetzt.«

Wenn eine Frauenrunde kurz vor der Sperrstunde in einer Bar sitzt und einiges getrunken hat — ganz zu schweigen von der sinnlichen Barmusik im Hintergrund — klingt's schon etwas anders.

»Ich muß zugeben«, sagte Cleo neulich gegen zwei Uhr früh in einer Bar, »daß ich große Schwänze mag. Keine Übergrößen oder sowas, aber eben ein gutes Format.«

»Was ist ein gutes Format?« fragte Marta. »Fünfzehn Zentimeter?«

»Zwanzig Zentimeter«, meinte Cleo träumerisch. »Oder zweiundzwanzig. Ab da wird's dann problematisch.«

»Und tut weh«, fügte Rita hinzu.

»Also ich finde, daß es überhaupt keine Rolle spielt, wenn du ihn liebst«, sagte Kate.

»Typisch frischverheiratet«, spottete Cleo liebevoll.

»Natürlich macht es eigentlich nichts aus«, stimmte Rita Kate zu. »Aber es ist einfach schön, wenn sie groß sind, das ist alles. Gut zum anschauen. Wenn ihr dann miteinander schlaft, spielt's wirklich keine Rolle mehr, das gebe ich gern zu. Einer meiner Ehemänner hatte nur einen winzigkleinen Penis. Gerade der Mann macht mich aber noch heute so verrückt, daß ich mich sofort auf ihn stürzen würde, wenn er jetzt zur Tür reinkäme.«

Wir dachten ein Weilchen darüber nach, und dann sagte Kate: »Dicke Schwänze sind immer gut.«

»Ja, die mag ich auch«, stimmte Marta zu.

»Wer nicht?« Dies kam von Cleo. »Ich verrate euch jetzt eine wenig bekannte Tatsache, die aber unter uns bleiben muß.«

Wir lehnten uns gespannt weiter vor.

»Nur in den ersten sieben bis acht Zentimetern der Vagina gibt's Nervenenden. Tiefer innen spüren wir nichts, gar nichts, wir Frauen. Nada.« Cleo schaute uns triumphierend an.

Es gab fast einen Tumult. Kate kippte ihren Drink um. Rita bestellte gleich ein doppelten Whisky. Marta sank in ihrem Stuhl zurück. Ich ließ den Kassettenrecorder fallen.

Cleo hatte uns allen einen Tiefschlag versetzt.

»Das glaube ich dir einfach nicht«, protestierte Kate.

»Geradezu lächerlich!« schnaubte Marta.

»Eine glatte Lüge!« rief Rita.

»Die Wahrheit und nichts als die Wahrheit!« verkündete Cleo.

Daraufhin mußten wir natürlich noch ein bißchen weitertrinken und weitergrübeln.

»Warum spielt es dann eine Rolle, ob sie groß oder klein sind?» meinte ich schließlich. »Wenn du recht hast, genügen sieben oder acht Zentimeter vollkommen.«

»Ja und nein«, sagte Cleo. »Nehmen wir ein anderes Beispiel. Wofür sind große Brüste gut? Für nichts. Aber manche Männer sind ganz verrückt darauf.«

»Sogar die meisten«, sagte Marta leicht bitter.

»Na also, das ist doch dasselbe!« sagte Cleo.

Dasselbe, und doch ganz anders.

18.

Reisetips

Es kann nie schaden, eine kleine Reise zu machen. Die Chancen stehen nämlich sehr gut, daß man unterwegs eine bessere Zeit verbringt als zu Hause. Ein Mädchen auf Reisen ist a) frei und ungebunden, kann b) über Alter, Herkunft, Name, Beruf, Beziehungen und Seelenlage schwindeln, ohne daß es herauskommt, und c) auf eine Weise mit Männern umgehen, die in ihrem Freundeskreis zu Hause bespöttelt oder kritisiert werden würde.

Geh immer dann auf Reisen, wenn du dich wie eine alte ausgetrocknete Kröte fühlst. Es ist wissenschaftlich erwiesen, daß eine Frau, die sich wie eine alte ausgetrocknete Kröte fühlt, schon durch eine Nacht in einer anderen Stadt in eine aufregende femme fatale verwandelt werden kann.

Da ich auf diese Hilfsmethode mehr angewiesen bin, als mir recht ist, bin ich so etwas wie eine Expertin auf dem Gebiet interkontinentaler Reisen geworden (mit dem Ziel, möglichst viel herrlichen Unfug anzustellen).

Hier einige Tips:

1. Pack nie mehr ein, als du bequem tragen kannst.

Man muß immer darauf vorbereitet sein, von einer Minute zur anderen zu verschwinden. Vielleicht entpuppt sich der malerische alte Schäfer plötzlich als mordlustiger Irrer. Vielleicht kommt die Freundin deines Ferienflirts früher als geplant von einer Reise zurück. Man kann nie wissen...

Du mußt fähig sein, in 5 Sekunden deinen Kram zu packen und das Hotelzimmer zu verlassen, falls dir von irgendeiner Seite Gefahr droht.

Abgesehen davon bringen dich schwere Koffer unweigerlich in schlechte Laune. Du brauchst eigentlich nur Zahnbürste, Shampoo, Seife und einige andere (wenige) Toilettenartikel.

Zwei BHs aus Spitze, mehrere Slips, einen leichten Morgenmantel.

Ein weißes Kleid, eine weiße Hose, weiße Blusen.

Ein schwarzes Kleid, eine schwarze Hose, schwarze Blusen.

Schwarze oder rote hochhackige Pumps. Weiße Slipper.

(Du kannst natürlich auch bunte Kleidung mitnehmen, hast dann aber mehr Probleme mit dem Kombinieren.)

Pelzmantel oder Badeanzug — je nach Jahreszeit.

Empfängnisverhütungsmittel.

Einen schweren stumpfen Gegenstand.

2. Nimm keine Strumpfhosen oder pflegeleichten Sachen mit, auch wenn sie angeblich in einer Eierschale Platz haben.

Jeder — außer mir — rät dir dazu, sie mitzunehmen, aber tu's trotzdem nicht. Wenn du knitterfreie Polyesterkleidung aus dem Koffer holst, wirst du nur elegisch. Nimm deine schicksten Sachen und deine aufregendsten Schuhe mit.

3. Falls deine Klamotten zerknittert sind, kannst du sie im Badezimmer dämpfen. Wofür soll denn sonst das kochend heiße Wasser in Hotels gut sein?

4. Verzichte nie auf flotte Schuhe! Nicht mal dann, wenn du zu einem Picknick oder Fest auf dem Lande eingeladen bist.

Ich werde nie den Tag vergessen, als Cleo und ich auf einen Jahrmarkt gingen und dort einen tollen Mann kennenlernten. Wir buhlten beide heftig um ihn, was ihm sichtlich Spaß machte. Er konnte sich solange nicht zwischen uns entscheiden, bis er Cleos pinkfarbene Pumps entdeckte, die sehr sexy waren. Ich hatte mir aus Vernunftgründen alte Turnschuhe angezogen, da der Boden morastig war. Das hatte ich nun von meiner Vernunft!

5. Lern vor der Reise tanzen, falls du's nicht schon gut kannst. Es gibt immer noch nichts Besseres, um sich etwas näher zu kommen.

6. Leiste dir einen Leihwagen (möglichst mit Radio)! Es bringt eigentlich jede Frau in Superstimmung, wenn sie in einem fremden Land die Straßen entlangbraust, das Fenster heruntergekurbelt, die Haare windzerzaust und dufte Musik im Ohr. Ich kenne eine Frau, die so das Geheimnis des Zen-Buddhismus für sich entdeckte.

7. Vorsicht vor Männern in Flugzeugen. Sobald ein Mann in zehntausend Meter Höhe ist, schwelgt er in zügellosen sexuellen Phantasien. Dazu gehören auch Wahnideen, was er mit dir alles in der winzigen Toilette treiben könnte. Solch einen Mann darf man nie ermutigen. Es sei denn, es handelt sich um den Piloten.

8. Auch bei Männern im Zug ist Vorsicht geboten. Mag ja sein, daß ein Romantiker darunter ist, der von einer Liebesgeschichte mit Dinner im Speisewagen und luxuriösem Lustlager im Schlafwagen träumt. Viel eher ist es aber einer, der nur mal fummeln oder einen Quickie will, worauf man besser vezichtet.

9. Fahr nur dann mit dem Bus, wenn's gar nicht anders geht. Busfahren macht den ganzen Zweck der Reise zunichte, da du keine gute Zeit haben wirst. Außerdem sind etwaige flotte Männer im Bus meist Ex-Sträflinge oder Bigamisten.

10. Reiß dir kein Bein aus, um Männer kennenzulernen. Wenn du als Single irgendwo auftauchst, löst du sowieso schon ein gewisses Interesse aus — wenn nicht mehr. Also spar dir verführerische Blicke und Lächeln auf, bis du den einen entdeckst, bei dem es sich lohnt. Sonst wirst du nur von den Falschen belagert.

Schau dich also erst mal gründlich um, bis du den Betreffenden siehst. Und dann? Dann bittest du ihn um Feuer. So einfach ist das.

11. Geh möglichst mit einer guten Freundin auf Reisen. Es ist nicht immer angenehm, sich allein in einen fremden Nachtclub wagen zu müssen. Außerdem brauchst du beim Autofahren jemanden, der die Straßenkarte studiert.

Vor allem aber kannst du die Freundin mit Fragen bombardieren: »Was hältst du von dem da drüben? Ist er ein Trottel oder nur unerfahren? Ich werde jetzt dicht an ihm vorbeigehen, während du aufpaßt, ob er mir nachschaut. Okay? Was soll ich ihm bloß sagen? Schaut er jetzt gerade her? Meinst du, daß er verheiratet ist? Moment mal, der neben ihm ist auch nicht übel, oder? Passen meine Schuhe eigentlich zum Kleid? Kann ich mir deine Wimperntusche ausleihen?«

Im Idealfall sollte diese Feundin an einem anderen Männertypus interessiert sein als du. Sonst gibt's eventuell Komplikationen. Falls es dazu kommt, darfst du nie vergessen, daß eine gute Freundin schwerer zu finden ist als ein toller Mann.

12. Geh nicht davon aus, daß Kleinstädter hinterwäldlerisch sind.

13. Dito, daß Kleinstädter romantisch und lieb sind.

14. Komm nicht auf die Idee, dich dem Lokalkolorit anzupassen.

Es ist eher lächerlich, wenn eine blonde Deutsche mit einer schwarzen Spitzenmantilla zum Stierkampf in Pamplona geht.

15. Überleg's dir gut, bevor du dich von Fremden in Bars zu einem Drink einladen läßt.

Es gibt nämlich immer noch Männer, die dann sofort annehmen, daß du mit ihnen ins Bett gehst.

16. Laß dich auf keinen Fall von mehreren Männern zu Drinks einladen! Sonst kommt's garantiert zum Krach.

17. Schlaf auf Reisen nicht wahllos herum.

Kaum bist du nicht in deiner gewohnten Umgebung, hat jede (selbst zweitklassige!) Liaison die Tendenz, sich zu einer bitterernsten Geschichte auszuweiten. Manchmal landet sowas sogar im Hafen der Ehe. Kein Mensch kann sich erklären, warum das so ist, aber es ist so. Denk also immer daran, daß dir astronomisch hohe Telefonrechnungen blühen oder du vielleicht sogar in eine Stadt ziehen mußt, die du nicht leiden kannst. Hiermit bist du also vorgewarnt...

19. Unbedingt verreisen, wenn du an gebrochenem Herzen leidest!

19.

Wie kuriert man ein gebrochenes Herz?

Kosmischer Prolog:

»Verfluchte Butter«, schluchzte Rita und schleuderte ihren Toast quer durchs Zimmer. Die Butter hatte sich nicht gut streichen lassen, und das war mehr, als Rita im Augenblick ertragen konnte.

Am Abend vorher hatte ihr Freund mit seinem Schlüssel die Wohnungstür aufgesperrt, war reingekommen und hatte gesagt:

»Ich werde vermutlich heiraten.«

Rita fuhr freudig hoch, doch ein Blick in sein kummervolles Gesicht belehrte sie eines Besseren.

»Wen denn?« fragte sie nur.

»Die Tänzerin, die ich vor drei Wochen kennenlernte.«

Deshalb der weggeschleuderte Toast.

Rita überlegte nicht lange, sondern nahm ihren verrosteten alten Wagen und fuhr einfach drauf los. Erst nach mehreren Stunden hielt sie vor einem Rasthaus an.

Rita ist ein sportliches, vitales Mädchen, doch nun fiel es ihr schwer, sich die paar Meter vom Parkplatz zur Eingangstür zu schleppen.

Sie setzte sich und bestellte Rühreier, Müsli und Kaffee. Insgeheim schmiedete sie dauernd Rachepläne und empfand dabei fast so etwas wie Genugtuung.

»Dieser ekelhafte Mistkerl«, wütete Rita lautlos über den Mann, den sie liebte. »Ich werde sein Herz mit einer Axt rausholen und seine Füße mit der Kreissäge amputieren.«

Unaufgefordert setzte sich ein Fremder an Ritas Tisch.

Er trug Arbeitskleidung, hatte ein rundes Gesicht und verschwimmende Augen hinter einer Stahlbrille.

»Sie erinnern mich an meine Tochter«, sagte der Mann und machte der Bedienung ein Zeichen, ihm eine Tasse Kaffee zu bringen. »Meine Tochter ist gerade ihrem Mann abgehauen. Nahm sich den Wagen ihrer Mutter. Sie wollte zur nächstbesten Küste und dann schnurstracks ins Meer fahren. Mit dem Wagen ihrer eigenen Mutter! Sind Sie auch durchgebrannt?«

Rita schaute ihn starr an. Das Müsli klatschte von ihrem Löffel auf den Teller. »Tja, so kann man's auch ausdrücken«, meinte sie dann.

»Hab' ich mir gleich gedacht. Alle Anzeichen deuten auf unglückliche Liebe. Schon wie Sie mit hängenden Schultern dasitzen. Müsli und Rührei auf dem Kinn . . . Aber jetzt will ich über Liebe reden.«

»Jetzt kommt's«, dachte Rita schaudernd.

»Liebe!« wiederholte der Mann mit Nachdruck. »Sie werden nie glücklich, solange Sie nicht den Unterschied zwischen Leidenschaft und Zuneigung kapiert haben. Liebesaffären, die nur aus Leidenschaft entstehen, verbrennen ziemlich rasch. Vorsicht, denn dabei können Sie selbst leicht verbrennen!

Die Liebesgeschichten, die mit Zuneigung anfangen, sind die richtigen. Sie bauen sich auf, die Gefühle, und werden immer tiefer und stärker. Plötzlich glaubt man, geradewegs in den Himmel zu fliegen. Tja. Wollen Sie noch 'ne Tasse Kaffee?«

Kurz darauf verschwand der Mann. Vielleicht bestieg er draußen ein magisches Raumschiff . . . Rita blieb sitzen und verdaute seine Worte und ihr Frühstück. Zu ihrer Verwunderung kam der Mann wieder zurück.

»Ich wollte nur rasch sagen, daß Ihr Frühstück bezahlt ist, Schätzchen. Das ist das Mindeste, was ich tun kann, wo Sie mich so an meine Tochter erinnern.« Er drohte ihr spielerisch mit dem Finger. »Noch etwas. Keine Racheaktionen, bitte. Ich weiß, daß Sie genau das vorhaben. Aber sowas kommt wie ein Bumerang zu Ihnen zurück, glauben Sie mir. Lassen Sie's gut sein. Sie werden's auch ohne das schaffen.«

Einige Wochen später sagte Rita zu mir: »Wenn's dir lausig geht, sind immer irgendwelche Leute da, die dir helfen wollen. Du mußt sie nur lassen. Ein gebrochenes Herz ist schlimm. Aber wir Tänzerinnen sammeln uns und tanzen weiter.«

Bevor du dein gebrochenes Herz kurierst, solltest du dich erst mal vergewissern, ob du nicht nur an gekränktem Stolz leidest.
Hier ein simples Quiz, um es herauszufinden:

1. Wenn ich die ganze Nacht durchheule, quält mich,
   a) daß er jetzt eine Superblondine hat, mit der er überall in der Stadt auftaucht. Und dabei kennt er sie erst seit zwei Wochen.
   b) das Wissen, daß mich nie mehr jemand nachts aufweckt und mit mir vögelt, dessen Haare nach Sommerwiesen duften.
2. Wenn ich in der Badewanne liege und mich in Gedanken mit ihm unterhalte, kommt darin meistens vor,
   a) daß ich ihm versichere, sein Penis sei mir sowieso zu klein.
   b) daß wir uns gegenseitig gestehen, nicht ohne einander leben zu können.
3. Wenn ich glückliche Pärchen auf der Straße sehe, würde ich
   a) mich am liebsten erbrechen.
   b) mich am liebsten erbrechen.

Falls du mehr mit a) auf die Fragen antwortest, leidest du vermutlich nur unter der Zurückweisung und bist stinksauer. Auch wenn du gefühlsmäßig nicht stark beteiligt bist, ist jede Zurückweisung schmerzlich, aber du kommst garantiert darüber hinweg.

Falls du mehr mit b) antwortest, leidest du eindeutig an gebrochenem Herzen und mußt ernsthafte Maßnahmen ergreifen.

Das Leiden an gebrochenem Herzen setzt sich aus verschiedenen Komponenten zusammen, die sich zu einer verheerenden Mischung verbinden. Wir nehmen uns am besten eine Komponente nach der anderen vor und untersuchen sie.

1. Realitätsverlust

Wenn man mit einem Menschen sehr viel Zeit verbringt, schafft man sich seine eigene kleine Welt, einen maßgeschneiderten Planeten für zwei Bewohner. Ein Planet in einer klimatisch kontrollierten Luftblase, die gegen böse Einflüsse der Außenwelt abgeschirmt ist. Je länger man in dieser planetarischen Blase bleibt, desto mehr gedeiht die Vegetation, desto heimeliger und gemütlicher wird alles.

Wir wollen's mal einen Hans-und-Christa-Planeten nennen. Mit Hans-und-Christa-Späßen, die keiner sonst versteht. Mit Hans-und-Christa-Erlebnissen, die keiner sonst kennt, mit Hans-und-Christa-Sexspielen, die besser keiner je erfährt. Mit Hans-und-Christa-Lieblingsbüchern, -Lieblingsplatten, -Fitneßübungen, -Sportveranstaltungen. Und auch mit Hans-und-Christa-Marathons im Geschirrzerschmeißen.

Wenn Hans und Christa sich trennen, ist es so, als ob ein böser Riese ihren unschuldigen kleinen Planeten zerstört, bis nur noch Fetzen zielloser Asteroiden übrig sind.

Hans und Christa hassen sich vielleicht zum Zeitpunkt ihrer Trennung, werden sich aber trotzdem weiter an den Asteroiden orientieren, die einst ihre Welt bedeuteten.

Christa entdeckt z.B. in einem Antiquitätenladen eine jener hübschen alten Streichholzschachteln, die Hans so gern hatte. Automatisch zieht sie ihr Portemonnaie aus der Tasche. Dann trifft die traurige Erkenntnis sie wie ein Schlag: Solche Streichholzschachteln haben in ihrem Leben keinen Platz mehr. Christa gerät fast in Panik. Wenn sie nicht mehr auf Jagd nach Streichholzschachteln gehen kann, was dann? Vielleicht soll sie nur noch diese eine spezielle kaufen und sie Hans schicken...? Nein! Was für eine Idee! Er ist ein mieser Kerl und es nicht wert, daß sie ... Also verläßt Christa den Laden, weiß nicht, ob sie sich nach rechts oder links wenden soll und bricht hilflos in Tränen aus.

Hans fühlt sich eines Abends so ruhelos, daß er beschließt, in ein gutes Restaurant zu gehen. Aber wohin? Zu Osteria? Unmöglich, denn er müßte garantiert dauernd daran denken, wie Christa beim fassungslosen Ober vier Mousses au chocolat hintereinander bestellte. Das Odeon? Nein, geht auch nicht, denn da verlebte er einen denkwürdigen Abend mit Christa und deren Mutter, die sie anzupumpen versuchten. La Gamelle? Christa war ganz vernarrt in den schwarzhaarigen Hilfskellner gewesen. Also auch nicht, denn er hatte keine Lust, ausgerechnet dessen Gesicht heute abend zu sehen. Blieb eigentlich nur der Adler, das feinste Lokal der Stadt. Christa konnte es nicht ausstehen... Okay, damit ist ja alles klar. Da er jetzt so frei wie ein Vogel ist, kann er endlich wieder in den Adler gehen. Und das tut Hans dann auch. Kaum ist er dort, fühlt er sich irgendwie unbehaglich. Er sieht ganz genau, wieso Christa diesen Nobelschuppen mit den aufgeblasenen Obern und dem überteuerten Essen haßte. Er kann fast Christas rauchiges kleines Lachen hören, als der Weinober ihm lange Tiraden über einen bestimmten Bordeaux hält. Wenig später verläßt Hans mit sehr gemischten Gefühlen das Lokal und kehrt in seine Junggesellenbude zurück, wo ihn selbst die verdammte Zahnpastatube an Christa erinnert.

2. Identitätsstörung

Man identifiziert sich häufig mit dem Objekt seiner Zuneigung. Besonders wir Frauen, denen man von klein auf beigebracht hat, genau das zu tun. Wenn dein Mann der Präsident einer großen Firma ist, bist du die Frau des Präsidenten einer großen Firma und folglich eine wichtige Person. Bist du die Freundin eines Rockstars, fühlst du dich automatisch als Königin aller Groupies.

Wenn solch eine Beziehung zerbricht, weißt du nicht mehr, wer du bist. Das führt schnurstracks zu einem Gefühl der Verlassenheit oder Nutzlosigkeit oder zu anderen gräßlichen Empfindungen. Deine Selbstachtung geht in den Untergrund und kann nur mit höchster Überredungskunst wieder zum Vorschein gebracht werden.

3. Angst

Kriegst du je wieder einen Freund? Oder stirbst du einsam, elend und verlassen? Für dich gibt's keine Männer mehr, stimmt's? Deine Freundinnen sagen ja auch, daß alle Männer entweder verheiratet oder schwul sind. Vermutlich haben sie recht. Was sollst du also tun? Wer wird dich lieben? So besonders bist du auch nicht gerade, oder? Vor allem bist du nicht mehr so jung wie früher. Sind die Männer nur hinter Neunzehnjährigen her? Vielleicht bist du ihnen zu intelligent? Oder zu dumm? Vielleicht riechst du aus dem Mund und bist deshalb verlassen worden. Was sollst du morgen abend tun? Was übermorgen? Was ist, wenn du nie mehr jemanden kennenlernst? Was ist, wenn nie mehr ein Mann mit dir ins Bett geht?

4. Traurigkeit
Es ist traurig, jemanden zu verlieren, den man geliebt hat, auch wenn noch so viele Gründe für die Trennung sprechen. Es ist und bleibt eine traurige Sache.

Eine deprimierende Angelegenheit, so ein gebrochenes Herz. Wahrlich kein Vergnügen, von welchem Gesichtspunkt man es auch betrachtet.

Aber keine Angst, du kannst dich kurieren, wenn du nur willst. Und so geht es:

Tobe, klage, schrei und schluchze!

Nehmen wir mal das Jahr 1807. Damals wurde ein gebrochenes Herz mit dem Respekt behandelt, der ihm zukommt. Frauen mit Liebeskummer siechten dekorativ dahin und verbrachten ganze Monate im Bett, Riechsalz fürs Näschen und Laudanum (Opiumtinktur) zum Schlucken immer in Reichweite. Besorgte Verwandte hielten sich in der Nähe des Krankenlagers auf und beteten, daß die Ärmste nicht an gebrochenem Herzen starb. Manchmal tat sie's sogar.

Wenn du heute einer Freundin gestehst, daß dein Herz gebrochen ist, rät sie dir bestimmt, einen neuen Hut zu kaufen. Diese Einstellung — mag sie noch so frei und flott wirken — ist erschreckend. Liebeskummer wirkt nämlich auf Körper und Seele ebenso traumatisch wie ein chirurgischer Eingriff. Selbst wenn du fünfzig neue Hüte mit koketten kleinen Schleiern kaufst, die dir ausgezeichnet stehen, bist du immer noch der Meinung, daß die Welt ein einziges Jammertal ist. (Ein Kleid von Valentino oder Smaragdohrringe hätten vielleicht eine winzige Chance, dich in bessere Laune zu bringen, oder?)

Pfeif also auf solch sinnlose Ratschläge und leide nach Kräften! Tu nicht so, als ob's dir gut ginge.

Ich kannte einen Mann, der seinen Liebeskummer vor allen Freunden und Bekannten zu verstecken suchte. Der Typ hieß David.

»Haha«, lachte David, als seine Frau nach acht Jahren Ehe seinen Anblick nicht mehr ertragen konnte und ihn verließ.

»Haha«, lachte David auch weiterhin. »Mir doch egal. Zum Teufel mit ihr. Sie kann nach China abdampfen oder Robert Redford heiraten, und mich stört's kein bißchen. Schließlich habe ich jetzt ja dich.«

»Dich« war ich, die seit drei Wochen mit David liiert war. Mit der Zeit häuften sich bei David Wutanfälle aus heiterem Himmel, z.B. wenn er beim Ober Rote Grütze bestellte, die leider schon aus war, oder wenn ihm ein Taxifahrer angeblich die Vorfahrt nahm etc.

David machte es nicht das geringste aus, als ich mich von ihm trennte. »Haha«, lachte er nur. »Es gibt ja jede Menge anderer Frauen.«

Damit hatte er natürlich recht. Da gab's Mona und Judith, Melanie und Doris und Marita.

»Wie geht's Marita?« erkundigte ich mich kürzlich bei David, als ich ihn zufällig auf der Straße traf.

»Marita? Eine zauberhafte Frau. Ein toller Typ. Aber irgendwas fehlt mir bei ihr. Ich kann sie einfach nicht lieben. Dabei ist sie ein so süßes Mädchen, diese Marita. Habe ich dir eigentlich schon erzählt, daß ich eine andere Frau kennenlernte, die zu gut ist, um wahr zu sein? Sie heißt Cleo. Sie hat alles. Tolles Aussehen, Witz, Geist ...«

Cleo? Doch nicht etwa meine Cleo?

»Klar«, sagte meine Freundin Ceo. »Ich lernte David vor ungefähr zwei Wochen kennen. Ein dufter Typ. Ich mochte ihn sehr gern, bis er das Salzfaß nach dem Ober warf, weil's keine Rote Grütze mehr gab. Hinterher hat er mich aufgefordert, mit ihm einen Monat nach Jamaika zu fahren. Was ist mit dem Kerl eigentlich los?«

Ich wage jetzt eine wilde Behauptung aufzustellen: David hat nie verwunden, daß ihn seine Frau verließ. Er nahm all seinen Zorn und Schmerz und begrub ihn. Er ignorierte ihn einfach. Schmerz und Zorn haben es jedoch gar nicht gern, ignoriert zu werden, sondern schreien nach Befreiung — oft in unpassendster Form. Und deshalb fliegt dem armen Ober plötzlich ein Salzfaß an den Kopf.

Obwohl David stundenlang über sein Lieblingsthema »Wie finde ich die Frau meiner Träume?« quasseln kann, tut er alles, um es gar nicht dazu kommen zu lassen. Wie denn? Er führt sich wie ein Verrückter auf, wenn's »brenzlig« wird. Jemand nannte dieses Syndrom mal Angst vor Nähe. Gemeint ist damit »Komm mir bitte nicht zu nahe, denn ich will nicht noch mal verletzt werden.«

Die Welt ist zunehmend von solch ängstlichen Verwundeten bevölkert. Meistens handelt es sich übrigens um Männer. Eine Frau mit Liebeskummer weint und tobt. Ein Mann weint nicht, sondern macht einen Spaziergang und wird von einem Laster überfahren, den er gar nicht bemerkt hatte. In unserer Sucht nach Gleichberechtigung versuchen wir Frauen diesen gespielten Gleichmut bei Liebeskummer nachzuahmen — mit verheerenden Folgen.

Steigert euch deshalb ruhig in hysterische Anfälle. Brecht zusammen. Flüstert nur noch unter Schluchzen, tragt tiefe Trauer, weint euch die Augen rot. Wenn euch jemand fragt, wie's euch geht, dann sagt ihm die Wahrheit. Heult, werft mit Gegenständen um euch. Kauft euch einen Punchingball und drescht auf ihn ein. Betrinkt euch bis zur Bewußtlosigkeit.

Nimm rücksichtlos deine beste Freundin in Anspruch!

Ruf sie an und sag, daß du gleich mit dem Taxi zu ihr kommst. Auch wenn an diesem Tag die Verleihung des Friedensnobelpreises an sie stattfinden soll, muß sie dir gefälligst zur Verfügung stehen. Bei ihr angekommen, legst du dich aufs Sofa und läßt dir Tee und Pralinen servieren. Sie soll dir gute Witze erzählen, um dich auf andere Gedanken zu bringen. Falls sie irgendwann Anzeichen von Ungeduld verrät, erinnerst du sie an jene Zeit, als es mit Heinz aus war und sie drei Monate lang auf deinem Sofa campierte.

Schmeiß alle Erinnerungsstücke raus!

Pack jeden noch so unwichtigen Gegenstand, der dich an deinen Ex-Lover erinnert, in einen Müllsack. Vergiß nicht das Kopfkissen, auf dem er bis vor kurzem selig schlummerte. Heb ja nicht die Socke mit Loch auf, die aus glücklicheren Tagen übrigblieb. Sobald alle gefühlsbefrachteten Dinge im Müllsack sind, wirfst du das ganze am besten aus dem Fenster. Achte aber darauf, daß es keinem Unschuldigen auf den Kopf fällt, selbst wenn dich dieser Kopf aus der Vogelperspektive an den Wurzelzwerg erinnert, den du mal geliebt hast.

Lies viele Kriminalromane!

Speziell die englischen, die eine gekonnte Mischung aus Gemütlichkeit und Blutrünstigkeit bieten. Der beste Balsam für zerrüttete Nerven!

Laß dir die Haare schneiden!

Ein erstklassiger und sündteurer Haarschnitt bringt dich ein ganzes Stück weiter auf dem Weg zur seelischen Genesung.

Stell dir deinen Ex-Lover im Ballettröckchen vor!

Ich habe diesen Vorschlag mal in irgendeinem Buch gelesen. Sobald du's schaffst, dir deinen Lover in rosa Spitzen auszumalen, wie er auf einem Wohltätigkeitsball vor großem Publikum Pirouetten dreht, beginnt deine Liebe zu schwinden.

Du kannst ihn dir natürlich auch als Zweizentnermann vorstellen. Oder mit einer goldenen Kette mit Medaillon um den Hals, das Hemd bis zum Bauchnabel offen, während er »Holde Aida!« grölt.

Ruf ihn nicht an, lauf ihm nicht hinterher, geh auf keinen Fall mehr mit ihm ins Bett!

So ziemlich als erstes lernt ein Kind, zu seinem liebsten und engsten Beschützer zu laufen, wenn ihm etwas zugestoßen ist.

»Pappiii!« kreischt ein kleines Mädchen sofort los, wenn es von einer Biene gestochen wurde. Papi wird helfen, wird das Wehweh heilen und die böse Biene zerstampfen, das weiß das kleine Mädchen ganz genau.

Wir sind inzwischen zwar Erwachsene, doch in dieser Hinsicht wird wohl kein Mensch je erwachsen. Wir wollen immer noch, daß der liebste Mensch den Schmerz einfach wegküßt wie im Märchen.

Das führt zu unglücklichen Situationen. Da ruft z.B. das arme Wesen mit gebrochenem Herzen den Herzensbrecher um drei Uhr früh an. «Ingo, ich bin's. Hab' ich dich aufgeweckt? Bist du sicher? Sprich doch bitte eine Minute mit mir, ja? Ich kann nämlich nicht schlafen. Ich weiß nicht, was ich tun soll. Ja, mit warmer Milch habe ich's auch schon versucht. Nein, Valium habe ich nicht da. Könntest du nicht zu mir kommen, nur noch dieses eine Mal und mich in den Armen halten? Dann geht's mir bestimmt gleich besser. Oh, du bist wohl nicht allein. Gib's wenigstens zu! Ich kann's aus deiner Stimme raushören. Sonst könntest du doch wirklich kurz zu mir rüberkommen, oder? Mir doch egal, ob es einen Sinn hat. Was, du kommst wirklich? Macht's dir nicht zuviel Mühe? Bestimmt nicht? Zehn Minuten? Du brauchst doch keine zehn Minuten bis zu mir . . .«

Ingo hat Schuldgefühle, trottet pflichtschuldigst zu ihr rüber, hält sie eine Minute in den Armen und macht alles nur noch schlimmer.

Du kannst Ingo erst dann um drei Uhr früh anrufen, wenn du

über eure Affäre hinweg bist, ihr nun gute Freunde seid und du dich mit neuen Problemen herumschlägst. Falls dir ein anderer Mann Kummer macht, ist es völlig okay, wenn dein guter alter Freund Ingo zum Händchenhalten kommt. Aber nie und nimmer, falls Ingo derjenige ist, der dir Kummer macht. Es klappt einfach nicht, auch wenn's dir im Kino vorgegaukelt wird.

Vielleicht ist es dir zu mühsam, Ingo ganz bewußt aus dem Weg zu gehen, na schön. Aber lauf ihm bitte nicht nach. Geh nicht auf langweilige Parties, nur weil er auch hinkommt. Mach keinen Umweg, wenn du zum Einkaufen gehst, nur um »zufällig« an seinem Haus vorbeizukommen. Es fällt dir vermutlich schwer, aber gute Gründe sprechen dagegen.

1. Es besteht immer noch eine winzige Möglichkeit, daß es zwischen Ingo und dir eine Versöhnung gibt. Falls es dazu kommt, dann aber bestimmt nicht deshalb, weil du ihm ständig nachläufst. Das mag bei einem kleinen Dackel ganz niedlich wirken, weckt aber nichts als Verachtung, wenn menschliche Wesen so etwas tun. Ingo vermißt dich viel eher, wenn du über längere Zeit von der Bildfläche verschwunden bleibst.

2. Falls es zu keiner Versöhnung kommt, ist Entzug die einzig heilsame Methode. Warum habt ihr euch überhaupt so sehr miteinander eingelassen? Weil ihr süchtig wart und nicht genug voneinander kriegen konntet.

Vor allem auf sexuellem Gebiet. Und genau deshalb darfst du nicht mehr mit ihm ins Bett gehen. Weder der guten alten Zeiten zuliebe, noch in der irrigen Annahme, daß er nicht mehr ohne dich leben kann, sobald ihr wieder im Bett gelandet seid. Auch das kommt eigentlich nur in Filmen vor.

Sexuelle Abhängigkeit muß man genauso ernst nehmen wie Drogenabhängigkeit. Vögeln ist dann wie eine Spritze mit Heroin. Sich diese Spritze zu verpassen, bringt einen genau an den Ausgangspunkt zurück — zur ersten Phase schrecklichen Liebeskummers.

Auch beim Masturbieren darfst du nicht an ihn denken. Wenn du in Gedanken deine tollsten Momente mit ihm wiedererlebst, während du an dir herumspielst, hängst du auch weiterhin wie ein Fisch an der Angel. Stell dir ruhig jeden anderen Mann auf der Welt als Liebhaber vor — nur ihn nicht.

Verreise

Das ist besonders empfehlenswert für jede Frau mit Liebeskummer, die sich immerhin schon zu einer gewissen Aktivität aufraffen kann. Die Hilfe freundlicher Fremder in Anspruch zu nehmen, wie wir in unserem kosmischen Prolog zu Beginn des Kapitels zeigten, stärkt die (Über)lebensgeister gewaltig. Außerdem verhilft dir kaum etwas so prompt zu einem ganz neuen Blickwinkel wie eine kleine Reise. Ganz zu schweigen von den aufregenden Bekanntschaften, die dich auf andere Gedanken bringen werden.

Vergeßt nie, daß es eine Ehrensache für uns Tänzerinnen ist, immer weiter zu tanzen.

...keep on dancing!

Cynthia

Anmerkungen zur deutschen Ausgabe

Vor dem Hintergrund unserer Verpflichtung, das amerikanische Original *faithfully* zu übersetzen, bemühten wir uns, uns an das zu halten, was in Hofstadters »Gödel, Escher, Bach — ein Endloses geflochtenes Band« zu diesem Thema gesagt ist (S. 393 ff. u. S. 820). Wir haben also amerikanische Szenarien, Ideen und Personen dann durch deutsche oder europäische ersetzt, wenn die Übertragung der Information oder der Ironie oder die der schwebenden Balance zwischen beiden — die einen wesentlichen Reiz dieses Buches ausmacht — bei einer wörtlichen Übersetzung verloren gegangen wäre. Andererseits haben wir Identität und persönliche Bezüge der Autorin authentisch übernommen, so daß unsere Leserinnen (und Leser) *Cynthia Heimel* in deutsch und doch original kennenlernen können.

Der Verlag

SIE TUN,
WAS SIE
IMMER TUN.

MIT KONDOM.